經盛鴻 著

遮蓋不了的罪惡

日本新聞傳媒與南京大屠殺
（下）

目錄

第五章　嚴禁本國新聞傳媒
對南京大屠殺的真實報導

第一節　嚴密防範本國傳媒報導南京大屠殺的四種手法

　　1937 年 12 月 13 日日軍佔領南京後，十數萬日軍野獸般地衝進南京，對已放下武器的中國戰俘與手無寸鐵的南京市民實施數十天血腥的大屠殺。——這是不容抹殺的鐵的事實，不僅親見、親聞、親身經歷的西方記者與西方僑民向世界進行了廣泛的揭露；不僅身受其害的數十萬難民倖存者向中外作了血淋淋的控訴；而且，日本隨軍採訪的記者、作家、攝影師、評論家等，也目睹了其部隊駭人聽聞的的暴行，其中一些良心未泯的人感到震驚與恐怖，他們很想把這些他們親見、親聞、親身經歷的南京大屠殺情景與事件記錄下來，寫到他們的報導或通訊中；日軍中也有少數人良心未泯，感到羞愧與自責，對苦難的中國人民流露出同情。例如，1937 年 12 月 25 日，擔任「南京安全區國際委員會」主席的德國商人拉貝在日記中記載，一個日本下級軍官「若有所思地看著我的難民們居住的岌岌可危的茅草棚，然後說了一句真心話：『日本士兵當中也有壞人』」。[1]

　　對這些已經或有可能將日軍南京大屠殺的真相進行揭露的渠道，引起了日本當局的深深的憂慮與高度的重視。他們想出了種種辦法，採取了種種措施，力圖堵塞這些渠道，絕不讓有關日軍南京大屠殺真相的消息在日本本國的新聞傳媒上有絲毫反映。

---

[1]　[德]拉貝著，本書翻譯組譯：《拉貝日記》，江蘇人民出版社 1997 年版，第280 頁。

　　首先，嚴厲防範、嚴格禁止本國新聞傳媒對日軍南京大屠殺的真實情況作任何報導；對日本隨軍記者與作家關於「南京戰時」的新聞報導的寫作與發表，作了種種嚴格的規定與審查措施。

　　如前所述，在 1937 年 7 月日本發動全面侵華戰爭以後，日本當局迅速制訂、發出了《處理有關時局報導的文件》、「新聞報刊法第 27 條」、「陸軍省令第 24 號」及「新聞揭載禁止事項之標準」、《報紙可否登載事項審訂綱要》等一系列法西斯式的法令文件，對日本新聞傳媒報導日中戰事等作了種種十分嚴厲而又具體的規定，好像撒下了一個巨大而嚴密的文網，將日本的所有的隨軍採訪的記者、作家、攝影師、評論家等統統籠罩其中，使他們不敢、不能、不會寫出任何有違日本國策的報導與文章，更使日本所有的報紙雜誌不敢、不能、不會刊出任何有違日本國策的報導與文章。若有隨軍記者、作家膽敢以身試「法」，日本當局就會迅速地、毫不留情地加以嚴厲的鎮壓。英國《曼徹斯特衛報》記者田伯烈在《外人目睹中之日軍暴行》一書中指出：

　　　　日本受著軍閥和財閥的聯合統治，議會毫無力量，人民沒有民
　　主的權利和自由，沒有言論和出版的自由，憲法賦予天皇以至高無
　　上的大權，如有人想到憲法應加以修改，就是大逆不道。1937 年 12
　　月間和 1938 年 2 月間，自由主義的學者、教授、作家和新聞記者數
　　百人以及左派議員兩人，因「散播反戰言論」，先後被捕入獄。[2]

　　參與南京戰役與南京大屠殺的日軍下級軍官曾根一夫說：

　　　　首先是壓制報導自由。為了報導戰爭，各報社都派遣了隨軍
　　記者，然而是不許報導真實情況的。戰場上監督新聞報導的是高
　　級軍人。[3]

---

[2]　[澳]田伯烈著，楊明譯：《外人目睹中之日軍暴行》；前引《侵華日軍南京大
　　屠殺史料》，江蘇人民出版社 1997 年版，第 205 頁。

[3]　[日]曾根一夫：《我所記錄的南京屠殺──戰識中沒有記載的戰事故事》，前

在南京戰場上負責監督新聞報導的則是日「華中方面軍」的報導部。他們根據日本當局頒佈的一系列法西斯式的法令文件，對日本隨軍記者關於南京情況的所有報導進行嚴格的審查。曾根一夫說：

> 所有稿件都根據這個原則被審閱，凡是對軍方不利的報導一律沒收。僅僅沒收也就罷了，還要受到訓斥和處罰。因此，皇軍在南京的大屠殺自然關乎皇軍的體面。這種事如果讓（日本）老百姓知道了皇軍將顏面掃地。因此，雖然有很多隨軍記者目睹了南京慘狀，卻沒有一個人報導。即使有，也不會被發表。當時報導南京攻擊戰的報紙和廣播，異口同聲地歌頌皇軍的豐功偉績、赫赫戰果。[4]

日本歷史學家秦郁彥感歎道：在日本當局製造的這樣嚴酷的新聞管制與社會氛圍內，「向這一禁忌挑戰的記者一個也沒有，不免讓人感到寂寞。」[5]

如本書前已有的論述，日本隨軍來到南京採訪的記者與作家中確有少數人，對日軍南京大屠殺暴行感到震驚、羞愧與自責，對苦難的中國人民流露出同情，曾想把這些他們親見親聞親身經歷的南京大屠殺情景與事件記錄下來，寫到他們的報導或通訊中。但最終，他們面對日本當局嚴厲的新聞管制與殘酷的政治迫害，望而卻步了。當然，如果他們當中有人寫了，也不會得到發表，而且他們本人將遭受迫害。這在本書後面將有論述。

第二，對日本隨軍記者、攝影師、作家拍攝的「南京戰」的新聞圖片與電影新聞紀錄片，進行嚴格的審查與控制。

引《南京大屠殺史料集》（10），江蘇人民出版社 2005 年版，第 254 頁。

[4] ［日］曾根一夫：〈我所記錄的南京屠殺──戰識中沒有記載的戰事故事〉，前引《南京大屠殺史料集》（10），江蘇人民出版社 2005 年版，第 254 頁。

[5] ［日］秦郁彥：《南京事件──虐殺的構造》，［東京］中央公論新社 1999 年 8 月 20 日第 20 版第 18 頁；中譯文轉引自程兆奇：《南京大屠殺研究》，上海辭書出版社 2002 年版，第 43 頁。

　　日方當局規定，對於日本隨軍記者、作家、攝影師乃至日軍官兵私人在中國戰場實地拍攝的各種照片，就像對待日本記者寫的文字報導一樣，都要事先進行嚴格的新聞審查。當時，日本各新聞單位派赴中國戰場隨軍記者拍攝的照片，每天都要以航空寄回總社。日方當局規定，日本各新聞單位總社必須將每張照片加洗四張，送陸軍省、海軍省與外務省情報局審批，其中三張分別由上述三個單位留底保存，還有一張退還各新聞單位總社，並在此張照片上蓋有不同的印記表示審查處理意見：若蓋有「檢閱濟」印記的照片，就可以在報刊上發表；若蓋上「不許可」印記的照片，就嚴禁在報刊上發表，甚至嚴禁洩露。每個新聞單位每天都有大量的新聞攝影圖片遭受「不許可」的厄運，難見天日。日本《東京日日新聞》（後改名稱為《每日新聞》）社等新聞單位將每天退回的印有「不許可」印記的大量照片與文字說明收藏起來，每年都能裝訂一大本。

　　直到 1945 年 8 月 15 日日本宣佈無條件投降時，日本軍部命令各新聞單位，「可當作戰爭見證的資料，必須全部銷毀！」[6]許多新聞單位都照做了，銷毀了許多印有「不許可」印記的照片本。但《每日新聞》社的攝影部主任高田正雄拒絕這一命令，將歷年積累的「不許可」照片本藏在大阪總部的倉庫裏，得以保存下來，並在以後重見天日，成為揭露日本軍國主義戰爭罪行與新聞封鎖的重要證據。[7]

　　日本《東京日日新聞》社的隨軍攝影師佐藤振壽親眼看到日軍在南京勵志社殘酷殺害大批中國戰俘。但他沒有拍攝下這些場面。他說：

　　　　事後，我向同伴說及此事，他反問我：「身為攝影師，你為什麼沒有將那些拍下來呢？」我只得回答說：「如果拍了照片，說不定我也會被殺。」[8]

6　李抗和主編：《血淚抗日五十年攝影全集》第 4 冊，[臺灣]鄉村出版社 1981年再版，第 3 頁。

7　吳廣義編著：《侵華日軍南京大屠殺日誌》，社科文獻出版社 2005 年版，第1、9 頁。

8　[日]佐藤振壽：《步行隨軍》，前引《南京大屠殺史料集》(10)，江蘇人民出

　　至於日本電影攝影師拍攝的電影新聞紀錄片，日本當局更進行嚴格的審查與控制。日本「東寶映畫株式會社」第二製作部（文化電影部）的攝影師白井茂與錄音師藤井慎一等人，於 1937 年 12 月 14 日到達南京，拍攝日軍佔領南京的新聞，歷時約二十餘天，於 1938 年 1 月中旬回到日本，在 1938 年 2 月 20 日製作成一個小時的電影新聞紀錄片《南京》。他在南京曾親眼看到日軍大屠殺的慘況，這在本書前面已有論述。但他的電影新聞紀錄片《南京》卻沒有一點反映。他無奈地說：

　　　　我不可能將所看到的都拍攝下來，即使拍攝下來的也要進行剪輯。[9]

　　第三，對西方記者或中國記者寫的有關日軍南京大屠殺的報導通訊等，更嚴禁日本各新聞傳媒轉載或刊登片言隻字。

　　據日本內務省警保局在戰時主辦的《出版員警報》第 111、112 號記載，僅在 1937 年 12 月到 1938 年 2 月這三個月內，日方當局就查禁了大量海外報紙雜誌（包括英文、中文）進口，其最重要的理由就是這些報紙雜誌刊登了有關日軍南京大屠殺暴行等的報導或文章。其中有：

1937 年 12 月份

The Shanghai Evening Post And Mercury（上海：《大美晚報》）12 月 23 日——刊登〈南京城的暴虐、令司令部驚訝，軍隊失控〉。

The Shanghai Evening Post And Mercury（上海：《大美晚報》）12 月 24 日——刊登〈時報的揭露〉。

The Shanghai Evening Post And Mercury（上海：《大美晚報》）12 月 25 日——刊登〈目擊者述說在南京日本軍的暴行〉。

版社 2005 年版，第 471 頁。

[9] [日]白井茂：《攝影机与人生——白井茂回忆录》，ユ二通信社（東京）1983 年 5 月 25 日版；前引《南京大屠殺史料集》(33)，江蘇人民出版社 2007 年版，第 424 頁。

The North China Daily News（上海：《字林西報》）12 月 25 日——刊登〈日軍在華、在南京已失去了極大的聲譽：攻佔首都後立即強姦、掠奪〉。

The China Press（上海：《大陸報》）12 月 25 日——刊登〈日本軍野蠻行為的確證〉。

The North China Herald（上海：《北華捷報》）12 月 29 日——刊登〈佔領首都時的強姦掠奪〉。

The China Critic（上海：《中國評論》）12 月 30 日——刊登〈南京的強姦〉。

The South China Morning Post（香港：《南華早報》）12 月 25 日——刊登〈南京陷落的恐怖活動〉。

The People Tribune（香港：《人民論壇》）12 月 26 日——刊登〈在南京日本的文化使命〉。

《天光報》（香港）12 月 26 日——刊登〈國人如何清算此血染之賬簿，敵人在首都進行大屠殺〉。

《工商晚報》（香港）12 月 25 日——刊登〈敵攻陷南京後恣意屠殺，壯丁五萬人慘遭殺害〉。

《循環日報》（香港）12 月 27 日——刊登〈南京來港的西洋人，憤慨述說日軍蹂躪南京之情況〉。

《越華報》（廣州）12 月 25 日——刊登〈美國記者發表敵人在南京姦淫、掠奪、蹂躪之慘狀〉。

《工商日報》（香港）12 月 25 日——刊登〈敵軍在南京恣意大慘殺〉。

《工商日報》（香港）12 月 26 日——刊登〈敵軍在南京恣意大慘殺〉。

《國華報》（廣州）12 月 26 日——刊登〈敵人在南京姦淫、掠奪、大屠殺〉。

Peking And Tientsin Times（天津：《京津泰晤士報》）12 月 31 日——刊登〈佔領首都後的強姦掠奪〉。

《星洲日報期刊》（新加波）12 月 26 日──刊登〈日軍獸性發作，在南京屠城〉。

《新報》（雅加達）12 月 27 日──刊登〈在南京日本軍的獸行〉。

The New York Times（美國紐約：《紐約時報》）12 月 18 日──刊登〈俘虜全遭殺害〉。

The New York Times（美國紐約：《紐約時報》）19 日──刊登〈日軍正在控制在南京的過火行為〉。

The New York Herald Tribune（美國紐約：《紐約先驅論壇報》）12 月 25 日──刊登〈南京淪陷後恐怖狀況之報告書〉。

The Times（英國倫敦：《泰晤士報》）12 月 18 日──刊登〈南京的恐怖：劫掠、屠殺、佔領者殘暴的行徑〉。

1938 年 1 月份

The Times Weekly Edition（英國倫敦：《泰晤士報週末版》）1 月 23 日──刊登〈南京的恐怖〉。

Life（美國芝加哥：《生活》畫報）1 月 10 日──刊登〈關於攻掠南京的紀事和照片〉。

《中山日報》（廣州）1 月 23 日──刊登〈獸行瘋狂發作，敵人屠城南京〉。

The Natal Mercury（德班）1 月 29 日──刊登〈在南京殘忍和色欲的亂舞〉。

《新聞》（美國西雅圖）1 月 10 日第 4 號──刊登〈在法西斯統治威脅下的日本〉。

1938 年 2 月份

The Manchester Guardian（英國曼徹斯特：《曼徹斯特衛報》）2 月 7 日──刊登〈南京的恐怖狀態〉。

The Manchester Guardian Weekly（英國曼徹斯特：《曼徹斯特衛報週刊》）2 月 11 日──刊登〈關於日軍的掠奪與暴行〉。

《華字日報》（香港）2 月 21 日──刊登〈逃出南京來到漢口者的談話〉。[10]

1938 年 2 月初，日本同盟社駐英國記者發回了英國《每日電訊報》1 月 28 日刊登的有關日軍南京大屠殺暴行的報導的介紹，日本內閣情報部立即下令：「不發表」。[11]

1982 年，日本《每日新聞》的前阪俊之曾撰寫題為〈受到檢查的南京大屠殺〉的文章，刊登在《現代之眼》1982 年 12 月號上。這篇文章根據〈出版員警報〉的資料，對當時日本報刊受到查禁的有關日軍在華暴行，包括南京大屠殺事件的新聞報導作了統計：「由於涉及皇軍威信失墜的內容」而被禁止發表的新聞報導，在 1938 年 1 月有二十五件，在 2 月有一百零九件，在 3 月有四十八件。其中，「對無辜人民之殘暴行為」中有關南京大屠殺的報導，在 1938 年 1 月有九件，在 2 月有五十四件，在 3 月有二十九件，佔被查禁總數的百分之五十。[12]這些遭查禁的報導文章，既有日本記者寫的，更多的是中國與西方記者寫的。

第四，嚴防日本回國官兵有關日軍南京大屠殺暴行的「流言（小道新聞）」的流傳。

從中國戰場回國的大量日本官兵，常常在自覺或不自覺中，在日常的生活與談話中，將他們在中國戰場的經歷與見聞，向別人介紹甚至炫

---

[10] [日]洞富雄：〈南京大屠殺的證明〉，[東京]朝日新聞社 1986 年 3 月 5 日第一版，第 225～227 頁；中譯文轉引自程兆奇：《南京大屠殺研究》，上海辭書出版社 2002 年版，第 33～36 頁；譯文略有改動。

[11] [日]《絕密、內閣情報部一‧三一、情報第三號》；前引程兆奇：《南京大屠殺研究》，上海辭書出版社 2002 年版，第 33 頁。

[12] [日]前阪俊之：〈受到檢查的南京大屠殺〉，刊[日]《現代之眼》1982 年 12 月號；中譯文引自高興祖：《南京大屠殺與日本戰爭罪責》，南京大學出版社 2005 年版，第 76 頁；又參閱[日]洞富雄著，毛良鴻、朱阿根譯：《南京大屠殺》，上海譯文出版社 1987 年版，第 351～352 頁。

耀，其中包括南京大屠殺的種種暴行，很快就成為在日本民間廣泛流行的「流言（小道新聞）」。這些「流言（小道新聞）」的內容與日本報刊雜誌上宣傳的內容完全不同甚至截然相反。日本當局深知，這些「流言（小道新聞）」的流傳必將影響日本的輿論，最終必將影響日本的報刊雜誌與海外新聞傳媒。為此，日本當局採取了一系列的措施，防止參與南京大屠殺的日軍官兵回到日本國內自覺或不自覺地散播在南京暴行的真實情況——阻斷「流言（小道新聞）」的新聞源。英國記者田伯烈在 1938 年初寫的著作《外人目睹中之日軍暴行》中，寫道：

> （日本）傷兵不准單獨接見親友，不准自由發表談話。由於嚴峻的統治檢查，日本人民不知道中國的抵抗很為堅強有力，不知道這一次戰爭的結束將遙遙無期。日本政府深恐真相一旦洩露，人民的情緒就隨之低落。[13]

據曾參加進攻南京與大屠殺的日軍低級軍官曾根一夫說：

> 為了不使軍隊在戰地的惡的一面讓國民知道，在強化新聞管制的同時，對在戰地的士兵的洩漏嚴密封鎖。南京攻擊戰結束後，部分老兵返回國內時就曾被禁口。我也是昭和十五年（按：指 1940 年）秋返回國內的，在離開所屬部隊之際，被告誡「諸位回到國內，徵召解除就成了地方百姓了，但作為軍人的名譽是值得自豪的，而有污皇軍體面的事絕對不許外傳。」這是煩瑣的說法，要而言之就是「即使回到國內，離開軍隊，在戰場幹的壞事也絕對不許說。」[14]

---

[13] [澳]田伯烈：《外人目睹中之日軍暴行》，中譯文引自《侵華日軍南京大屠殺史料》，江蘇人民出版社 1997 年版，第 205 頁。
[14] [日]曾根一夫：《南京屠殺和戰爭》，[東京]泰流社 1988 年 4 月 24 日第二版，第 106 頁；中譯文引自程兆奇：《南京大屠殺研究》，上海辭書出版社 2002 年版，第 39～41 頁。

　　到 1939 年 2 月，以板垣征四郎擔任陸相的日本陸軍省，針對「從中國回去的日本士兵講述陸軍在中國的罪行故事，並且誇耀炫赫他們所搶劫的髒物。這種日本歸國士兵的行為，成了極為普遍的現象。……（為了）努力想避免在國內和國外的不好批評」，於是專門由次官山協簽發，發佈了一份被稱為「最密件」的「特別命令」──《限制由支（那）返日軍人言論的命令》。該「特別命令」由參謀次長通知在中國各戰場的日本陸軍各指揮官，「詳細的談到歸國士兵應行糾正的不良行為。其中說：兵士們把他們對中國士兵和平民的殘酷行為當故事談是不對的。」該「特別命令」列舉了返國軍人向親友談話內容若干種，明令禁止傳播：

　　　　某中隊長非正式的對強姦給以下列的訓示：「為了避免引起太多的問題，或者是給以金錢，或則於事後將其殺掉以滅口。」

　　　　如果將參加過戰爭的軍人一一加以調查，大概全是殺人、強盜或強姦的犯人。

　　　　在戰鬥期間最喜歡的事情是搶劫，甚至有人因為長官在第一線上也是見了裝作沒看見似地，所以竟盡情搶劫。

　　　　在某某地方抓到了一家四口，把女兒當作娼妓似地玩弄了一番。因為父母一定要討回女兒，所以把他們殺掉了。留下來的女兒一直到出發前還不斷被侮弄，到出發時又殺了她。

　　　　在大約半年的戰鬥中所想的起來的就是強姦和搶劫一類事情。

　　　　在戰地中我軍的搶劫是超出想像以上的。

　　　　把中國兵的俘虜排成單行，然後為試驗機關槍的性能將其全部射死。

　　　　關於歸國士兵攜帶掠奪品回國問題，曾承認某指揮官對部屬發給了蓋有部隊長印、準士兵將掠奪品運回國內的許可證。

該「特別命令」宣稱：

歸國將士的不妥當的話語，不僅成為流言誹（飛）語的原因，而且損傷了國民對皇軍的信賴，甚至會破壞後方的團結等等。所以再度通令，以後應更十分嚴格地加以指導和取締，一則使赫赫的武功善始善終，一則使皇軍的威武高度發揚，以期毫無遺憾地貫徹聖戰的目的。[15]

1941 年，日本兵務局長在參謀長會議上作報告時，專門講了對日軍「歸還軍人」的言行要十分注意，稱「歸還軍人」「對（日軍）軍風紀不良狀況的言過其實的誇大，雖非惡意，但逐漸培養反軍反戰思想」，故而要特別地予以重視。[16]

為貫徹這些密令，日本當局對「歸還軍人」採取了許多嚴厲的管制措施：所有從中國戰場回歸日本的官兵，其所攜帶的物品，必須有部隊長發給的許可證；必須經由日本軍部設在廣島的「檢疫所」進行檢查，然後方可在日本登陸。廣島「檢疫所」的憲兵在進行檢查時，必須扣留一切記載戰爭暴行的文字、照片資料；歸國官兵在日常談話中更必須遵守言論控制令的嚴格約束；等等。

對違反管制措施、散佈「流言」的日軍歸國官兵，日本當局則進行嚴厲的懲罰。例如：

經營洋裝店的住德藏，因為散佈「流言」，說「日軍的糧食運輸供應不及，連續幾日沒有得到糧草，不得不以山芋為食。就在這樣的情況下，以不能供應糧食為由，在長江邊槍殺了 12,000 名俘虜。」結果被日本當局以違反陸軍刑法為由起訴。

日傭小林末造因為說「上海附近的戰鬥中，我軍掃射了約 20,000 名中國俘虜，屍體漂浮在長江上。」也以違反陸軍刑法被日本當局起訴。

---

[15]　張效林譯：《遠東國際軍事法庭判決書》，[北京]群眾出版社 1986 年版，第 490～491 頁。

[16]　中譯文引自程兆奇：《南京大屠殺研究》，上海辭書出版社 2002 年版，第 41 頁。

　　依據當時日本陸軍刑法第九條的規定，在戰時以及事變發生之際，對散佈「流言」的人，實施三年以下徒刑的處罰。[17]

　　曾參加進攻南京與大屠殺的日軍士兵曾根一夫說：

> 　　參加南京戰役的官兵陸續回國之後，大家都緘口不談在南京屠殺大量非戰鬥人員一事。一方面是回國時被告誡不要亂說；另一方面，大家認為這是一種恥辱。
>
> 　　而且，一不小心說漏嘴的話，憲兵、員警就會來找麻煩。每當參加過南京戰役的士兵回國，一些略知一二的國民前去打聽究竟時，一般人都推脫說：「我所在的部隊沒幹那些事。」[18]

　　日本進步史學家洞富雄在 1982 年出版的《南京大屠殺》定本一書中指出：

> 　　從戰場上回國的士兵也受到言論控制令的嚴厲約束，幾乎沒有人洩漏此事。[19]

第二節　嚴厲鎮壓「違法」報導南京大屠殺的日本作者

　　對違反當局規定、客觀報導南京大屠殺的日本記者與新聞傳媒，日本當局則進行嚴厲的懲罰與鎮壓。

　　有一位日本隨軍作家，在日軍南京大屠殺期間到南京採訪，由於各種原因，寫出了一本反映日軍在南京的大屠殺暴行真相的著作。這就是石川達三及其寫作的紀實小說《活著的士兵》。

[17] [日]吉田裕：〈南京事件真的不為人知嗎？〉；[日]南京事件調查研究會：《南京大屠殺否定論的十三個謊言》，柏樹房 1999 年出版；易青譯，未刊。

[18] [日]曾根一夫：〈我所記錄的南京屠殺──戰史中沒有記載的戰爭故事〉，前引《南京大屠殺史料集》（10），江蘇人民出版社 2005 年版，第 255 頁。

[19] 中譯文引自[日]洞富雄著，毛良鴻、朱阿根譯：《南京大屠殺》，上海譯文出版社 1987 年版，第 10 頁。

　　石川達三（1905-1985）是日本著名的作家。1905 年生於日本秋田縣平鹿郡橫手町，早稻田大學肄業。早在 1936 年他就以長篇小說《蒼氓》獲得了日本首屆「芥川龍之介文學獎」。1937 年 12 月 29 日，他作為日本《中央公論》的特派記者，被派往南京採訪，並約定為《中央公論》寫一部以日軍攻克南京為題材的紀實小說。石川達三從東京出發，於 1938 年 1 月 5 日到達上海；1938 年 1 月 8 日到達南京。

　　當時日軍在南京大屠殺的暴行雖有所收斂，但還在繼續。日軍在南京留守擔任警備的部隊是第 16 師團。如前所述，第 16 師團是日軍中一支最兇悍殘暴、殺害中國軍民最多的部隊，於 1937 年 11 月中旬從華北戰場調到華中，成為進攻南京的主力。著名的「百人斬」殺人競賽就發生在該師團。該師團的師團長中島今朝吾中將被稱之為「魔鬼」，在日軍佔領南京後，被任命為南京地區的警備司令官。石川達三在南京該師團部隊中採訪了約七天，直到 1 月 15 日離開。在這期間，石川達三深入日軍士兵中，採訪調查第 16 師團從華北奉調華中，在常熟白茆口登陸後，經無錫、金壇、句容、湯山，直到南京紫金山、中山門的殺伐歷史及種種「故事」，並到南京城內外發生重要戰事與大屠殺暴行的實地考察，身臨其境，加深認識，加強感受。他說：「我去南京時決心不見軍官和軍隊首腦。我和下士官、士兵在一起生活，傾聽他們的談話，詳細瞭解他們的日常生活。軍官對外人總是說謊話，裝飾門面。我想看到戰爭的真實情況，便深入到士兵中去。」[20]石川達三耳聞目睹了大量的日軍攻佔南京前後的實況與大屠殺的暴行，深為震動。他回到日本後，在 1938 年 2 月 1 日至 11 日，即在日軍南京大屠殺剛剛收斂後約數日，就用約十天的時間，寫出了反映南京戰事的著名的紀實小說《活著的士兵》。作品以日軍第 16 師團為模特兒，虛構了一個高島師團，以該師團的凱撒聯隊倉田小隊的幾個下層官兵作為主角，描述了他們參加進攻南

---

[20] [日]石川達三著，金中譯：《活著的士兵》，譯者前言，文化藝術出版社 1994 年版，第 2 頁。

京戰役與佔領南京後對中國軍民大屠殺的種種令人髮指的暴行，剖析了他們的心態。儘管作者是以自然主義的態度寫作，作品有「戰場環境決定論」與「人的本能論」等為日軍暴行開脫辯解的錯誤傾向，但卻客觀、生動地展現了日軍在南京殘忍野蠻的燒殺淫掠的歷史真實。

例如對日軍血腥屠殺中國軍民，作品一開頭就展現了一幅駭人聽聞的情景：日軍下士笠原伍長抓住一個不明身份的中國青年，不加詢問，讓此青年坐在河岸上，然後揮刀砍下其腦袋，將其屍身扔進河中。

作品寫道：

> 對於笠原下士來講，殺死一個敵人，如同用手撚死一隻螞蟻。他殺戮時麻木不仁，無動於衷。[21]

其他官兵都羨慕與效法笠原下士殺人不眨眼的「勇敢行為」與鐵石心腸，爭相加入殺人的行列：

他們僅僅因為懷疑一個中國年輕女子是「間諜」，就當眾剝光她的衣服，近藤一等兵「怡然自得地騎在裸體女人的身上。……使盡平生氣力，把右手的匕首刺進女人乳房的下部。……她兩隻手握住匕首痛苦地呻吟著。……她經過一陣痛苦的折騰之後，終於不動了，死了。圍觀的士兵就站在紫黑色的血泊之中。」[22]

武井上等兵僅僅因為被徵來為他們做飯的一個中國青年偷吃了一塊用來做飯的白糖，就「掏出腰間的匕首，毫不猶豫地插進了青年的脊背，匕首直透青年的前胸。那青年慘叫著倒進了水塘裏，激起的水波濺出幾十米遠。」[23]

---

[21] [日]石川達三著，鍾安慶、歐希林譯：《活著的士兵》，崑崙出版社1987年版，第38～39頁。

[22] [日]石川達三著，鍾安慶、歐希林譯：《活著的士兵》，崑崙出版社1987年版，第25～27頁。

[23] [日]石川達三著，鍾安慶、歐希林譯：《活著的士兵》，崑崙出版社1987年版，第57頁。

　　平尾一等兵只因為一個中國女孩趴在被日軍殺死的母親身邊哭泣而影響了他們的休息，便「像瘋子一樣，一邊高聲喊叫，一邊對著女孩連捅三刺刀。」其他士兵也一齊撲上去，「各用自己的刺刀，不管是頭還是肚子，亂紮一通」，不到幾秒鐘，就將女孩活活捅死，「士兵們因興奮而漲得通紅的臉上濺滿了帶有腥味的溫乎乎的鮮血」。[24]

　　隨軍僧片山玄澄，「左手腕上纏著念珠，右手拿著一把工兵鍬。他用嘶啞的嗓門大聲吶喊，同士兵一起來回追逐沿街逃跑的敵兵」，一連砍死五六個已經放下武器並失去抵抗力的中國戰俘。他若無其事地說：「我也沒數，總殺了五六個吧。」[25]

　　對日軍在南京下關長江邊大規模地集體屠殺中國軍民，作品這樣寫道：

> 挹江門始終沒有受到日軍的攻擊。城內的中國士兵猶如潮水一般從這個潰退的唯一的城門蜂擁而出，徑直逃往下關碼頭。前面就是江水，沒有一艘可以渡江的舟船，後面是跟蹤而至的日軍。他們只得抱著桌子、圓木、門板等一切可以漂浮的對象，橫渡浩渺的長江，向著對岸的浦口遊去。其人數大約有五萬，只見一片黑壓壓的人群在江水中游渡。正當對岸已可見時，等著的卻是先已到達的日本兵！機槍鳴叫著瘋狂地向他們掃射，猶如暴風驟雨拍擊著水面，浪花飛濺。他們中一些人掉頭想要回到碼頭，但日軍已在下關的碼頭佈置了機槍陣地等待他們。江面上的日軍驅逐艦向他們轟擊，這些在江上漂流的中國士兵最後全部葬身魚腹。……[26]

---

[24] [日]石川達三著，鍾安慶、歐希林譯：《活著的士兵》，昆侖出版社 1987 年版，第 47～50 頁。

[25] [日]石川達三著，鍾安慶、歐希林譯：《活著的士兵》，昆侖出版社 1987 年版，第 33～34 頁。

[26] [日]石川達三著，鍾安慶、歐希林譯：《活著的士兵》，昆侖出版社 1987 年版，

對日軍搶掠財物，作品在描述一群日軍士兵在江南農村搶掠了一戶中國農民的耕牛、並將攔阻他們搶掠的老年農婦打跌到水田中後，這樣寫道：

> 士兵們很開心。在（中國）這塊大陸上有無限財富，而且可以隨心所欲地獲取。這一帶居民們的私有財產，士兵們可以像摘取野果兒一樣隨心所欲地去攫取……[27]

對日軍在南京城裏的搶掠，作品這樣寫道：

> 昨天下午，中橋翻譯想買條圍中，來到西服店的二樓。這裏已被搶劫一空，布料等物一無所剩。在櫃檯裏面，有兩具赤身裸體的年輕女屍。室內的百葉窗降下了半截，在微暗的地板上，屍體潔白的皮膚泛著微光。其中一個女人的乳房被貓啃得好像用刀剜掉了一樣。[28]

> 來到南京，忽然變得貪得無厭的是片山玄澄。……接著，他又鑽進洗劫一空的古董店，夢想找到點意外的珍品，又溜入寺院，把一件金粉已經脫落的小佛像拿出來，十分驚訝地嘟噥道：「這東西大概有相當年頭了吧。」[29]

對日軍到處姦淫婦女，作品這樣寫道：

> 徵收是他們外出的一個藉口，後來，又成了他們之間的黑話。特別是「徵肉」這個詞變成了他們去搜尋姑娘的代名詞。他

第 85～86 頁。

[27] [日]石川達三著，鍾安慶、歐希林譯：《活著的士兵》，昆侖出版社 1987 年版，第 19～20 頁

[28] [日]石川達三著，鍾安慶、歐希林譯：《活著的士兵》，昆侖出版社 1987 年版，第 109 頁

[29] [日]石川達三著，鍾安慶、歐希林譯：《活著的士兵》，昆侖出版社 1987 年版，第 93 頁

們渴望找到年輕的姑娘。……在支塘鎮滿目瘡痍的大街小巷中，到處是東遊西蕩的色迷兵。[30]

……

每逢這種時候，活下來的士兵最想得到的是女人。他們邁開大步滿街尋找，像獵犬追蹤兔子那樣搜尋女人。……他們每個人都像帝王或暴君那樣恣意妄為。而且，如果在城裏達不到目的的話，就會到城外的民家去。……毋庸置疑，在這樣的感情支配下，什麼道德、法律、自省、人情，都不起作用了。

有一名士兵在返回駐地時，左手的小手指上戴著一枚銀製的戒指。

「你從哪兒弄來的？」戰友們問。

他笑著回答：「死去的女人的紀念品呀。」[31]

對日軍強徵中國民眾做軍伕、強迫中國婦女做慰安婦，作品這樣寫道：

向南京進軍！向南京進軍！

南京是敵國的首都，士兵們為此感到興奮。南京與常熟、無錫不同，打下了南京，就意味著取得了決定性的勝利。他們不再感到無聊了。

在行軍的佇列中，日本軍馬的數量逐漸減少，中國馬和水牛的數量在增加，而且隨軍的中國民伕的人數也在增加，成了行軍的獨特風景線：中國人在幫助日本人進攻南京，他們牽著水牛，穿著膝蓋鼓鼓的黑棉褲，光著腳，急匆匆地走著。士兵們抽著煙，與他們並排走著，有時用扛著槍的右肘捅一下他們的肩問道：

---

[30] ［日］石川達三著，鍾安慶、歐希林譯：《活著的士兵》，昆侖出版社1987年版，第24～25頁

[31] ［日］石川達三著，鍾安慶、歐希林譯：《活著的士兵》，昆侖出版社1987年版，第54～55頁。

「你，南京。花姑娘，多多的有？」當他們聽懂了這種口齒不清的話語後，在滿是污垢的臉上輕輕浮起難看的微笑，簡短地回答：「有……」於是士兵們點著頭笑起來，情不自禁地喊道：「太好了」[32]

對日軍在被佔領的南京城裏開設慰安所，作品這樣寫道：

在南京市內，為日本軍人開設了兩所妓院，讓他們洩慾，以安慰他們那健壯而閒得難忍的肉體。

……

一百來個士兵在甬道上排成兩行，吵吵嚷嚷地說笑著。甬道盡頭的入口處有一道小鐵門，三個中國人站在那裏。旁邊開著一扇售票的窗口。牆上貼著一張告示：

一、售票時間：每日 12：00-18：00

二、價格：櫻花部 1·5 日元，用軍票

三、要求：請到各自要去的房間，交票後等待叫號。

……每當從小鐵門裏走出一個人來，下一個人才能進去。出來的人邊紮緊皮帶邊向等待的人們狡黠地笑笑，聳聳肩膀走了。這是被「安慰」後的表示。

走進甬道後，兩側有五六間小房，每間房裏有一個女人，都是中國姑娘。她們留著短髮，抹著胭脂，在這種時候她們竟還有心思梳妝打扮，而且對方都是些言語不通、素不相識的敵國軍人，他們要在一起度過三十分鐘。為了她們的安全，在小鐵門的入口處，有持槍而立的憲兵。[33]

---

[32] [日]石川達三著，鍾安慶、歐希林譯：《活著的士兵》，昆侖出版社 1987 年版，第 59 頁。

[33] [日]石川達三著，鍾安慶、歐希林譯：《活著的士兵》，昆侖出版社 1987 年版，第 96～97 頁

對日軍到處放火焚燒中國居民的房屋與街道，作品這樣寫道：

（從無錫）出發的那天早晨，士兵們放火燒了自己宿營的民宅。實際上有許多士兵是等火燒旺了之後才出發的。這樣做是用來表示決不退回這座城市的決心，同時也是預防敵人的殘兵敗卒再次進入這座城市。但更重要的是，他們認為彷彿只有把市街燒光，才能充分證明他們曾經佔領過這個地方。[34]

對日軍在南京城內的放火，作品這樣寫道：

大火日夜不息。已經明令禁止士兵隨便放火，可是登上坍塌的城門一看，總有五六處燃燒的地方。這些大火就那麼燒著，直到自然熄滅。即使有人圍觀，也沒有人去救，所以燃燒的時間既長，火勢又大，最後，連看熱鬧的人也沒有了。在沒有人居住的僻靜的街巷裏，大火通宵燃燒著，損失無法計算。[35]

對被日軍搶掠焚燒後的南京破敗淒慘的景象，作品這樣寫道：

笠原下士經常和中橋翻譯一起去徵收物資。……大街上所有的商店都被搶劫一空。滿目淒涼。南京市凡能被稱作物資的東西，均不存在了，它們或者被搶走了，或者被毀壞了，或者被付之一炬，變成堆碎磚爛瓦了。

倉田少尉漫步在街頭。……說：「南京市損失的財富大概有幾十億……」

一個排長說：「我自己認為南京已不可能再復興，因為它的三分之二已被燒毀，燃燒後的廢墟無論怎樣都無法補救。……」[36]

---

[34] [日]石川達三著，鍾安慶、歐希林譯：《活著的士兵》，昆侖出版社 1987 年版，第 58 頁；譯文參閱王向遠：《「筆部隊」與侵華戰爭》，昆侖出版社 2005 年版，稍作改動。

[35] [日]石川達三著，鍾安慶、歐希林譯：《活著的士兵》，昆侖出版社 1987 年版，第 97～98 頁

[36] [日]石川達三著，鍾安慶、歐希林譯：《活著的士兵》，昆侖出版社 1987 年版，

對日軍在南京城裏作威作福，視中國人為牛馬、為奴隸，作品這樣寫道：

> （近藤一等兵）他去軍人商店買東西，即使只買一個罐頭，也要抓一個過路的中國人替他拿著，等回到住地時，還打中國人一個耳光，大喝一聲「滾吧！」並大言不慚地說：「這才是戰場上的作法！」[37]

對日軍在南京強迫中國人從事挖掘地雷等危險的事項，作品這樣寫道：

> 在城外駐防的士兵正在挖掘地雷。他們強迫中國民工去幹，民工們戰戰兢兢地挖著地雷，而日本兵則站在遠處笑著觀望。[38]

該書甚至還寫到了南京老百姓在忍無可忍的情況下，對日軍赤手反抗，以及日軍對中國居民的血腥報復：

> 前天下午，兩個到城外去徵集蔬菜的士兵失蹤了。因此，昨天早晨派出了五十名士兵，分頭到他們可能去的那一帶的居民家裏翻箱倒櫃地搜查。在一家居民的垃圾堆裏，發現了其中一個士兵用過的煙盒。估計他們兩人一定是在被慘殺後拋進了水池裏。
>
> 士兵們立即把附近居住的中國人全部趕到了一起，威脅說：「假如不供出是誰幹的，就殺死所有的人！」罪犯是五個男人。不用說，他們當場就被處決了。笠原下士介紹了處決的情況：「簡直像用木棒敲打水中的橡皮球一樣，一棒子打下去，鮮血咕嘟咕嘟地冒出來，流出的鮮血還冒著熱氣呢！」[39]

第 89 頁。

[37] [日]石川達三著，鍾安慶、歐希林譯：《活著的士兵》，昆侖出版社 1987 年版，第 92 頁；譯文稍作改動。

[38] [日]石川達三著，鍾安慶、歐希林譯：《活著的士兵》，昆侖出版社 1987 年版，第 88 頁。

[39] [日]石川達三著，鍾安慶、歐希林譯：《活著的士兵》，昆侖出版社 1987 年版，

　　石川達三揭示的日軍的種種暴行是如此真實而鮮活。儘管作者在作品的附記中寫道：「本稿不是真實的實戰記錄，而是作者進行相當的自由創作的嘗試，故部隊與官兵姓名等，多為虛構。」但事實證明，它正是日軍南京大屠殺的典型的真實的寫照。石川達三後來說：「國內新聞報導都是假話。大本營發佈的消息更是一派胡言。什麼日本的戰爭是聖戰啦，日本的軍隊是神兵啦，佔領區是一片和平景象啦。但是，戰爭絕不是請客吃飯，而是痛烈的、悲慘的、無法無天的。」[40]

　　石川達三還深刻地揭露，是日本軍國主義當局發動的侵華戰爭，驅使日軍士兵們逐漸失去人性，變成了暴虐的惡魔。作品中的幾個主角人物，本來都是日本普通的甚至是善良的老百姓：笠原下士原是個農民，近藤一等兵原是個救死扶傷的醫學士，倉田少尉原是個小學教師，平尾一等兵原是一家報社的校對員，隨軍僧片山玄澄是個受過高等教育的知識份子。但他們入伍後，在侵華戰場上，接受了日本當局灌輸的法西斯思想，就多變成了殘暴的野獸：

　　倉田少尉「已覺悟到殺人必須心腸冷酷，毫不手軟。他開始磨練自己的性格，以便能參加無論多麼殘酷的屠殺。他正在努力，正在亦步亦趨地追隨笠原下士。」[41]

　　近藤一等兵日益麻木，喪失了人類起碼的良知，「就像一個小學生變成一個小流氓一樣，不僅不以這種墮落為恥，反以這種墮落為榮。他沾沾自喜地向人誇耀：『我也能搞到姑娘啦』，『我也能從支那兵的屍體上踩過去啦』，『我也會放火燒房子嘍』。」[42]每當他感到煩悶無聊的時候，就湧起殺人的衝動。

第 108～109 頁。
[40] 王向遠：《「筆部隊」和侵華戰爭》，昆侖出版社 2005 年版，第 174～175 頁。
[41] [日]石川達三著，鍾安慶、歐希林譯：《活著的士兵》，昆侖出版社 1987 年版，第 44 頁。
[42] [日]石川達三著，鍾安慶、歐希林譯：《活著的士兵》，昆侖出版社 1987 年版，第 91～92 頁。

隨軍僧片山玄澄本應是崇佛向善，但他在戰場上大殺中國人時，「良心上非但沒有感到絲毫痛苦，反而心花亂放，感到無比輕鬆。」[43]

石川達三寫作《活著的士兵》，其用意，如其在該書初版自序中說：「原稿於 1938 年 2 月 1 日動筆，紀元節（2 月 11 日）拂曉前完稿。在整整的十天中夜以繼日地工作，伏案疾書，一口氣兒寫完三百三十張稿紙。我的目的就是要把戰爭的真實面目訴諸社會，讓後方那些為勝利而驕傲的人們深刻地反省。」[44]

但這樣一部以自然主義態度寫作、講了一些真話的作品，立即引起了日本當局的震怒與嚴懲。此作品刊於《中央公論》1938 年 3 月號，雖已被編輯部刪除了不少內容，帶有很多「空鉛」，但是在雜誌出版後送審時，仍因「有反軍的內容，不利於時局穩定」而被當局查禁。接著，作者石川達三以「違反新聞法」被追究刑事責任，接受警視廳調查。負責調查的員警和石川達三有一段對話：

> 員警：你在從軍的時候，都看到了些什麼？
>
> 石川：看到了很多，都寫著呢。
>
> 員警：你寫的，都是你看到的東西嗎？
>
> 石川：因為是寫小說，所以有時候把在南京看到的東西搬到了上海，把在上海看到的事情，搬到了南京。
>
> 員警：可是，全都不是事實！那不是牽強附會、造謠惑眾嗎？不是太豈有此理了嗎？[45]

1938 年 8 月 4 日，石川達三與《中央公論》的編輯、發行人都以「將虛構作為事實，紊亂安寧秩序」的罪名，受到日本當局的起訴，並

---

[43] [日]石川達三著，鍾安慶、歐希林譯：《活著的士兵》，昆侖出版社 1987 年版，第 34 頁。

[44] [日]石川達三：《活著的士兵》初版序言；中譯文引自[日]石川達三著，鍾慶安、歐希林譯：《活著的士兵》「譯者的話」，昆侖出版社 1987 年版，第 2～3 頁；譯文略有改動。

[45] 王向遠：《「筆部隊」和侵華戰爭》，昆侖出版社 2005 年版，第 177～178 頁。

被判有罪。在法庭上，石川達三陳述了他的寫作動機：「國民把出征的士兵視為神，認為我軍佔領區一下子就被建設成了樂土，並認為支那民眾也積極協助我們。但戰爭絕不是那麼輕鬆的事情。我想，為此而應把戰爭的真實情況告訴國民，真正使國民認識這個非常時期，對於時局採取切實的態度，是非常必要的。」[46]1938 年 9 月 5 日，石川達三被判監禁四個月、緩刑三年執行。判決書稱他的作品「記述皇軍士兵對非戰鬥人員的殺戮、掠奪以及軍規廢弛的狀況，紊亂安寧秩序。」[47]

此後，再也沒有人敢於寫作有關日軍在南京大屠殺真實情況的報導。石川達三及其《活著的士兵》事件成為日本侵華戰爭期間第一起、也是最後一起「以筆取禍」的事件。

---

[46]　王向遠：《「筆部隊」和侵華戰爭》，昆侖出版社 2005 年版，第 175 頁。
[47]　程兆奇：《南京大屠殺研究》，上海辭書出版社 2002 年版，第 47 頁。

第六章　阻撓與扼殺中、西傳媒
對南京大屠殺的真實報導

　　日方當局在積極組織日本記者加強報導與宣傳日軍攻佔南京的巨大勝利與粉飾南京慘狀的同時，對力圖真實地報導南京戰況與日軍南京大屠殺的中國與西方中立國家的記者，則進行嚴密的封鎖與恐嚇、威脅、誣衊甚至血腥的迫害。

第一節　血腥鎮壓中國新聞傳媒

　　在 1937 年 7 月抗戰發前後，上海與南京是中國新聞傳媒最為集中的地區。

　　日本當局在長期的侵華活動中，對堅持愛國抗日立場的中國報紙充滿了仇恨。1935 年 5 月發生在上海的《新生週刊》事件就是其中的一個典型事例。當 1937 年 7 月日本發動全面侵華戰爭並迅速佔領上海、南京等地區後，就立即對此地區的中國新聞傳媒進行了徹底的掃蕩：日軍的戰火吞噬了大部分的中國新聞傳媒機構，日軍的刺刀屠殺了未及撤離的中國新聞傳媒記者，日軍當局派出的憲兵特務查封了劫後餘存的全部中國新聞傳媒機構。因此，當日軍在南京實施多日的血腥大屠殺時，南京城內已沒有一家中國新聞傳媒機構與一個中國新聞傳媒記者能夠正常的工作，能夠發出及時的報導與抗議的呼叫。被日軍佔領的上海租界以外的地區以及江蘇、浙江、安徽各城市也都是這樣。

　　在日軍佔領上海、南京、杭州、蚌埠等城市後，在華東廣大的敵後地區，僅剩下依靠上海英、法租界孤島生存的幾家華商報紙繼續宣傳抗日。日本當局對他們也絕不放過。

　　1937 年 11 月 9 日，當上海中國守軍奉令撤退、日軍即將佔領上海的前夕，日本駐上海總領事岡本季正就致信上海公共租界總董樊克令（C·S·Franklin），要求租界當局採取措施嚴厲取締一切反日宣傳活動，說：

> 請貴當局注意近來租界內的騷亂活動，……這些騷亂活動包括在某些鬧市區內散發和流傳反日小冊、傳單和各種印刷品，……強烈地煽動起中國民眾的反日情緒，……促使中國民眾起來反抗他們的「敵人」，……我請求貴當局立即採取適當措施，以有效地禁止與根除這些騷亂因素與活動。[1]

　　1937 年 11 月 12 日日軍佔領上海的當天，日本「華中方面軍」司令官松井石根在與日本駐華大使川樾茂、日本駐中國的第三艦隊司令官長谷川清會商時，就主張立即令日軍開進英、法租界，佔領中國政府設在那裏的的海關、銀行、電信局等，甚至要改變英軍的某些守備區域，讓日軍接替。後因川樾茂與長穀川清為避免國際糾紛，加以反對，松井石根的主張未能實施。但松井石根對此耿耿於懷。他堅持「為了作戰和逼迫南京政府投降」，就要摧毀中國政府在上海租界的「行政和財政上的根據地」，而不能「一味地只強調國際關係」。松井石根宣稱，日軍已經成為上海的主人，必要時可對租界採取任何行動。他在這天的日記中寫道：

> 我想根據目前的局勢和將來需要，我會根據我的想法採取必要的強制性手段。[2]

　　設在英、法兩租界的中國各機構與團體中，最使松井石根憎惡，如骨梗在喉的，就是租界裏的那些中國報刊。它們在盧溝橋事變後，掀起

---

[1] 上海公共租界工部局英文檔案，藏上海市檔案館；引自馬光仁主編：《上海新聞史（1850-1949）》，復旦大學出版社 1996 年版，第 823 頁。

[2] [日]松井石根：《陣中日記》；前引《南京大屠殺史料集》(8)，江蘇人民出版社 2005 年版，第 127 頁。

了抗日救亡宣傳熱潮，已歷時四個多月，產生了極大的影響，松井石根必欲除之而後安。1937 年 11 月 17 日，松井石根再次表明：

> 今後別說是公共租界了，就是在法國租界內，我們也要取締支那政府和支那人及其他人的排日行為。支那政府早就在利用上海列國的權益了，也就是所謂的依賴歐美、決不放棄抗日的決心。要讓他們領悟到明確、公正表態的重要性。[3]

根據松井石根的指令，1937 年 11 月 20 日，日本駐上海總領事岡本季正再次照會英、法兩租界當局，提出五項要求：

（1）禁止反日活動以及其他顛覆性活動；取締包括國民黨機關在內的一切反日機關；禁止張貼反日標語和散發反日印刷品；禁演反日戲劇、電影等；禁止反日無線電廣播；禁止中國特工活動和捕捉「漢奸」活動。

（2）驅逐一切中國政府機關及其代表，不論其為中央性質或地方性質，切實監視中國政府、政黨領導人的活動。

（3）禁止中國政府檢查郵電、交通。

（4）禁止中國政府檢查報社和新聞通訊社。

（5）禁止中國人從事非法的無線電通訊等。[4]

同日，日本駐華大使館武官原田熊吉少將前往公共租界工部局，會晤工部局總裁費信惇（S.Fessenden）等高級官員，要求工部局採取有效措施，禁止租界內一切反日宣傳活動，包括報刊宣傳，並威脅說，若租界當局措施不力，日軍將「保留他們認為必要時採取行動的權力」。[5]

---

[3]　[日]松井石根：《陣中日記》；前引《南京大屠殺史料集》（8），江蘇人民出版社 2005 年版，第 130 頁。

[4]　上海公共租界工部局英文檔案，藏上海市檔案館；引自馬光仁主編：《上海新聞史（1850-1949）》，復旦大學出版社 1996 年版，第 823 頁。

[5]　[上海]英文《字林西報》1937 年 11 月 21 日報導；引自馬光仁主編：《上海

1937 年 11 月 21 日，松井石根召見原田熊吉，就上海租界的事宜提出幾點要求：

> 一、方面軍要求租界當局徹底取締租界內的排日分子和共產主義分子的各種活動。
> 二、如果當局的處理方法不能滿足我軍的要求，我軍將根據作戰需要採取必要措施。[6]

在日軍的威脅下，聲稱在日中戰爭中保持「中立」的上海兩租界當局，根據當時英、法等國在遠東的力量、利益與由之採取的綏靖政策，一方面要盡力保持英、法兩國的體面，另一方面又不得不對日方的要求採取英國式的妥協，正如公共租界工部局所稱：「華軍之自上海撤退，……本局一面維持中立，一面經與日本當局合作，以應付變遷之情勢。」[7]就在 1937 年 11 月 12 日日軍佔領上海的當天，公共租界工部局總裁費信惇在接受《上海泰晤士報》採訪時，就公開表示：「對過激之團體，尤其關於散發張貼反日傳單等活動，當盡力使之納於正軌。」但他同時又表示對各報社的新聞檢查，「目前尚未實行，惟或將被迫出此，最好各報能表現更廣大的自製態度。」[8]第二天，1937 年 11 月 13 日，上海公共租界總董樊克令在回覆日本駐上海總領事岡本季正 11 月 9 日的來函時，也答允將同日本人「合作」，以解決租界內抗日新聞宣傳活動：「工部局已經開始不斷地對散佈那些旨在擾亂租界和平與秩序、反對某方人的印刷品和從事這類宣傳活動的中國團體施以越來越大的壓力。……對於令人討厭的報紙，工部局也已採取了相似的措施。」樊克

新聞史》，復旦大學出版社 1996 年版，第 823 頁。

[6]　[日]松井石根：《陣中日記》；前引《南京大屠殺史料集》（8），江蘇人民出版社 2005 年版，第 134 頁。

[7]　《上海公共租界工部局 1937 年年報》，1937 年版，第 29 頁。

[8]　〈費信惇對外報記者談，日無干涉租界行政理由〉，[上海]《新聞報》1937年 11 月 14 日報導。

令還向日本方面保證：「只要目前的騷亂狀態還存在，工部局警務處絕不鬆懈已經採取的必要措施。」但同時他又表示：「中國人的情緒是不可能完全抑制住的，過於極端的措施的採用，可能會引起動亂。」[9]

　　兩租界當局隨之對租界內的華商報刊作出了一些規定與採取了一些措施，主要的有：一是實行報刊登記制度，規定在租界的各華商報刊須先向租界工部局登記，否則不得出版發行。這一規定早在 1937 年 10 月 21 日上海公共租界工部局第 4878 號〈佈告〉中就已經宣佈：「任何報紙、雜誌、定期刊物或小冊子，非先向本局登記，不得在公共租界內刊行、印刷或分送。」[10]但這一規定直至日軍佔領上海、租界成為孤島後才開始實施；二是警告租界內之華商各報刊不得使用過激的或容易刺激日本人的字眼，如不得稱日本人為「敵人」；三是在 1937 年 11 月 23 日非正式地通知設在租界的中央通訊社上海分社停止發稿，通知各華商報社，或停刊，或停止抗日宣傳。

　　應該指出，在開始階段，兩租界當局在實施上述限制華商抗日報刊的規定時，往往網開一面，並不十分嚴厲；同時，他們對西方美、英等「中立」國家人士開辦的報刊，即「洋商報」，則援引治外法權，一體保護，對其宣傳內容不加干涉。因此，上海兩租界同日本當局的「合作」是有保留的。

　　在日方的壓迫與租界當局的限制下，設在兩租界的一些中國新聞傳媒，為了保持民族氣節與民族尊嚴，相率停刊：1937 年 11 月 23 日《救亡日報》停刊；1937 年 11 月 24 日，國民政府的中央通訊社上海分社停止公開活動，轉入「地下」秘密發稿；同日，在兩租界出版的《時事新報》、《立報》、《中華日報》、《神州日報》、《民報》等發表聯合宣言，宣佈自第二天，即 1937 年 11 月 25 日起，停止在上海出版發行，遷往內地或香港等地出版。

---

[9]　上海公共租界工部局英文檔案，藏上海市檔案館；引自馬光仁主編：《上海新聞史（1850-1949）》，復旦大學出版社 1996 年版，第 824～825 頁。

[10]　《上海公共租界工部局公報》，上海公共工部局租界 1937 年 10 月 27 日出版。

1937 年 11 月 25 日，松井石根在指揮十數萬日軍向南京猛撲時，再次召見日本駐上海的外交官與海軍代表，詢問與英、法租界交涉的情況，敦促採取有效措施禁止中國抗日報紙出版發行。松井石根在當日的日記中記載：

> 現在各國租界多少都在按我軍要求不斷清除排日分子，禁止報紙發行等。但還看不出他們的誠意，其實行情況也遠遠達不到我們的要求。於是我敦促外交官員，要求他們進一步採取有效措施。同時，還督促他們說，如果需要，我軍將佔領有關機構，並在公共租界內進行軍事示威遊行。[11]

果然，在三天後，1937 年 11 月 28 日，上海日軍當局派員接管了設在上海公共租界南京路哈同大樓的中國政府的新聞檢查所，同時接管了中國政府的海關、電報局等。[12]11 月 29 日晨，日軍當局通知公共租界內的十二家報社：「日本軍事當局宣佈，自 1937 年 11 月 28 日下午 3 時起，原中國當局行使的報刊監督與檢查權由日本軍事當局接管。……日本軍事當局在原則上願尊重報紙和其他印刷物等文化事業。只要這些報刊不再損害日本利益，日本軍事當局可以既往不究。……然而報紙和其他印刷物如果無視或反對日本軍事當局行使上述權力，則一切後果將由自己負責。」[13]日軍當局同時指責法租界當局取締抗日分子不力，再次威脅如不變更方針，將派遣日偽警員入界，採取適當手段。[14]

[11] [日]松井石根：《陣中日記》；前引《南京大屠殺史料集》（8），江蘇人民出版社 2005 年版，第 137 頁。

[12] [日]松井石根：《陣中日記》；前引《南京大屠殺史料集》（8），江蘇人民出版社 2005 年版，第 139 頁。

[13] 上海公共租界工部局英文檔案，藏上海市檔案館；轉引自馬光仁主編：《上海新聞史（1850-1949）》，復旦大學出版社 1996 年版，第 823～824 頁。

[14] 轉引自張銓、莊志齡、陳正卿：《日軍在上海的罪行與統治》，上海人民出版社 2000 年版，第 223 頁。

　　按照松井石根的指示，為了進一步壓迫租界的華商報刊與抗日宣傳，1937 年 12 月 3 日，上海日軍當局指揮與組織駐上海的日軍第 101 師團的官兵在公共租界進行軍事示威遊行。事後日軍特務部藉口「炸彈事件」──有人向日軍遊行隊伍投炸彈，要求租界當局進一步取締「排日分子」與抗日宣傳。

　　在 1937 年 12 月 11 日，在日軍的逼迫下，由十家以社會花邊新聞著名的小報聯合出版的《戰時日報》，不得不停刊。其主編馮夢雲後被日軍逮捕槍殺。

　　1937 年 12 月 13 日，在日軍佔領南京的當日，上海日軍當局在公共租界南京路哈同大樓原中國政府新聞檢查所所在地，正式設立日方的「新聞檢查所」；並於當日晚，以該新聞檢查所的名義，通過英、法租界當局，通令設在兩租界的各華商報社，於文到的第三日，即 15 日起，必須在每天報紙出版前，將所有的新聞與廣告稿件小樣送該所檢查，未經檢查通過的稿件一律不得刊登。

　　上海租界的各華商報社於 13 日接到通知後，立即召開聯席會議，討論至深夜。結果：《申報》、《大公報》滬版決定於 15 日停刊；只有《新聞報》、《時報》、《大晚報》等幾家報紙決定委屈忍讓，接受日方檢查，繼續出版，以讓上海的中國人能夠繼續有中國報紙可看，同時伺機擺脫日方的檢查。

　　1937 年 12 月 20 日，《譯報》（1937 年 12 月 9 日創辦）停刊。

　　總計自 1938 年 11 月中旬中國軍隊退出上海以後，到 1937 年年底，上海中國新聞傳媒，「出版物之停刊者，共 30 種，通訊社之停閉者共 4 家，包括中國政府機關之中央通訊社在內。」[15]因會員各報社大多停刊，1937 年 12 月 31 日，「上海日報公會」亦停止了會務活動。[16]

---

[15]　《上海公共租界工部局年報》，上海公共租界工部局 1937 年出版，第 244 頁。
[16]　馬光仁主編：《上海新聞史（1850-1949）》，復旦大學出版社 1996 年版，第 826 頁。

　　因此，當 1937 年 12 月 13 日日軍佔領南京並實施大屠殺時，上海租界只有殘存的幾家華商報紙在繼續出版，但它們在日軍當局嚴密的新聞檢查下，不可能刊登任何有關南京大屠殺的消息。

　　在這黑雲壓城的時期，在上海兩租界中，反而是各「洋商報」，即由西方歐美國家人士創辦、註冊與主持的報紙，包括英文、法文、德文、俄文及中文的報紙，因是所謂「中立國家」的報紙，在租界享有治外法權，可以不接受上海日軍當局的檢查，因而能繼美、英國家的報紙之後，刊登了有關南京大屠殺的不少報導與文章，成為當時中國讀者最直接、最迅捷、最真實、最重要的抗戰消息來源。

　　例如著名的《大美晚報》英文版（The Shanghai Evening Post And Mercury），於 1929 年 4 月 16 日由美國僑民在上海創辦，是上海唯一的英文晚報，發行人是美國人史帶（C・V・Starr，又譯斯塔爾），總編輯蘭德爾・高爾德（Randall Gould，又譯古爾德），在上海英、美僑民中較有影響。1937 年 7 月抗戰爆發後，該報發表或譯載了不少揭露日軍暴行、支援中國抗戰的的文章與報導。尤其值得稱道的是，1937 年 12 月 20 日，該報第一次刊登有關日軍南京大屠殺暴行的消息，雖然內容少，又很模糊，但卻是上海租界，也是中國地區第一次刊登關於日軍在南京大屠殺暴行的報導。接著，該報又在 1937 年 12 月 22 日刊登紐約電訊，轉載《紐約時報》所刊該報記者亞朋（按：指哈立德・愛德華・阿本德）發去的電訊數則，較詳盡地記述日軍在南京的驚人的暴行。這些報導產生了極大的影響，使報紙銷路大增，並迅速被中國內地各報轉載。以後該報一直尖銳地揭露與抨擊日軍在南京與中國其他地方的戰爭暴行。而《大美晚報》中文版，是 1933 年 1 月 16 日由《大美晚報》英文版增出，由愛國報人張似旭任經理兼主筆，主持編務，在編排上注意適合中國讀者習慣，設有附刊《夜光》（編輯朱惺公）、《茶話》（編輯柯靈）、《淺草》（編輯柯靈）等，有特色。該報一直大力宣傳抗日救亡，受到中國讀者歡迎。日軍佔領上海後，1937 年 12 月 1 日，該報又發刊中文《大美晚報晨刊》，名義上仍由美商大美出版公司出版，發行人也

仍是史帶，總編輯也仍是高爾德，實際上由張似旭、張志韓、吳中一等愛國報人主持編務，剛停刊的《立報》的編輯人員幾乎全部轉入此報，更積極地宣傳抗日與揭露日軍暴行。當日軍當局於 1937 年 12 月 13 日發出通告，要求租界中的華文報刊在出版前要將新聞稿件送審時，《大美晚報》發行人史帶於 1937 年 12 月 16 日發表強硬聲明，宣佈該報的中文版與英文版同屬一家，「服膺報紙言論自由之精義」，絕不接受「任何方面之檢查」。[17]1938 年年初，中文《大美晚報晨刊》改名稱為中文《大美報》，是對開的小型日報，社址在愛多亞路（今延安東路）外攤一座紅磚樓房內。1938 年 1 月有一篇評論說：「《大美晚報》銷路頂大，這自然是由於英文《大美晚報》的一篇不受檢查的宣言。……英文《大美晚報》態度始終如一，上月二十二日揭發〈皇軍在南京的獸行〉後，更是得大眾的擁護。隔了兩天，《字林西報》也不得不揭發了，……」[18]

日方當局當時無可奈何，不僅對美國人主持的《大美晚報》英文版以及所有外商報紙不能實施新聞檢查，就是對掛著美商招牌而實際由中國愛國報人主持的《大美晚報》中文版以及《大美報》，也始終未能對之實施新聞檢查。

另一家掛著美商招牌的中文《華美晚報》情況類似。該報創刊於 1936 年 8 月 18 日，在美國特拉華州註冊，名義上由美商華美出版公司發行，由美國人密爾士（H・P・Mills）擔任發行人及董事會主席，實際上由總經理朱作同創辦與主持，總主筆石招泰，社址在愛多亞路 172 號。抗戰發生後，該報積極宣傳抗日救國。1937 年 11 月 25 日，朱作同與楊清源、蔡曉堤達成協議，仍以美商華美出版公司的名義，又創辦發行《華美晨刊》，也仍由密爾士任發行人，但具體編務由《華美晚報》承擔，石招泰

[17]　馬光仁主編：《上海新聞史（1850-1949）》，復旦大學出版社 1996 年版，第 828 頁。

[18]　《今日的上海》，《敵寇暴行錄》，文藝出版社 1938 年出版；轉引自張銓、莊志齡、陳正卿：《日軍在上海的罪行與統治》，上海人民出版社 2000 年版，第 151 頁。

任編輯人，蔡曉堤任經理，邀地下共產黨員惲逸群主持評論，社址設在
《華美晚報》館內。日方當局也始終未能對之實施新聞檢查。

這一情況啟發了中國的愛國報人。他們為了不放棄上海租界這塊極
重要的新聞宣傳陣地，就利用當時上海日軍還不能對租界中的西方各國
人士創辦與主持的報紙進行檢查這一條件，紛紛掛起「洋旗」報的招牌，
高薪聘請英、美國家的人士擔任報社掛名的董事長或社長等，新辦起一
些報紙，或恢復一些報紙，在美、英等國家註冊，以外商的名義辦報，
艱難地進行抗日宣傳。1938 年以後，「洋旗報」大量湧現。從 1937 年
底日軍佔領上海，到 1941 年 12 月太平洋戰爭爆發，上海兩租界中較著
名的「洋旗報」有：

掛美商招牌的有《大美晚報》（中文版）、《大美報》、《大美畫報》、
《華美晚報》、《華美晨報》、《導報》、《中美日報》、《兒童日報》、《時
論叢刊》、《正言報》等。

掛英商招牌的有《每日譯報》、《文匯報》、《文匯報晚刊》、《國際夜
報》、《通報》、《大英夜報》、《循環日報》等。

曾被迫接受日方檢查的華商報紙《新聞報》及其晚刊《新聞夜報》，
於 1938 年 9 月 1 日掛起美商「太平洋出版公司」的招牌，請回該報原
主持人福開森（J.C. Ferguson）擔任董事長，美國商人包克（I.S.Polker）
為總經理；《大晚報》於 1938 年 11 月 21 日則掛起在香港註冊的英商「獨
立出版公司」的招牌，聘英國人弗利特（B.H.Fleet）擔任董事長；1938
年 10 月遷回上海的《申報》採用相同的辦法，掛起美商「哥倫比亞出
版公司」的旗號，聘請美國人安德森（P.M.Anderson）為董事長，阿樂
滿（N.F.Allman）為董事兼總主筆，於 10 月 10 日重新出版。它們都成
了「洋旗報」，不再接受日方的新聞檢查。

「截至 1939 年 4 月止，上海租界內以抗日宣傳為主旨的『洋旗報』，
已達 17 種之多，總銷量約為 20 萬份。」[19]

---

[19]　馬光仁主編：《上海新聞史（1850-1949）》，復旦大學出版社 1996 年版，第

　　與「洋旗報」一樣，上海租界內一些中國民間開辦經營的無線電廣播電臺，如華東、東方、民智、佛國、大美晚報、華美等廣播電臺，也掛起了洋商的招牌，拒絕日軍的新聞檢查。

　　這些「洋旗報」與掛著洋商招牌的廣播電臺，都旗幟鮮明地宣傳抗日救國，勇敢地揭露日軍南京大屠殺及其他戰爭暴行，在敵後發揮了極其重大的作用。當時在上海租界開業的著名中醫陳存仁說：

> 　　這時節，《新聞報》、《申報》的態度，雖然反日，但並不激烈，倒是無數晚報每天一到下午四時，各種極刺激的紅色頭條新聞，不是說國軍如何英勇，就是說日軍如何慘敗，震撼人心，力量極大。當時最激烈的一張晚報，叫做《大美晚報》，其次是《社會晚報》等。[20]

　　上海租界成為中國新聞傳媒在敵後進行抗日宣傳的最重要陣地。

　　日本當局對上海租界中不屈不撓繼續進行抗日愛國宣傳的中國新聞傳媒恨之入骨。1938 年 2 月 2 日，日方「上海新聞檢查所」致函公共租界工部局警務處長傑拉德（Gerrrard），要求租界當局對掛著洋旗招牌的中國抗日報紙採取制裁措施。但傑拉德在 2 月 7 日的復函中拒絕了日方的要求，稱租界工部局無權處理在華享有領事裁判權（即治外法權）國家的僑民事務，「在這種情況下，我建議你與有關國家的（駐上海）領事去直接交涉。」[21]

　　日本「華中方面軍」司令官松井石根對封殺租界的中國抗日新聞傳媒、防堵對南京大屠殺等日軍暴行的揭露與傳播，連續向其部屬作出指示。1938 年 2 月 3 日，松井石根召集「華中方面軍」特務部從事策劃建立南京偽政權的人員，詢問情況，「提醒他們，現在要進一步努力做

---

847 頁。

[20] 陳存仁：《抗戰時代生活史》，廣西師範大學出版社 2007 年版，第 54 頁。

[21] 上海公共租界工部局英文檔案，藏上海市檔案館；轉引自馬光仁主編：《上海新聞史（1850-1949）》，復旦大學出版社 1996 年版，第 831 頁。

的工作是，清除妨礙運動的障礙，即取締上海恐怖組織和報社等。為了讓從事建立（偽）政權的活動分子更容易開展工作，一定要控制住整個局面。」[22]1938 年 2 月 13 日，松井石根召集日本駐南京大使館參事官日高信六郎和駐上海總領事岡本季正，商討對付上海英、法租界等問題。松井石根特別重視取締設在租界的中國抗日報紙，再次作出指示。松井石根在這天的陣中日記中寫道：「關於法國租界內的取締問題，特別是取締報社的方式，敦促他們好好考慮。如果實在想不出好辦法，可以敦促原田少將，哪怕是採用禁止在公共租界銷售反動報紙的手段也行，總之，要求他們努力設法阻止反動報紙的散佈。」[23]在松井石根於 1938 年 2 月中旬奉召回國後，上海日軍當局繼續貫徹這一方針。

日本當局由於一時還不能查封與取締租界的「洋旗報」及其他中國新聞傳媒，就採取了種種嚴酷卑劣的手法進行打擊摧殘。

首先，日方加強上海「新聞檢查所」的力量與檢查力度。

1938 年 3 月 14 日，日方增調上海偽政權「大道市政府」的楊起澄等人為上海新聞檢查所的檢查官員，利用他們是中國人熟悉上海本地情況的特長與優勢，協助日方人員對租界報刊進行檢查，規定其檢查範圍為：「（一）言論反動及宣傳赤化者；（二）抵觸本府政綱、政策者；（三）破壞中日邦交正常化交者；（四）造謠生事者；（五）詆毀本府行政設施者。凡屬上述各種新聞，應予嚴格檢查，一律不許登載。」[24]

第二，進行郵政檢查，限制、阻礙與取締「洋旗報」的正常發送與銷售。

1938 年 3 月 5 日，日軍當局指派十二人常駐上海郵政總局，擔任郵件檢查員，對郵件，特別是新聞郵件進行檢查。與此同時，在租界以

22　[日]松井石根：《陣中日記》；前引《南京大屠殺史料集》(8)，江蘇人民出版社 2005 年版，第 174 頁。

23　[日]松井石根：《陣中日記》；前引《南京大屠殺史料集》(8)，江蘇人民出版社 2005 年版，第 180 頁。

24　《大道市政府密令第 104 號》，上海市檔案館編：《日偽上海市政府》，檔案出版社 1986 年版，第 803 頁。

外的日軍控制區，日偽當局嚴格禁止「洋旗報」的發行、銷售與閱讀、收藏。對違反者則加以逮捕迫害。如1938年4月22日，日偽軍警在周浦鎮各街巷突襲檢查違禁報刊，「當查有閱《文匯報》者王龍生、湯月樓、吳正寶、張禮榮、周永祥等五人，即由警衛兵士伴誠一帶交分局寄押。」[25]在租界區，日偽當局則指派大批特務、打手公然上街攔路搶劫與撕毀剛剛出版的各「洋旗報」。如在1938年4月6日，因各洋旗報刊登關於台兒莊大捷的報導，日偽特務、打手搶劫與撕毀各洋商報達千餘份。1939年10月9、10日，日偽特務、打手連續兩天在街頭攔路搶劫與撕毀剛剛復刊出版的「洋旗報」《中美日報》，僅9日一天，就使該報損失達9000多份。[26]汪偽國民政府成立後，在其轄區，對洋旗報的防範更加嚴密。1940年8月22日，汪偽國民政府警政部政治員警署發佈命令，禁止南京、上海各商號及娛樂場所在《大美晚報》、《中美日報》、《大晚報》、《大英晚報》和《正言報》上刊登營業性廣告。南京、上海的地方偽警署通知：「嗣後凡在本署轄境內發售新聞雜誌及其他一切出版物等，本署應予檢閱批准後始得發售。」[27]

第三，加強對廣播無線電臺的管理與監督。

上海是當時中國無線電廣播電臺最多、最集中的地方，既有政府設立的的，更多的是民間私人設立的，還有外國商人設立的，總數達數十家。

無線電廣播是新興的新聞傳媒，具有文字傳媒所沒有的許多特長與優勢。因此日軍當局對其十分重視。日軍佔領上海不久，1937年11月27日，就派人接管了國民政府設在上海的無線電廣播事業管理部門「中央廣播事業指導委員會」和廣播電臺，並利用原設備建立起日軍在上海

[25] 《大道市政府警察局呈文》，上海市檔案館編：《日本帝國主義侵略上海罪行史料彙編》（上），上海人民出版社1997年版，第631頁。

[26] 張銓、莊志齡、陳正卿：《日軍在上海的罪行與統治》，上海人民出版社2000年版，第228～229頁。

[27] 馬光仁主編：《上海新聞史（1850-1949）》，復旦大學出版社1996年版，第872頁。

與華中地區的廣播中樞──「大上海廣播電臺」。與此同時，日軍當局脅迫上海兩租界當局查禁中國抗日廣播電臺。

1938 年 3 月 20 日，上海日軍當局設立「上海廣播無線電臺監督處」（後改稱管理處），由淺野一男任處長。同日，該監督處向各家廣播電臺發出第一號指令，宣佈自 4 月 1 日起取代原中國國民政府的交通部與「中央廣播事業指導委員會」，主管對各廣播電臺的指導與查禁事務。

1938 年 3 月 31 日，日軍「上海廣播無線電臺監督處」發出第二號指令，要求上海所有的廣播無線電臺於 4 月 15 日前，前往該監督處重新登記，經批准後方可營業。由於中、外各廣播電臺的聯合抵制，拒不登記，日軍「上海廣播無線電臺監督處」於 4 月 20 日發出第三號指令，將電臺登記期延至 4 月 27 日。中國 20 多家廣播民間電臺在 4 月 28 日停止播音，以示抗議。後由上海租界工部局與日方達成協定，有租界工部局警務處「採取行動防止反對日本當局的廣播」。

1938 年 5 月 6 日，上海英租界工部局函告各廣播無線電臺不得播送任何反日或其他政治性的宣傳，違者將受到停止營業的處分。5 月 8 日，上海英租界工部局召集各民營廣播無線電臺負責人，要求他們再次具結保證不播放反日宣傳及一切政治性內容。5 月 12、13 兩日，上海租界工部局警務處應日方之請，查封了「大亞」、「大光明」兩家抗日聲音最高的電臺。

1938 年 5 月 20 日，日軍「上海廣播無線電臺監督處」要求上海租界當局查封所有未登記的廣播無線電臺。1938 年 7 月 15 日，日偽當局頒佈《私人無線電發射台管理條例》，對無線電廣播電臺實施更嚴厲的監管。

此後，上海租界中的無線電廣播電臺發生分化：堅持抗日愛國立場的電臺停業，未停業的電臺多播放娛樂性節目與商業資訊及廣告等。

第四，以卑鄙兇殘的暗殺與爆炸來對付堅持抗日愛國的中國新聞傳媒與中國報人。

正像當時在上海的著名愛國記者顧執中所說：「敵偽兇惡的對付中國報紙的辦法之一就是扔炸彈。……敵偽的另一個殘酷而下流的對付我們的辦法，就是乘人不備，用武器來暗殺或綁架中國新聞記者。有的在新聞記者在路上被暗殺，有的在黃包車上被暗殺，有的在汽車中被暗殺，有的在家裏早上在床上熟睡的時候，特務們從後門闖入，被開放亂槍暗殺，有的在飯店中正在舉箸吃飯的時候被暗殺，有的在車站旁等搭電車或公共汽車時被暗殺。從有史以來，新聞記者之遭暗殺，從沒有如此之眾和如此的慘酷。」[28]

1938 年 1 月 16 日，日軍在南京的大屠殺仍在進行中，《華美晚報》館遭到日偽特務的炸彈襲擊，設備受損，三名中國員工被炸傷。這是日偽特務第一次向上海租界的「洋旗報」報館與中國記者扔炸彈。

1938 年 2 月 6 日，正是中國農曆正月初七，日軍在南京的大屠殺還未封刀。上海的漢奸特務綁架殺害了《社會晚報》的主編兼記者蔡鈞徒，然後還將其頭顱砍下掛到杜美路的電線桿上，寫了一張「抗日分子的結果」標語放在旁邊。這是上海「孤島」時期被日偽殺害的第一個中國新聞記者。日寇漢奸想以蔡鈞徒的人頭來震懾威脅上海新聞界。

1938 年 2 月 9 日，《文匯報》面世才過半個月，報館就接到了日偽特務化名「正義團」發來的恐嚇信。信中說：「貴報言論激烈，識時務者為俊傑，今後務望改弦更張。若再有反日情緒存在其中，即將與對付蔡鈞徒者同樣對付。」《文匯報》同人對此恐嚇不予理睬，在第二天該報的要聞版上，仍然刊登了〈渡河日軍被殲〉等抗戰消息。2 月 10 日傍晚 6 時許，日本特務指使漢奸暴徒，突然衝入《文匯報》報館投擲手榴彈。報館底樓頓時煙霧彌漫，視窗玻璃震碎，寫字臺被毀，吊燈落地。正伏案工作的發行科職員陳桐軒倒在血泊中，以身殉職。廣告科的蕭山卿、畢志奮二人也被炸傷。

同日，《華美晚報》館再次遭日偽特務炸彈襲擊。

---

[28] 顧執中：《報人生涯》，江蘇古籍出版社 1987 年版，第 654 頁。

1938 年 2 月 13 日，《華美晚報》發行人兼名譽主編、美國人密爾士（Hal P·Mills）受到日偽特務的恐嚇信，聲稱如不改變論調，「當再報以二百磅之炸彈」。[29]

1939 年 5 月，在日本特務機關指揮與支持下，臭名昭著的汪偽七十六號特工總部在上海成立。該特工總部最重要的工作之一，就是威脅與迫害直至暗殺堅持愛國抗日的中國新聞工作者。1939 年 6 月 17 日，日偽七十六號特工總部成立後刺殺的第一個新聞記者是《申報》的編委瞿紹伊。

於 1938 年 10 月 10 日遷回上海、掛起美商招牌復刊的《申報》仍是上海乃至全國影響最大的報刊，該報堅持抗日民族立場，艱難地卻旗幟鮮明地宣傳抗戰。日偽想制服它，殺雞嚇猴，震懾整個上海新聞界。該報編委瞿紹伊年近 60 歲，家住新聞路。那天他正在家中，突有七十六號特務數人衝入其住宅，向其開槍襲擊。瞿紹伊立即狂奔閃躲，仍當場中彈，傷及數處，後經搶救，方才脫險。

1939 年 7 月 22 日，《中美日報》因在報上公開痛斥汪精衛，於這天晚上遭到七十六號特工總部的大批武裝特務的暴力襲擊。因該報早有戒備，當特務們乘汽車到達時，報館大門緊閉，特務不得進入，一場慘禍得以倖免。

1939 年 8 月 30 日下午 4 時，《大美晚報》的中文副刊編輯朱惺公，在光天化日之下，被日偽特務槍殺於馬路上。朱惺公，號松廬，原籍江蘇丹陽，1901 年生，家境清寒。1938 年 2 月，他由人介紹，進《大美晚報》社，任該報中文版副刊《夜光》編輯。朱惺公民族意識強烈，一旦受命於危難之際，就不顧個人安危，積極投身於抗日愛國的宣傳活動。1939 年 6 月的一天，朱惺公接到了日偽用「中國國民黨鏟共救國特工總指揮部」（即七十六號特工總部）名義發來的一封油印的恐嚇信，

---

29 轉引自梅麗紅：〈「孤島」時期上海的「洋旗報」〉，刊[上海]《檔案與史學》1996 年第 5 期。

信中說：今後如朱惺公「冥頑不靈，依然抗日」，在其編輯的《夜光》副刊上繼續刊登「反汪（精衛）」的文章，那就將對朱「即缺席判以死刑」，派員對朱執行「國法」。在這種無恥的威脅與血腥的恐怖面前，朱惺公毫不畏懼，以凜然的正氣與犀利的筆鋒回擊敵人。他立即寫了一篇文章，題曰：〈將被「國法」宣叛「死刑」者之自供——覆所謂「中國國民黨鏟共救國特工總指揮部」書〉，發表在 1939 年 6 月 20 日的《夜光》副刊上。他在這篇正直、悲壯而又辛辣的文章裏，針鋒相對地駁斥了日寇漢奸的無恥讕言，倔強地表現了自己愛國家、不怕死的壯烈精神。日寇漢奸對朱惺公威脅不成，就下毒手了。1939 年 8 月 30 日下午 4 時許，天氣晴朗，夕陽西照，馬路上行人熙熙攘攘。朱惺公正在寓所附近河南北路天潼路口的行人道上行走，突然有三名日偽特務竄出，兩名強執朱的左右臂，一名握手槍對準朱的太陽穴進行恫嚇。斯文瘦弱的朱惺公面對暴徒，威武不屈，歸然不動。惱羞成怒的特務扣動了手槍扳機，槍響了，朱惺公倒在血泊中壯烈犧牲，年僅 39 歲。

1940 年 3 月 30 日汪偽政府在南京正式登臺。汪精衛在這年 7 月 1 日，以「國民政府代理主席，行政院院長」的名義，公開發佈了對 83 人的「通緝令」，刊登於南京、上海的各日偽報紙上。「通緝令」聲稱這 83 人的罪名是：1、「賣身共匪，為其鷹犬，施其鬼域」；2、「潛身上海租界，假藉第三國人名義，經營報館，終日造謠煽動，破壞和平反共建國」；3、「組織公司以買兇殺人為營業，……」，等等。其中第二項罪名顯然是指那些借洋商名義辦報、進行抗戰宣傳的愛國新聞界人士，竟有 49 人之多，約佔整個被「通緝」的 83 人名單的 60%，其中有：

《申報》的經理馬蔭良，主要編輯記者金華亭、胡仲持、趙君豪、伍特公、瞿紹伊等；《新聞報》的主任汪仲偉，主要編輯記者顧執中、王人路、倪瀾深、徐恥痕、潘競民等；《大美晚報》中文版的經理張似旭，主要編輯記者張志韓、劉祖澄、程振璋、朱一熊等；《大美晚報》英文版的編輯袁倫仁；《中美日報》的社長吳任滄，總經理駱美中，主要編輯記者王錦荃、張若谷、胡傳厚等；中央社上海分社主任馮有真；

《大晚報》的經理王錦城，主要編輯記者汪倜然、吳中一、高季琳（柯靈）等；《神州日報》的社長蔣光堂，主要編輯記者盛世強、張一蘋、徐懷沙、戴湘雲；英文《大陸報》編輯吳嘉棠、莊芝亮；英文《密勒氏評論報》編輯郝紫陽。

　　以及其他新聞界人士。

　　汪精衛在「通緝令」中最後說：「宜先將首惡付諸重典」。[30]其意昭然，他將向上述諸愛國人士下毒手。

　　就在汪精衛發佈「通緝令」後十餘日，1940 年 7 月中旬一天早晨 7 時許，正當地處望平街的《申報》館發送報紙的忙碌時刻，日偽的幾個暴徒竟乘機向報館下層的視窗內擲了兩個手榴彈，隨著「轟！轟！」兩聲巨響，濃煙滾滾，彈片四飛，炸死炸傷多人。以後敵特又多次以炸彈襲擊該報。

　　1940 年 7 月 19 日，被列名於「通緝令」上的《大美晚報》中文版主持人張似旭被日偽特務暗殺。張為人機警活潑，說得一口流利的英語。他多次接到敵偽恐嚇信，報館方面專門為他雇了一名保鏢保衛他，還給他配備了一輛由他駕駛的小汽車。自他被汪精衛「通緝」後，他就住到報館中，加強戒備。但他搞新聞工作不能不與外界聯繫。他於 7 月 19 日下午 4 時許，獨自駕車來到靜安寺路，又一人進入「起士林」咖啡店，在樓上靜坐看書休息。不料早已伺伏在四周的日偽特務突然蜂擁而上，將他亂槍打死在沙發上。張似旭是列名於汪精衛「通緝令」上第一個被打死的新聞工作者。

　　1940 年 7 月 21 日，日偽特務又施毒手。那天下午 6 時許，正當夕陽西下、暮色四逼的時候，大光通訊社社長邵虛白乘坐黃包車回家。當車馳抵福煦路（今延安路）明德里離家不遠的地方，伺伏已久的日偽特務一擁上前，眾槍齊下，立即將邵打死。

　　1940 年 7 月 22 日晚，日偽特務衝進《大晚報》館，開槍打死 2 名工人。

---

[30]　偽《南京新報》1940 年 7 月 2 日。

1940 年 7 月底，《新聞報》編輯倪瀾深遭日偽特務綁架進七十六號特工總部，備受折磨。

1940 年 8 月 1 日，日偽特務用炸彈襲擊《大美晚報》館，炸死炸傷多人。

1940 年 8 月 17 日，《新聞報》的名記者顧執中已避居報館深匿不出多日，但這天他因事出外，走到薩坡賽路口時，突然遭到伺伏特務的槍擊。子彈打進顧的頸部，鮮血直流；幸未中要害。顧立即急速地以波浪式的跑法向北脫逃。特務們又向他連放數槍，都未命中。顧被救護入醫院，僥倖地逃過一死。

1940 年 8 月 19 日，《大美晚報》年輕的國際新聞編輯程振璋，在行經金神父路（今瑞金路）廣慈醫院附近時，突然有日偽特務多人從一輛汽車中躍出，企圖綁架他。程臥地抵抗不走，並大呼救命。狠毒的日偽特務一齊對程開槍，然後上車呼嘯而去。程身中三槍，均傷及要害，肝臟及腸子都被打破，被送進醫院搶救，於 8 月 21 日死去。

1941 年 1 月 4 日，日偽特務用炸彈襲擊《申報》館。

1941 年 1 月 6 日，日偽特務再次用炸彈襲擊《申報》館。

1941 年 2 月 3 日，《申報》名記者金華亭又在滬被刺身亡。金有辯才，有很高明的採訪新聞的本領，往往在笑談之中採訪得重要消息。他在主持《申報》時，堅持愛國立場，宣傳抗戰。他被汪精衛「通緝」後，就長期離家遷宿報館。他在 2 月 2 日下午離報館，到一個朋友家聚會，直到 2 月 3 日凌晨 4 點天快亮時，才到嵩山路世界汽車行雇出租汽車。就在這時，日偽特務從四面包圍了他，亂槍齊發。金雖備有自衛手槍，但拔槍自衛已是不及，全身中四槍，鮮血四濺，頓時斃命。

1941 年 4 月 1 日傍晚，日偽特務又乘汽車來到大中通訊社，向窗中扔進一顆手榴彈，把正在工作的編輯秦鍾煥炸成重傷，最後死去。

1941 年 4 月 30 日，《華美晚報》社長朱作同被暗殺。

1941 年 6 月 23 日，《大美晚報》新任經理李駿英被暗殺。

……

但日偽的暗殺並沒有嚇倒愛國報人，而只暴露他們的卑劣。日方在上海創辦的日文報紙《上海每日新聞》在 1939 年的一篇社評裏哀歎：「壓力之真有力量，並不是血淋淋的人頭或人手。」[31]

第五，進一步逼迫上海英、法兩租界當局加強壓制與取締各「洋旗報」。

1939 年以後，日本當局利用歐洲局勢緊張、英國與法國自身難保之機，進一步逼迫上海英、法兩租界當局加強壓制與取締各「洋旗報」。1939 年 4 月 12 日下午，日本駐上海總領事三浦義秋率領事寺崎等一行，訪晤上海公共租界工務局總董樊克令，並面遞備忘錄一份，再次要求租界當局取締租界內的所有抗日報紙，稱：「日本軍事當局對此十分擔心，因為上海工部局若不採取措施，不僅將影響租界內的和平與安定，還將影響租界外日佔區的和平與安定。」[32]接著，三浦義秋一行又訪晤了英、美兩國駐上海的總領事，向他們提出了同樣的要求。日方在上海創辦的日文《上海每日新聞》1939 年 4 月 13 日發表社評〈撲滅抗日支那報紙〉，與三浦義秋的要求相呼應，稱：

> 我們攻下（上海）之後，立即接受了國民黨政府所設立的新聞檢查所，……從事租界內各華文報紙的檢閱與監督。自從各家抗日報紙以第三國名義經營以後，都已「逃避」檢查，所以事實上我們的新聞檢查工作已變成有名無實了。上海的 15 家（抗日報紙）是在日本的佔領區內，並且以報館規模的大，發行數量的多，以及其他諸點說來，都是不能忽視的問題。說上海佔著全中國抗日言論的中樞地位，也非過言。所以上海的抗日報紙，如果能把它們撲滅，就等於把全中國抗日言論封鎖了一半。[33]

---

[31] 上海公共租界工部局英文檔案，藏上海市檔案館；轉引自馬光仁：《上海新聞史（1850-1949）》，復旦大學出版社 1996 年版，第 867～868 頁。

[32] 上海公共租界工部局英文檔案，藏上海市檔案館；轉引自馬光仁主編：《上海新聞史（1850-1949）》，復旦大學出版社 1996 年版，第 849 頁。

[33] 日文《上海每日新聞》1939 年 4 月 13 日社評〈撲滅抗日支那報紙〉；詹世

　　在日方的威逼下，上海公共租界工務局總董樊克令在 4 月 12 日的會晤中，當場表示同意日方的觀點，答應要對租界的各洋旗報採取進一步的限制措施。4 月 18 日，上海公共租界工務局派員前往英、美兩國駐上海的總領事館協商，議決在更大程度上給予日方以合作。4 月 26 日，日本駐上海總領事館再次向租界當局遞交備忘錄，指責租界內的報刊，特別是以外商名義發行的洋旗報，並沒有改變「反日」態度。為此，日方提出租界應實施的取締抗日報刊的幾項具體措施：（1）上海租界當局發表佈告，明確宣佈凡刊載破壞和平安定的文字的報刊一律予以取締；（2）禁止重慶國民政府在上海租界內出版報刊和控制報業；（3）逮捕從事抗日宣傳活動的報人；（4）沒收、禁售抗日報刊，上述報刊不得在租界內傳售；（5）租界警務部門定期或在必要時進行搜查，搜查時須有日本警務人員參加；（6）租界警務部門必須建立專職的督察報刊工作的機構。[34]

　　上海租界當局經過一番爭論，最後決定接受日方完全無視租界權力與地位的無理要求，從 1939 年 5 月 1 日起，開始對租界中的洋旗報採取了一系列的嚴厲措施，如發佈公告、勒令停刊、實施新聞檢查制度、吊銷登記證等，最後迫使《文匯報》、《文匯報晚刊》、《導報》、《譯報週刊》等多家洋旗報停辦。中國人民揭露日本侵華罪行的講堂被迫關閉了。這在抗戰新聞史上被稱為「五月危機」。

　　到 1941 年 12 月 7 日，日本侵略者發動太平洋戰爭，向英美宣戰，日軍進入上海租界，四年之久的「孤島」時期結束了。租界內的所有堅持抗日、堅持正義的中國報刊全部被迫停刊。日偽當局接辦了《申報》、《新聞報》等。從此，上海的主要報刊全部被日偽控制。從此，南

華：〈上海的所謂「反日」報紙〉，《戰時記者》，第 11 期，1939 年 10 月 1 日出版；轉引自馬光仁：《上海新聞史（1850-1949）》，復旦大學出版社 1996 年版，第 984、850 頁。

[34] 上海公共租界工部局英文檔案，藏上海市檔案館；轉引自馬光仁：《上海新聞史（1850-1949）》，復旦大學出版社 1996 年版，第 851 頁。

京、上海等日佔區的中國人再聽不到中國報刊對日本侵華暴行的揭露與
控訴。

第二節　收買美、英記者，企圖軟化西方國家新聞輿論

　　當時世界上新聞傳媒業最發達的國家與地區，無疑是西方的美、
英、法、德等國家。尤其是美、英兩國，有長期的自由主義思想傳統作
指導，有發達的經濟基礎與眾多的新聞傳媒機構，有先進的電信設備、
四通八達的通訊網絡與大量高素質的新聞傳媒人才，因而號稱新聞傳媒
大國。他們的新聞傳媒往往領世界之潮流，對全世界的輿論起導向的作
用，對各國政府的外交政策也發生很大的影響。尤其是這些西方國家在
中日戰爭爆發後，直至南京大屠殺之後很長一段時間，一直宣佈採取中
立態度。這就使得這些號稱「中立國家」的新聞傳媒的採訪有許多便利，
他們的立場與態度在國際輿論界具有特別重要的作用與影響。而當時西
方國家設在上海租界等的的新聞傳媒更能直接影響中國的輿論，能發揮
中國新聞傳媒與日本新聞傳媒界所不能起的作用。

　　因此，日本當局在發動侵華戰爭以後，一直十分重視對西方國家新
聞傳媒界的工作，並為此採取了各種手段。當日軍進攻南京並實施大屠
殺以對中國軍民「膺懲」時，日本當局就更是無所不用其極。

　　首先，在開始階段，日本當局以種種方法，企圖拉攏、收買西方國
家新聞傳媒界的記者，從而軟化西方國家的新聞輿論。

　　從 1937 年 8 月 13 日日軍發動對上海的攻擊以後，日本當局就以各
種方式開展對西方新聞傳媒界的宣傳與爭取工作，甚至進行赤裸裸的收
買，希望得到西方國家新聞傳媒界對日本發動侵華戰爭的「理解」、同
情與支持，發揮日本新聞傳媒界所不能起的作用，進而爭取到西方各國
民眾與政府對日本發動侵華戰爭的「理解」、同情與支持。

1937 年 10 月 1 日，正是日軍空前殘酷激烈地進攻上海之時，擔任「上海派遣軍司令官」的松井石根大將竟然專門抽出時間，在司令部會見日本駐上海的外交官，直截了當地提出，「希望他們要操縱好駐上海的外國新聞記者。之所以痛切地感到這種必要性，是因為國際聯盟通過了非法決議。」松井石根嘴中的「國際聯盟通過的非法決議」，是指在日內瓦舉行的由英、法、美等國家為主導的國際聯盟大會於 1937 年 9 月 28 日一致通過了《譴責日本在華暴行案》，譴責日本飛機轟炸南京等不設防的中國城鎮與和平居民，聲稱日本的這種行為是沒有任何理由的，「已在全世界激起了極端的厭惡與憤慨。」當松井石根聽說日本駐上海的外交官對收買與操縱駐上海的外國新聞記者工作不力，十分不滿。他在這天的陣中日記中寫道：

> 聽說駐上海大使館方面對於收買外國記者的問題還沒有採取任何措施。真令人驚訝萬分。就算是陸海軍武官們努力不夠，如果現在還不儘快採取措施的話，對今後的宣傳戰是非常不利的。為此，我十分憂慮。[35]

1937 年 10 月 10 日中午，松井石根親自出馬，在百忙中抽出時間，在司令部專門會見英國倫敦《泰晤士報》（The Times）駐上海記者弗萊扎和美國《紐約時報》（The New York Times）駐上海記者阿本德。因為這兩家報紙是當時西方規模最大、影響也是最大的報紙。松井石根深知這兩家報紙對世界輿論的重要導向作用。同時他與阿本德早有交往，建立了較密切的關係。「松井石根大將說，當時在上海有許多外國通訊社記者，他認為阿本德先生是最可信賴的人物，所以特地同他見了兩次。」[36]

---

[35] [日]松井石根：《陣中日記》；前引《南京大屠殺史料集》（8），第 82 頁。

[36] 前引[日]田中正明著，軍事科學院外國軍事研究部譯：《「南京大屠殺」之虛構》，第 34 頁。

　　哈立德‧愛德華‧阿本德（Hallett Edward Abend, 1884-1955，亦譯埃邦德或阿班）。《紐約時報》（The New York Times）駐華首席記者。他1884 年出生於美國俄勒岡洲的波特蘭市，曾就讀於斯坦福大學。1905年他剛讀到三年級就輟學，到一家報社任實習記者。1926 年他四十二歲來到中國，先在北京主持《英文導報》。1927 年他擔任《紐約時報》的駐華記者，後升任首席記者，歷時長達十多年之久。他長期在中國工作，奔走於南北各地，接觸或採訪過蔣介石、宋美齡、宋子文、孔祥熙、張作霖、陳友仁、張學良、張宗昌、王正廷、吳鐵城、胡適、顧維鈞、李宗仁、梅蘭芳以及鮑羅廷、端納、司徒雷登等中外名人，報導、評論過在中國發生的一系列重大歷史事件，並形成了他對中國、對遠東事務的獨特而深刻的見解，成為著名的中國與遠東問題評論專家。當時擔任日本同盟社上海分社社長的松本重治在其所著《上海時代》一書中，寫道：

　　　　在所有美國新聞記者中，我認為最為傑出的要推《紐約時報》的哈立德‧阿本德。由於阿本德常年駐中國所積累的經驗，以及他頗為老成的待人接物，加上又有《紐約時報》的聲譽，所以他的交友相當廣泛。他與蔣介石夫人宋美齡也是極為親密的友人。他不用像我這樣，身為日本通訊社記者，每天都必須為早晚兩次的報導發稿而疲於奔命。他只需揀一些重大的資訊加以傳送即可。所以說他是處在一種極為有利的位置上。我雖然身在上海，始終關心美國的對日政策及對華動態，所以常與阿本德交換意見與情報。

　　　　他是獨身，在外白渡橋附近新建的布羅托多咸公寓（按：百老匯大廈之日語音譯）包下了最高一層，找了幾個年輕助手，在那裏悠然自得地工作著。有時，我約他一起去江灣的高爾夫場打球。一次，一局未完，他突然想起什麼事對我說：「真對不住，我忘了還有約會。今天就失敬了。」我半開玩笑似的問他：「還

能有什麼事會比打球更重要？」「實際上我忘了今天宋美齡要請我喝茶，務必請多多包涵。」他連打招呼。聽他如此說，我想可不能影響朋友的工作，便只能讓他如此的離去了。這兒也多少可以看出，宋氏一家極為重視與美國的關係。[37]

阿本德與日本政界、軍界許多高層人士，如近衛文麿、松岡洋佑、松井石根以及日本駐中國公使重光葵、日本駐南京總領事須磨彌吉郎、日本駐中國艦隊司令官長谷川清等，也都有長期的交往與良好的關係。他的關於中日關係的新聞報導以客觀公正聞名，甚至連日本駐華盛頓大使館官員都認為，「從中國發出的所有報導中」，阿本德為《紐約時報》寫的「電訊和通訊是最公正和客觀的」。[38]

為了拉攏阿本德，早在 1936 年，日本駐上海總領事館與日本軍方經日本天皇首肯，居然出其不意地向他贈送了一尊日本武士銅像，並伴有一紙華麗獎狀，以表彰阿本德「在報導滿洲戰役時『發揚了不偏不倚精神』」。這在日本方面看來，簡直是至高無上的榮譽。阿本德說：

> 銅像的底座刻有幾個金字。我留意到，凡有日本人來我居所作客，總要認真看看那幾個字，然後便嘖嘖有聲地吸氣，急急鞠上一兩個躬。頭幾個月，我猜想他們之所以鞠躬，大概是要表示對日本陸軍的敬意。後來實在不勝其困，便問一個極熟的日本友人，這麼鞠躬到底用意何在。他踟躕半晌才說：
>
> 「要一字一句直譯的話，還真挺困難的。基本的含義是，天皇差不多是認你為結拜兄弟了。送你這尊銅像是天皇本人首肯的。」[39]

[37] [日]松本重治著，曹振威、沈中琦等譯：《上海時代》，上海書店出版社 2005 年版，第 91～92 頁。

[38] [美]阿本德著，楊植峰譯：《民國採訪戰》（原書名《我的中國歲月（1926-1941)》），廣西師範大學出版社 2008 年 7 月版，第 260 頁。

[39] [美]阿本德著，楊植峰譯：《民國採訪戰》（原書名《我的中國歲月

　　阿本德與松井石根，在 1935 年夏天就結識了。當時，阿本德在上海採訪過剛剛退役的松井石根。這位記者在 1944 年出版的回憶錄《我的中國歲月（1926-1941）》（My Years in China, 1926-1941）中，記錄下了他那次與松井石根會見的情況以及對他的印象：

> 　　松井石根將軍確係我的友人。1935 年的夏天，因機緣湊巧，我採訪了他，並博得他的好感及信任。事情的起源，是上海某日語新聞社一條日常通稿的英譯稿，只有短短五行，文中簡單提及退役後的松井將軍為光大「大亞洲主義」運動，已先後訪問了印度支那、暹羅、馬來亞、緬甸，並將於返回日本的途中，在上海作短暫停留。
>
> 　　我想這會成為新聞，雖夠不上發電訊，但或許值得發一篇郵寄稿，供《時報》發表於周日版的某個角落。於是，我前往日本總領事館，請求會見松井石根將軍。接待我的領事館小官員對我說，會見一個無足輕重的人物松井，可以說是浪費時間。「他不過是個顫巍巍的退役老人，拿政治當業餘愛好，消磨時間而已。」
>
> 　　但我對松井還是有好感的。他欣然接受了我的採訪，談話內容有趣，過程也很長。事畢，我攜他同往上海總會共進午餐。他瘦小蜷縮，體重不足 100 磅（本書著者按：約 45 公斤），右臂和右臉似乎有偏癱，且時有抽搐，讓人感到有些可憐。那位領事館的官員，對這樣一位令人愉快的好好先生，實在有些過分輕慢。[40]

　　可就是這個被阿本德感到「令人同情」、被日本駐上海領事館官員輕慢的的退役將軍松井石根，在兩年後卻成為日軍進攻上海、南京的最高指揮官與南京大屠殺的罪魁禍首。當松井石根在 1937 年 8 月 15 日被

　　（1926-1941）》），廣西師範大學出版社 2008 年 7 月版，第 278 頁。
[40] ［美］阿本德著，楊植峰譯：《民國採訪戰》（原書名《我的中國歲月（1926-1941）》），廣西師範大學出版社 2008 年 7 月版，第 225 頁。

日本天皇任命為「上海派遣軍」司令官，於 8 月 23 日率軍到達上海指揮軍事時，阿本德開始卻是「疑竇頓生」。他說：

> 之後便發生了 1937 年的中日戰爭，上海周邊苦戰了三個月。當日本宣佈，任命松井石根為長江流域日軍最高指揮官時，我不禁疑竇頓生，怕只是某個重名者。後來，頭一回去了日軍總部，才發現那位權勢滔天的總司令，不是別人，正是 1935 年認識的朋友，那個偏癱的小老頭。因兩年前他落難時，我曾遇之以情，待之以禮，他便於 1937 年間，慷慨回報，向我提供了大量的重大獨家新聞。[41]

松井石根在率軍進攻上海與南京期間，幾次在司令部召見阿本德，發表長篇講話，力圖影響這位有影響的著名記者。

松井石根在這一次召見中，首先向這阿本德與弗萊扎發表「聲明」，表明了他對這場日中戰爭的立場與看法，以圖影響這兩位記者對這場日中戰爭的立場與看法。松井石根在其陣中日記中，記錄了他「聲明」與談話的主要內容：

> 「我已經盡力為日中協作事業做了三十多年工作。即使今天的事業，與其說是在教訓支那人，更應該說是在提醒他們，應該好好考慮如何全力去拯救四億人民。現在的當務之急是，如何將支那從共產主義勢力中拯救出來。這不僅是為了支那本國，也是為了整個東亞。我堅信這才是最緊要的。
>
> 我相信現在正是本著日本固有的國民精神和東洋的傳統道德為基礎，發揮日本人最擅長的犧牲精神的時刻。
>
> 東洋有句諺語曰：自反而縮，雖千萬人吾往矣。

---

[41] [美]阿本德著，楊植峰譯：《民國採訪戰》（原書名《我的中國歲月（1926-1941)》），廣西師範大學出版社 2008 年 7 月版，第 225～226 頁。

　　　　這正是我們目前的信念。希望世界各國對日本的所作所為，
再靜觀一段時間。」

　　松井石根還回答了兩位西方記者提出的問題。說道：

　　　　「為了使同樣的事件不要在上海再次發生，現在當務之急需
　　要的就是如何完全處理好這次事件。特別是鑒於上海是個特殊地
　　區。臨行前我就希望得到各國的協助，然而，後來看到整個局勢
　　和當地狀況，迫使我時至今日不得不改變一直以來的願望。也就
　　是說，列國沒有盡到促進支那遵守 1932 年停戰協議的義務。而
　　且，列國至今以來的態度，最終讓我喪失了希望得到他們協助的
　　信心。真是十分遺憾。」

　　《泰晤士報》記者弗萊扎沒有對松井石根的觀點進行指責，只是
問：「你說的這些是指歐洲的情況呢，還是指目前在支那的情況？」松
井石根說，兩方面都有。弗萊扎又問：「如果這樣的話，將來你想得到
什麼樣的協助呢？」松井石根回答說：「先決條件是，首先列國要徹底
地重新觀察目前的戰爭，看日本現在發動的到底是侵略戰爭還是拯救性
戰爭。」弗萊扎無言以對。

　　《紐約時報》記者阿本德問道：「你對美國的態度也同樣如此嗎？」
松井石根回答說：「我對美國特別是美國大總統最近的演講很不滿意。
但對於居住在上海的美國人的態度，現在我感到沒什麼可說的。」

　　松井石根十分自信，認為，從兩位西方記者臨走前的表情看出，他
們對他直率的態度表示基本滿意。[42]

　　1937 年 11 月 11 日，正是日軍在上海戰場經過約三個月的血戰，
終於取得勝利，即將佔領除租界以外的整個上海地區。松井石根在這
天，第一次會見西方各國駐上海的主要通訊社美聯社（AP）、合眾社

---

[42]　[日]松井石根：《陣中日記》；前引《南京大屠殺史料集》（8），第 94 頁。

（UP）、路透社、哈佛斯等的記者，以戰勝之威，大談了一番日本的侵華有理和日軍的戰爭意圖，並對美、英等國政府未積極支持日本的侵華政策進行指責，最後要求與威脅西方新聞傳媒記者在報導這場日中戰爭時，要「公正」，也就是要站到日本的立場上，否則就是誤導世界輿論。松井石根在這天的陣中日記中寫道：

> 今天我第一次會見 AP、UP、路透社、哈佛斯等駐上海的各國主要通訊社的通訊員。我儘量不表現出強硬態度，向各位提示我軍的方針以及我個人的意圖。然後希望各通訊員要公正，不要誤導世界輿論。看上去各位都很高興，看來他們會對未來世界輿論產生好的影響。[43]

關於這次會見談話，松井石根在其《支那事變日誌拔萃》中寫得更為詳細：

> 11 月 11 日會見了駐上海的 AP、UP、路透社、哈佛斯以及其他國家的主要通訊員，同樣將我軍的方針政策以及將來的規劃向他們做了解釋。我特別就以下宗旨進行了陳述：
> 這次上海事件的導火索是，對於支那軍在江南地區的排日行為，列國沒有盡力與日本協作來維護 1932 年的停戰協定。更令我感到非常遺憾的是，列國在事件爆發後還同情支那。對日支間的對抗沒有持公正的態度、盡到中立國的義務。最終引起了戰禍，列國人民也未能倖免遭難。對此我也是無能為力，云云。
> 對於我的這番發言，各國通訊員沒有一個想提出反駁意見。看上去他們都認可了我的看法。[44]

---

[43] ［日］松井石根：《陣中日記》；前引《南京大屠殺史料集》（8），第 126 頁。
[44] ［日］松井石根：《支那事變日誌拔萃》；前引《南京大屠殺史料集》（8），第 197 頁。

松井石根在向西方記者們大談日本的侵華有理並對西方各國進行指責時，又一次表現得十分自信，自我感覺良好。他以為憑他的一番言詞，再加上一些收買拉攏，就可以操縱世界輿論，盡掩天下人耳目。

1937年11月29日。正當松井石根指揮數十萬日軍，氣勢洶洶地從上海分數路向南京包抄攻擊之時，他特地召來同盟通訊社上海分社社長松本重治，「指示他從側面做西洋人與支那人的工作」。[45]這就是要松本重治利用他的記者身份，對西方新聞傳媒與中國新聞傳媒的同行進行收買、拉攏工作。由此可見松井石根對此項工作的重視。

第二天，即1937年11月30日，松井石根再次親自出馬，會見了英國倫敦《泰晤士報》（The Times）記者弗萊扎和美國《紐約時報》（The New York Times）記者阿本德，其目的，仍然是拉攏與誘導這兩位有影響的西方記者，力圖以他對這場日中戰爭的立場與看法，影響這兩位記者對這場日中戰爭的立場與看法。松井石根再次表現得十分自信，自我感覺良好。他在這天的陣中日記中寫道：

> 今天，我召集了《倫敦時報》的（弗萊扎）和《紐約時報》的（阿本德）來我處，向他們說明了佔領上海以及佔領後我的態度。其間，還介紹了我為保護列國權益所費的苦心。他們很理解我的意圖，並對我軍公正的態度表示出尊敬和感謝之意，並且約定，一定會向本國政府通報原委。[46]

1937年12月底的某一天，松井石根又單獨會晤了阿本德。這是因為日軍佔領南京後的血腥大屠殺以及日機炸沉美國炮艦「帕奈號」在國際上激起了強大的輿論譴責，使日本政府與日軍當局十分狼狽。為了擺脫這被動的局面，松井石根「希望向阿本德提供事實以平息謠傳」，想通過阿本德的筆改變世人對其率領指揮的殘暴日軍的印象。據松井石根說：

---

[45] [日]松井石根：《陣中日記》；前引《南京大屠殺史料集》（8），第140頁。
[46] [日]松井石根：《陣中日記》；前引《南京大屠殺史料集》（8），第141頁。

　　大約在（佔領）南京後的一個月，我會晤了阿本德。由於我聽說了謠言，我希望通過向阿本德介紹事實，平息這些傳言，我要求他來見我。我向阿本德解釋了有關尊重南京的外國人的權力和利益的個人看法。我也不想給中立國的財產和利益造成傷害。我還說我的願望是實現和平，並向停止戰鬥的中國軍隊伸出友誼之手，但我的責任是懲罰繼續與我們為敵的中國軍隊。[47]

　　這真是強盜的邏輯與強盜的謊言！松井石根一方面指揮十多萬日軍在南京城內外連續四十多天的大屠殺，同時侵犯外國僑民與外國使館的權益，轟炸與炮擊美、英等中立國家在長江中的艦船；一方面又宣稱「尊重南京的外國人的權力和利益」、「不想給中立國的財產和利益造成傷害」、「向停止戰鬥的中國軍隊伸出友誼之手」等等。世間哪有如此的陰險無恥！只有他最後表露的「我的責任是懲罰繼續與我們為敵的中國軍隊」，才是這個元兇的真實面目——對中國軍民與中國政府進行戰爭恐怖威懾。

　　據阿本德回憶，松井石根與他的會見是在「1937 年耶誕節那一周」。松井石根在講話中，還將不能掩蓋的日軍戰機轟炸與炮擊美、英等中立國家在長江中的艦船，造成」帕奈號」沉沒、多名外國僑民與外國使館人員傷亡的慘案，說成是橋本欣五郎大佐等少數少壯派軍官不聽他指揮的結果：

　　　　根據松井大將的情況說明，當時，海軍還沒有到達南京。由於陸軍轟炸機不足，海軍轟炸機的多數飛機被送到內陸，而且歸各地陸軍司令的指揮。這樣的一個海軍轟炸機飛行隊在太湖上把 12 月 11 日的夜空照得通明。第二天早晨，飛行隊飛向蕪湖，接受橋本大佐的命令，著陸在長江岸邊的飛機場。

---

[47] 遠東國際軍事法庭檢察方：《有關松井石根罪行證據分析摘要》，前引《南京大屠殺史料集》（29），第 166～167 頁。

橋本顯然沉醉在勝利的喜悅中，向飛行隊下達命令：將位於南京上游的「移動物統統轟炸掉」。海軍飛行隊的指揮官向橋本指出：「江面上有美國、英國、法國、義大利的炮艦及中立國的客船、貨船在行駛著，其中也有裝載著從不幸首都逃難的平民的船隻。」於是，橋本情緒激動地威脅海軍飛行隊的指揮官說：如果違抗命令，以在戰鬥區域不服從的罪名，立即正法。

以上就是轟炸「帕奈號」，造成美國人及其他中立國人員犧牲，以及標準石油公司輪船爆炸、起火的內情。

12 月 12 日的事件是橋本個人直接干預的。屬於他指揮之下的江岸炮兵陣地，奉命向英國內河炮艦「瓢蟲」號、「蜜蜂」號進行直接發炮，從而奪取了英國人的性命。[48]

松井石根的如此說法，顯然是想掩蓋與推卸他與整個日軍集體暴行的罪責。

事實證明，日本當局在侵華戰爭時期對西方新聞界的卑鄙而狡猾的收買與欺騙工作，在一段時間內，在少數西方記者中，獲得了「相當的成功」。即使是像阿本德這樣經驗豐富而又有新聞操守與獨立見解的世界級記者，也一度相信了松井石根的話，認為」帕奈號」事件應主要由橋本欣五郎個人承擔責任，竟「連續發出四篇長篇電訊，從橋本——『帕奈號』——松井三角關係的角度揭露真相，引起巨大轟動，亦造成意想不到的後果。」[49]然而歷史證明，這是不符合事實的。正如 1938 年 1 月 12 日美國《華盛頓郵報》所刊報導〈松井將去職〉所指出的：

[48] [美]阿本德：《我在中國的生活（1926-1941）》第七章〈是誰下令轟炸「帕奈」號的〉；前引《南京大屠殺史料集》（12），第 44 頁。

[49] [美]阿本德著，楊植峰譯：《民國採訪戰》（原書名《我的中國歲月（1926-1941）》），廣西師範大學出版社 2008 年 7 月版，第 228 頁。

　　指揮南京上游蕪湖部隊的橋本大佐最終被最高陸軍當局定為替罪羊。儘管他要負很大責任，他的罪責也應由華中戰場上的廣大軍官共同分擔。[50]

　至於被日方收買的西方記者，人數雖少，則起了更為惡劣的作用。當時在上海租界擔任影響很大的《密勒氏評論報》主編的老資格美國報人鮑威爾在回憶錄中，就揭露了日本當局從 1931 年 9 月 18 日製造瀋陽事變、侵佔中國東北開始，由來已久的對西方新聞界的卑鄙而狡猾的收買與欺騙工作及其獲得的「相當的成功」。他寫道：

　　在 1931 年 9 月，當所謂的日本「關東軍」在中國發動了「九一八」事變，侵佔了東北三省時。當時，東京的政府高極官員十分害怕，擔心美國會強調履行條約（本書著者按：指 1921 年 11 月 12 日至 1922 年 2 月 6 日在美國華盛頓召開的九國會議簽訂的《關於中國事件應適用各原則及政策之條約》即著名的《九國公約》等）中規定的保障中國領土主權完整而採取行動。因此，他們想方設法消除美國人對日本的猜疑和批評。日本政府不惜動用大量的金錢，從事宣傳和其他工作，竭力想影響美國的公眾輿論，從而可以阻止華盛頓採取強硬立場。應該承認，日本人的努力獲得了相當的成功，因為美國人不但沒有反對他們在中國的胡作非為，而且還在繼續將戰略物資源源不斷地運往日本。

　　當時，日本政府豢養的一名最出色的宣傳家，是美國人金尼。他早年在火奴魯魯做過教員和新聞記者，後來，在中國大連的南滿鐵路局工作。「九一八」事變以後，金尼回到美國，訪問了不少報社總編、專欄作家以及電臺評論員。他從美國返回大連後，起草了一份很長的報告，呈送他的日本上司。在報告中，他

---

[50]　報導：〈松井將去職〉，刊《華盛頓郵報》1938 年 1 月 12 日第 9 版；前引《南京大屠殺史料集》（6），第 143 頁。

列出了一批美國人的名單，認為這些人在感情上是贊同日本侵略中國的政策的。不幸的是，金尼的機密報告輾轉落到另一名美國人的手中，而這位美國人卻又把報告轉給了我。於是，我把這份報告全文發表──雖然時隔十多年，致今讀起來仍然是那麼有趣，尤其是上面還刊登了那一批贊成日本侵略中國的人的尊姓大名。日本人發現這份秘密報告被披露以後，就准了金尼的長假，讓他攜著自己的日本太太，到南太平洋的法屬塔希提島（Tahiti）上去過優哉遊哉的生活了。而此時，中日戰爭也已正式爆發了。

鮑威爾指出，日本當局對西方新聞界的卑鄙而狡猾的收買與欺騙工作，在 1937 年 7 月日本發動侵華戰爭與攻佔南京、實施大屠殺時期，一度成功地影響了美國的公眾輿論：

> 在美國，許多具有影響力的公民，都竭力主張美國政府不要對日本採取強硬的立場。他們錯誤地認為，當時日本政府中主張和平的勢力，完全可能控制住好戰的軍人，使得後者無法輕舉妄動。甚至當時的美國駐日大使格魯（Joseph C · Grew）也主張採取溫和政策。格魯之所以採取這種觀點，是因為他認為如果美國採取強硬立場，可能會刺激日本軍閥採取一種「更為激進的態度」。[51]

直到 1941 年 12 月 8 日，日本發動太平洋戰爭、並迅速佔領上海租界後，在日方當局的收買下，美、英記者中也有極少數的敗類竟然賣身投靠日本當局。鮑威爾寫道：

> 還有一些人則完全投靠了日本人，為他們效勞，其中就有新聞記者。一個外國記者擔任了日本電臺的播音員和評論員，攻訐他的原來幾個同事「反對日本人，是奸細」，另有一些英美新聞

---

[51] [美]鮑威爾著，邢建榕等譯：《鮑威爾對華回憶錄》，[上海]知識出版社 1994 年版，第 308～309 頁。

　　記者，繼續留在美商《大美晚報》和英商《上海泰晤士報》工作，
　　當時這兩家報紙已被日本人接收，由日本人編輯發行。[52]

　　當然，有著悠久的新聞自由與正義原則的傳統的美、英新聞界，絕
大多數人士是日方當局用花言巧語與金錢美女所收買不了的。反而，他
們憑著豐副的經驗與敏銳的職業眼光，有越來越多的人能很快地識破日
本當局的用心，並嚴正而又巧妙地拒絕日本當局的收買。

第三節　封鎖南京，切斷西方記者關於南京大屠殺的新聞來源

　　日本當局對西方新聞界的第二個方法，就是在日軍佔領南京後，長
期封鎖南京，從而切斷西方記者關於南京大屠殺的新聞消息來源。
　　新聞報導離不開事實，尤其是記者親見親聞的事實。西方記者要報
導日軍佔領南京後的真實情況，就必須到南京採訪與調查。這是最明顯
的道理。日軍當局正是在這裏設置了障礙。
　　還在日軍戰機轟炸南京期間，日方當局就對封鎖日軍攻略南京的真
實情況作了種種準備。從 1937 年 9 月至 12 月初，日本當局通過外交途
徑，多次通告各國駐中國的外交使節，要求他們從南京撤走一切外僑，
包括西方新聞記者。1937 年 11 月中旬到 12 月初，日軍向南京包抄進
攻時，制訂與實施了以重兵四面包圍南京城的軍事方略。在這期間，日
軍當局嚴厲拒絕與禁止任何外國記者隨日軍採訪，「其他報社的記者，
除日本本國的以外，都不允許到前線採訪」。[53]
　　日軍佔領南京後，日方當局就迅速實施了對南京的嚴厲封鎖：嚴格
禁止任何中外人員進出南京，既不允許外面的任何人進入南京，更不允

---

[52] [美]鮑威爾著，邢建榕等譯：《鮑威爾對華回憶錄》，[上海]知識出版社 1994
　　年版，第 345 頁。
[53] [美]巴阿斯：《日本人等待南京的陷落》，刊《紐約時報》1937 年 12 月 8 日；
　　前引《南京大屠殺史料集》（29），江蘇人民出版社 2007 年版，第 427 頁。

許南京城內的任何人離開南京；更嚴屬拒絕任何西方記者進入南京採訪；對在戰時留駐南京的五名美、英記者，則切斷他們的對外電訊聯繫，經交涉，於 1937 年 12 月 15、16 兩日將他們全部「禮送」出境。在日軍佔領南京並實施最瘋狂的大屠殺的許多天期間，日軍當局經精心策劃，竟拒絕向國際新聞界提供有關南京狀況的任何資訊。《紐約時報》1937 年 12 月 15 日刊登上海特電〈南京的沉默令上海害怕〉，報導了日軍當局刻意封鎖南京新聞消息的這一不正常的情況：

> [1937 年 12 月 15 日，星期三，上海訊]：雖然日軍完全佔領南京已經過去了兩天，但令人不可思議的是，從日方的聲明中可以看出，日本陸軍、日本大使館以及日本海軍的新聞發言人居然對於南京的狀況毫不知情。
>
> 日方提供的唯一有關南京的消息是，日軍飛行員昨天報告稱，儘管戰鬥已經停止，但該市大多數地方仍處於一片火海。這位發言人稱，他們不能提供任何有關南京外國人命運的消息，也無法提供大使館財產狀況、可能的對平民的屠殺、戰俘的人數以及財產破壞程度等方面的消息。
>
> 有記者問，請解釋為何對被佔領城市的消息如此缺乏。這位發言人回答說，由於上海、南京地區的日軍司令官松井石根大將的司令部已遷到距上海很遠的地方，因此，消息傳遞得很慢。
>
> 但當有記者提醒有幾艘日軍軍艦已經在星期一晚間到達南京時，這位海軍發言人堅持稱，到達南京的日本海軍沒有向停泊在上海的旗艦「出雲」號發送過任何無線電報告。
>
> 日軍取得偉大勝利的詳情被不可思議地封鎖了。上海方面對於滯留南京的 30 萬平民可能在日軍的包圍攻擊中遭遇駭人聽聞的災難的擔心也因此加重了。[54]

---

[54] 〈南京的沉默令上海害怕〉，《紐約時報》1937 年 12 月 15 日上海「特電」；前引《南京大屠殺史料集》（29），江蘇人民出版社 2007 年版，第 471～472 頁。

當 1937 年 12 月 13 日日軍攻佔南京時，南京城裏只剩下為數不足三十的西方僑民，其中有西方新聞記者五人。他們是：

弗蘭克・提爾蔓・德丁（Frank Tillman Durdin，又譯杜丁、都亭、寶奠安等），1907 年生，美國《紐約時報》記者，時年三十歲。

阿契包德・特洛簡・司迪爾（Archibald Trojan Steele，又譯斯蒂爾、斯提爾等），1903 年生於加拿大的多倫多，美國《芝加哥每日新聞》記者，時年三十四歲。

查理斯・葉茲・麥克丹尼爾（Charles Yates Mcdaniel, 1907-1983），美聯社記者。1907 年出生於中國蘇州；時年三十歲。

亞瑟・B・門肯（Arthur B.Mencken，又譯孟肯，1903-1973），美國派拉蒙新聞電影社的攝影記者；1903 年出生於美國紐約，時年三十四歲。

史密斯（L.C.Smith），英國路透社記者，生年不詳。

這五名記者在 1937 年 12 月 13 日日軍攻入南京時，都暫住在美國等國家駐南京的大使館內。開始他們對中國難民大批湧進大使館與難民區避難很不以為然，認為這些難民是被謠言欺騙。他們認為日本人會文明一些，日軍的佔領會給南京帶來安定與安全。然而，事實很快就粉碎了他們的幻想。他們親身經歷與親眼目睹了日軍攻入南京與對手無寸鐵的中國居民、放下武器的中國戰俘瘋狂屠殺的慘烈景象：

> 看到所有街巷內都有市民的屍體，其中有老人、婦女和小孩，特別是員警和消防隊員更成為搶殺的對象。死者很多是用刺刀刺死的，有的是用極其野蠻的手段殺害的。由於恐懼慌忙逃跑的和一旦落後在大街小巷被巡邏隊抓到的，不問是誰，都被殺害。……[55]

---

[55] [美]德丁著，高興祖譯：〈關於南京大屠殺的報導〉，《紐約時報》1937 年 12 月 18 日；朱成山主編：《侵華日軍南京大屠殺外籍人士證言集》，江蘇人民出版社 1998 年版，第 320 頁。

　　他們親眼目睹了日軍在南京燒殺淫掠的無數戰爭暴行，感到極度的震驚與憤怒。憑著記者的職業本能，他們急於要把南京的真相報導出去，向全世界揭露。但是當時的南京已沒有任何可以利用的電傳機構與設備。南京與外界的一切聯繫都已被日軍切斷。他們只能前往上海。

　　12月14日，德丁驅車離開南京。但是日軍當局要封鎖南京的一切真相，特別是要掩蓋日軍的戰爭暴行真相，因而下令阻止一切人員，包括西方人士離開南京。德丁的車到了句容即被當地日軍擋了回來。

　　後經西方記者的交涉，日軍當局出於外交考慮，對戰時留駐南京的西方記者採取了「禮送」出境的政策，才允許德丁等四名西方記者於12月15日乘上到南京接受遇襲「帕奈號」上倖存者的美國「瓦胡」號炮艦，離開南京前往上海；麥克丹尼爾則是在12月16日單獨一人乘日軍的一艘驅逐艦前往上海。因此，關於日軍南京大屠殺的最早一篇報導是在1937年12月15日才在美國的報紙上出現。更多的報導則是在此以後更久才刊出。──那已是日軍在南京開始對中國軍民血腥屠殺幾天以後了。對全世界來說是新聞，在南京則已是司空見慣的屠殺舊聞了。日軍的暴行贏得了開初幾天的不受指責、為所欲為的從容時間。

　　日方當局將五名西方記者「禮送」出境後，就更加嚴密地封鎖了南京，「不論是外國人還是中國人都不允許離開這個城市」。[56]

　　這時，留駐南京的西方僑民成為向國際新聞界提供南京真實消息的唯一新聞源。在此後的數十天中，日軍當局不僅嚴厲阻止西方僑民離開南京城半步，而且嚴格切斷了他們與外界的一切通訊聯繫，將他們與外部世界完全隔絕起來。西方僑民不能與外界通郵、通信、通電。

　　1937年12月20日，在南京的十四名美國僑民聯名致電美國駐上海總領事館，報告南京「問題嚴重，急需在南京派駐美國外交代表。局勢日益嚴峻，請通知大使和國務院。」因為當時在南京「沒有其他發送

[56] [德]拉貝著，本書翻譯組譯：《拉貝日記》，江蘇人民出版社1997年版，第399頁。

的可能性」，只得「發給日本駐南京大使館，請求海軍無線電站轉發。」
——但結果是「日本大使館拒絕轉發給美國駐上海總領事館的電報。」[57]

1938 年 1 月 14 日，在南京的西方僑民們準備將日軍搜查安全區總部及德僑克勒格爾的報告「作為新聞報導的材料」，但「由於我們的無線電電報發送要靠英國大使館的『蟋蟀』號炮艇，而英國大使館又顧慮重重，最後我們只得放棄發表這篇報告。」[58]

1938 年 1 月 15 日，西方僑民們準備通過英國海軍的「蜜蜂號」炮艇的無線電通訊設備，將馬吉關於日軍對紅十字會中國傷兵醫院真實情況的電報發給上海各報，「使全世界都清楚這裏的情況。但最終我們還是沒有發出。」[59]

日方當局對南京的嚴厲封鎖政策，一直實施到 1938 年 1 月底、2 月初，即日軍的大屠殺基本收斂，才有所緩和。

直到 1938 年 1 月 22 日，即日軍佔領南京約四十天後，西方僑民們才從開抵南京的英、美炮艇上收到了「12 月 13 日以來發出信件的第一批回信」。魏特琳說：「我們給大家讀了所有的信。聽到外界的消息是多麼高興啊。」[60]

直到 1938 年 1 月 23 日，即日軍佔領南京約四十天後，日方才允許德僑克勒格爾離開南京。金陵女子文理學院的美籍教授魏特琳女士稱他是「南京陷落後第一個離開南京的外國居民」，在這天的日記中寫道：

> 除了 12 月 13 日之後不久離開的四名（本書著者按：應是五名）外國記者外，他是南京陷落後第一個離開南京的外國居民。

---

[57] [德]拉貝著，本書翻譯組譯：《拉貝日記》，江蘇人民出版社 1997 年版，第 285～286 頁。

[58] [德]拉貝著，本書翻譯組譯：《拉貝日記》，江蘇人民出版社 1997 年版，第 408 頁。

[59] [德]拉貝著，本書翻譯組譯：《拉貝日記》，江蘇人民出版社 1997 年版，第 415 頁。

[60] [美]魏特琳著，南京師範大學南京大屠殺研究中心譯：《魏特琳日記》，江蘇人民出版社 2000 年版，第 253 頁。

想想看，我們被關在南京 37 天，沒有外界的消息，也沒有機會送出資訊。[61]

直到 1938 年 1 月 29 日，日方才允許美國傳教士費奇離南京去上海。魏特琳女士稱他是「第二個獲准離開南京的外國人」。[62]

直到 1938 年 2 月，日方才允許布萊迪醫生和蓋爾先生回到南京。到 1938 年 4 月中旬，日方才允許兩名美國醫生與兩名美國護士進入南京。魏特琳女士在 4 月 14 日的日記中寫道：

米爾斯送來消息說，兩名醫生和兩名護士已經獲准進入南京。除了布萊迪醫生和蓋爾先生，這些人是自四個月前日本軍佔領南京以來僅有的獲准來南京的美國人。[63]

但日方當局對獲准進出南京的西方僑民嚴加監視，尤其禁止他們攜帶照片文件離開南京。1938 年 3 月 5 日，《大公報》（漢口版）刊中央社香港 3 月 4 日電訊，報導如下：

[中央社香港 3 月 4 日電]：滬息，敵在京杭各地，有禁止攜帶照片文件出境說，對美、法教會牧師往來，尤為注意。[64]

日方當局為了封鎖南京的消息，甚至設法阻撓西方外交官回到南京開展工作。1937 年 12 月 18 日，在戰火逼近南京時避往外地的英、美、德等國外交官員乘英、美軍艦到達南京下關碼頭，準備登岸返回使館，但遭到日方當局的拒絕，理由是中國軍隊仍在南京活動。外交官們只得

---

[61] [美]魏特琳著，南京師範大學南京大屠殺研究中心譯：《魏特琳日記》，江蘇人民出版社 2000 年版，第 253 頁。

[62] 前引[美]魏特琳著，南京師範大學南京大屠殺研究中心譯：《魏特琳日記》，江蘇人民出版社 2000 年版，第 263 頁。

[63] 前引[美]魏特琳著，南京師範大學南京大屠殺研究中心譯：《魏特琳日記》，江蘇人民出版社 2000 年版，第 348 頁。

[64] 中央社香港 3 月 4 日電訊，《大公報》（漢口版）1938 年 3 月 5 日；前引《南京大屠殺史料集》（6），第 488 頁。

前往蕪湖等地。直至 1938 年 1 月初，當無法再阻撓與拖延西方使節回南京時，日方當局便立即採取措施，力圖掩蓋甚至抹去日軍在南京暴行的痕跡。然而這是難以做到的。德國駐華大使館留守南京辦事處政務秘書羅森（Rosen）在給德國外交部的報告中說：

> 日本人之所以拖延我們返程，是因為怕我們拿到他們所犯滔天罪行的官方證明材料。德國人和美國人為我提供的消息說，外國代表重返南京的意圖公佈之後，緊張的清理工作隨即開始，平民百姓、婦女和兒童無辜被殺害的屍體和路上橫七豎八躺臥的骨瘦如柴的屍體統統被清理乾淨。[65]

1938 年 1 月 6 日，日方當局終於允許阿利森、埃斯皮和麥法迪恩等 3 名美國外交官回到南京；1 月 9 日允許 3 名德國外交官（政務秘書羅森與行政主管沙爾芬貝格、秘書許爾特爾）與 3 名英國外交官（領事普里多‧布龍、武官洛瓦特‧弗雷澤、空軍武官沃爾澤）回到南京，但開始還不讓沃爾澤上岸。

由於日方當局長期的、別有用心的「隔離」政策，使得留駐南京的二十多位西方僑民與外界完全失去了聯繫，身心受到極大的摧殘。史邁士在 1938 年 3 月 8 日的一封致朋友函中寫道：

> 這個冬天我們幾乎是被埋在這裏，無法與外界聯繫，無法得知直接消息，我們覺得幾乎與世隔絕了。[66]

他們不知道世界上發生的大事，甚至於不知道自己親人的死活。金陵大學鼓樓醫院行政主管麥卡倫在 1938 年 1 月 5 日的日記中寫道：

---

[65]　《德國駐華大使館留守南京辦事處政務秘書羅森給德國外交部的報告》，前引中國第二歷史檔案館、南京市檔案館合編：《侵華日軍南京大屠殺檔案》，第 623 頁。

[66]　章開沅編譯：《天理難容──美國傳教士眼中的南京大屠殺（1937-1938）》，南京大學出版社 1999 年版，第 333 頁。

> 日本人但願我們全部離開南京，但我們現在已停留這麼久，而且知道如此之多，他們不許我們離去——我們簡直就是囚徒。[67]

1938 年 1 月 13 日德國大使館行政主管沙爾芬貝格在南京局勢的報告中則說：

> 我們就像被圈在鐵絲網內的囚犯，因為人們明確告訴我們，禁止出城。這樣一來，就沒有人能去上海了。[68]

至於對外地的西方記者要求進入南京採訪，日方當局則毫不鬆動，一直嚴厲禁止。例如英國《曼徹斯特衛報》（The Manchester Guardian）的駐上海記者、澳大利亞籍的田伯烈，在上海向日方當局多次要求赴南京採訪，始終遭到日方當局的斷然拒絕。

日方當局長期封鎖南京的目的之一，就是防止西方記者目睹或採訪到日軍在南京實施的戰爭暴行，切斷西方記者關於南京大屠殺的新聞消息來源。擔任「南京安全區國際委員會」主席的德國商人拉貝在 1938 年 1 月 26 日的日記中寫道：「只要能做到，他們就試圖作適當的遮掩。禁止出入南京城便是眾多手段之一。借此可以使外界對南京目前的狀況一無所知」。[69]

日軍長期封鎖南京，切斷西方記者關於南京大屠殺的新聞消息來源，在短時期中取得了一定的功效。鼓樓醫院美籍醫生威爾遜在 1937 年 12 月 26 日的日記中寫道：「我們確信在這段時間內沒有真實的新聞從南京洩漏出去。一旦真情透露後，感覺就會降溫，以至無可奈何。我

---

[67] 章開沅編譯：《天理難容——美國傳教士眼中的南京大屠殺（1937-1938）》，南京大學出版社 1999 年版，第 262 頁。

[68] 轉引自[德]拉貝著，本書翻譯組譯：《拉貝日記》，江蘇人民出版社 1997 年版，第 423 頁。

[69] [德]拉貝著，本書翻譯組譯：《拉貝日記》，江蘇人民出版社 1997 年版，第 506 頁。

們所有的人都希望看到光明，但現在卻連一線微光也看不見。」[70]威爾遜在 1938 年 1 月 1 日的日記中寫道：「外面的人們一定感到很奇怪，因為兩周來沒有從南京傳出任何第一手的消息。外交代表還未獲准返回，也沒有新聞記者回來，雖然當他們於 12 月 15 日離開時，他們希望在離開的 48 小時內可以返回。日本同盟社記者和其他記者當然也沒有希望做到準確報導。」[71]

但是，日軍長期封鎖南京，企圖切斷西方記者關於南京大屠殺的新聞消息來源，「只能在短時間內奏效」，正如拉貝所指出的那樣，「自從德、美、英大使館（向南京）重新派駐代表之後，有數百封信函發往上海，詳細地報告這裏的局勢，更不用說各大使館發的電報了。」[72]日軍南京大屠殺暴行的消息不久就傳遍了全世界。

第四節　威脅與迫害向新聞界揭露南京大屠殺的西方僑民

1938 年 1 月底、2 月初，日軍當局迫於世界輿論，終於允許少數西方僑民進出南京。但他們十分害怕這些西方僑民向新聞界揭露日軍在南京駭人聽聞的血腥暴行，對西方僑民進行赤裸裸的威脅、恫嚇與迫害，企圖封住西方僑民的口，繼續阻斷西方記者關於南京大屠殺的新聞來源。

自日軍佔領南京以後，日軍當局對西方僑民及其主持的「安全區」就一直滿懷著強烈的不滿與仇視。日本當局尤其害怕與憎恨西方英美人

---

[70]　章開沅編譯：《天理難容——美國傳教士眼中的南京大屠殺（1937-1938）》，南京大學出版社 1999 年版，第 450 頁。

[71]　章開沅編譯：《天理難容——美國傳教士眼中的南京大屠殺（1937-1938）》，南京大學出版社 1999 年版，第 453 頁。

[72]　[德]拉貝著，本書翻譯組譯：《拉貝日記》，江蘇人民出版社 1997 年版，第 506 頁。

士目睹、干預、阻止甚至抗議、揭露他們在南京的有預謀、有計劃的、
駭人聽聞的血腥暴行。當時日本駐南京使領館的外交人員就私下對「安
全區國際委員會」的西方人士說：「日本長官以為在許多中立國家人士
監視之下來完成佔領中國首都的任務，實可憤慨。」[73]日軍入城後擔任
南京城區警備司令官的第16師團第30旅團旅團長佐佐木到一少將則憤
慨地譏諷西方人士在「安全區」內阻止日軍施暴，「似乎儼然享受著治
外法權。」[74]

　　1938年2月5日，新任日軍南京警備司令官、第11師團第10旅
團旅團長天谷真次郎少將在南京日本使領館中，特地向各國駐南京的外
交機構及西方僑民發表聲明，猛烈斥責當時留駐南京並勇敢地向世界揭
露日軍暴行的西方各界人士，指責他們是在「煽動中國人的反日感情」，
對日本向中國實行「膺懲」戰具有敵意。[75]

　　1938年2月10日，日本駐南京使領館的代理總領事福井淳對即將
離開南京經上海回國的「南京安全區國際委員會」主席、德國僑民拉貝
說：「如果你在上海對報社記者說我們的壞話，你就是與日本軍隊為敵。」
「如果你說日本人的壞話，就要激怒日本軍方，這樣，你就回不了南京。」
拉貝對福井淳譏諷地說：「允許我在上海說些什麼……依我看，你期待
著我對報界這樣說：南京的局勢日益好轉，貴刊不要再刊登有關日本士
兵罪惡行徑的報導，這樣做等於是火上加油，使日本人和歐洲人之間更
增添不和的氣氛。」福井淳居然喜形於色地說：「好！真是太棒了！」[76]
其實，正直而又經歷豐富的拉貝早就胸有成竹。他在日記中寫道：

[73] [澳]田伯烈著，楊明譯：《外人目睹中之日軍暴行》，[漢口]國民出版社1938
年7月版，第61頁。
[74] 《佐佐木到一少將私記》（1937年12月24日），[日]南京戰史編輯委員會：
《南京戰史資料集1》，東京，偕行社1989年版，第273頁。
[75] 張效林譯：《遠東國際軍事法庭判決書》，群眾出版社1986年版，第488頁。
[76] [德]拉貝著，本書翻譯組譯：《拉貝日記》，江蘇人民出版社1997年版，第
600～601頁。

　　為解決我申請往返上海的事宜，福井先生約我今天一早就去日本大使館。也許他想再次提醒我，讓我切切不可忘記，在上海只許說日本人的好話！如果他認為我會不同意，那就大錯特錯了。當然，在這方面他不會錯，我也不會錯，他對我已經相當瞭解，他知道，我會以同樣的亞洲式虛偽向他保證，說他想聽的話。至於我以後是否還把它當真，那就是另一回事了。對此，他肯定是不會相信的。[77]

　　1938 年 3 月 31 日，日本駐南京總領事館的田中約見美國僑民貝德士與福斯特，就他們所提出的去上海然後返回南京的申請，轉告日軍當局的答覆。日軍方同意他們在 4 月 3 日離南京去上海，但「提醒」他們「在上海必須謹言慎行」，因為南京已有些西方人士去過上海，「但他們的行為不能令人滿意」，如果貝德士等的行為令南京日軍當局不滿，「那就將難以回到南京」。田中非常明確地告誡貝德士，「不應該再談」「南京發生過某些案件」──即日軍的南京大屠殺。[78]這和他們以前警告即將離開南京的拉貝一模一樣。

　　日方當局甚至對回到南京的外交官也進行威脅。1938 年 1 月 9 日，德國使館駐南京辦事處的羅森等三人回到南京。第二天，羅森到「安全區國際委員會」總部拜訪拉貝。拉貝在這天的日記中記錄：

　　羅森博士到總部拜訪我們。日本人像對我一樣，也請他在他的報告中要小心一點。他說他是這樣回答的：我想報告的是，你切斷了我們的供水和供電。[79]

---

[77] [德]拉貝著，本書翻譯組譯：《拉貝日記》，江蘇人民出版社 1997 年版，第 599 頁。

[78] 章開沅：《南京大屠殺的歷史見證》，湖北人民出版社 1995 年版，第 124～125 頁。

[79] [德]拉貝著，本書翻譯組譯：《拉貝日記》，江蘇人民出版社 1997 年版，第 390 頁。

　　日方當局對西方僑民中敢於與他們進行針鋒相對的鬥爭、不斷向國際新聞界揭露日軍在南京的各種暴行與罪惡的人，則進行各種形式的刁難與迫害。如金陵大學的美國籍教授貝德士，是戰時留駐南京的西方僑民與「安全區國際委員會」的中堅人物。他揭露日軍暴行最堅決、最有殺傷力與影響力。他是西方新聞傳媒關於日軍在南京暴行的最重要新聞提供者。因此，日方當局最恨他。日方當局多次「傳喚」他，加以「警告」與恐嚇；日偽的報紙更常常對他造謠詆毀，稱他是「親中國國民政府」、「反日」、「有精神病」，甚至製造事端加以刁難與迫害打擊。1938年 3 月 3 日貝德士在給英國《曼徹斯特衛報》記者田伯烈的一封信中談到了這方面的情況：

> 　　我不知道你是否瞭解，日本軍方甚至外交官現在對委員會（本書著者按：指由西方僑民組織的「南京國際救濟委員會」）是多麼仇恨。他們不斷迫使自治政府（本書著者按：指偽「南京市自治委員會」）禁止我們與任何企業、事業單位聯絡（這就有趣地戳穿了他們要求我們「合作」的荒謬範式……）。（日本）使館主要官員正式指認我為「反日」，並且急不可待地問別人我是否有「精神病」……費奇和我曾被（日本）大使正式傳詢，……通常廣泛發行於上海與華東的宣傳機構──《新申報》曾製造一系列謊言攻擊金陵大學……國際委員會無日不受某些日本人的窺伺。我隨寄一篇《朝日新聞》的譯文，這清晰地表明瞭他們整個的立場，並非側重敘述這個特殊事例。[80]

　　在 1938 年 2 月日軍大屠殺基本收斂、在南京建立起殖民統治秩序以後，貝德士等西方僑民繼續生活與工作在南京，繼續對日本在南京殖

---

[80] [美]貝德士：〈致田伯烈函〉（1938 年 3 月 3 日），章開沅編譯：《天理難容──美國傳教士眼中的南京大屠殺（1937-1938）》，南京大學出版社 1999 年版，第 36 頁。

民統治的種種罪惡向國際新聞界進行揭露。日方當局對他與其他西方僑民的憎恨與迫害日益加劇。

1938 年 5 月 1 日日軍當局製造了誣陷貝德士偷拍日軍照片的「事件」。那天貝德士與史邁士在南京城南街道上散步，拍了一些街道市景的照片，竟被日軍誣指為偷拍日軍軍事設施，被沒收膠捲。日本駐南京總領事花輪義敬專就此事傳喚貝德士，告訴他「（日本）軍方認為南京外僑是支持漢口政府（按：指中國國民政府）的。」貝德士指出：「（南京日偽當局）有一種普遍的對外國人的敵意，用不明確的辭彙表達出來，很顯然，他們製造這個案件無任何具體證據。」[81]

南京日方當局對貝德士與「南京國際救濟委員會」調查與向報界揭露他們在南京的販毒罪行更為惱恨。為了報復，也為了警告，在 1938 年 10 月初，他們逮捕了一位為「國際救濟委員會」工作、正調查日本人操縱南京毒品貿易的馬先生。直到 1938 年 10 月 21 日，這位馬先生在受盡折磨後才被釋放。魏特琳日記記載：「馬先生今天被釋放，但要求他不得說出自己怎樣受折磨。日本人一直給他喝水（按：指強制給他灌水的刑罰），直到他昏迷，再踢他的肚子，直到他甦醒。他說有 30 人不能忍受折磨，承認幹了一些他們並沒有做的事。日本人不斷問他許多有關國際救濟委員會的許多問題。」[82]

此事並沒有就此結束。只過了一個多月，南京日方當局再次向「南京國際救濟委員會」施加打擊，而且來勢更猛。

1938 年 12 月 7 日夜 11 時至 8 日凌晨 3 時，偽「督辦南京市政公署」在日方的指使下，逮捕了「南京國際救濟委員會」的六位中國工作人員，「已經被抓過一次的馬先生這次又被捕了，似乎沒有人知道原因。」

---

[81] [美]貝德士：〈致美國使館阿利森函〉，章開沅編譯：《天理難容——美國傳教士眼中的南京大屠殺（1937-1938）》，南京大學出版社 1999 年版，第 28～30 頁。

[82] [美]魏特琳著，南京師範大學南京大屠殺研究中心譯：《魏特琳日記》，江蘇人民出版社 2000 年版，第 480 頁。

「類似的威脅將不斷增多。」「國際救濟委員會」的西方人士去偽「督辦南京市政公署」交涉，「但是，也沒問出他們被捕的原因。幾個中國官員坦率地說，命令來自『上級』，他們不得不執行。」即完全是按南京日軍當局的抓人命令執行的。魏特琳感歎偽政權像傀儡一樣受日本當局操縱，「『新中國』似乎並不像《讀賣新聞》所報導的那樣，享有充分的自由。」[83]

在日軍抓捕六名工作人員後數天，1938 年 12 月 12 日，日方當局終於決定勒令解散「南京國際救濟委員會」，由偽「督辦南京市政公署」出面執行，但誰都知道：「真正下命令的是日本軍方。」[84]第二天，即1938 年 12 月 13 日，正逢日軍佔領南京一周年，魏特琳「一大早就得知解散國際救濟委員會的命令將被正式執行，委員會成員也被命令離開南京，⋯⋯這一命令是由第 4 區員警的頭兒和內政部的代表來執行的。真正的原因還不得而知，有人說，這是因為日本人反對由斯邁思所做的關於戰爭破壞及損壞的調查，以及貝茨對鴉片和海洛因問題所做的調查⋯⋯。」[85]後來，由於「南京國際救濟委員會」的米爾斯主席等人「拒絕了解散委員會的命令」；日方當局也考慮到怕因此影響到與英美的外交關係，遂收回成命，「一位日軍高級軍官建議南京市長取消解散國際救濟委員會的命令。」但是，日方要求該委員會必須改組，「吸收一位中國人和一位日本人」。[86]「南京國際救濟委員會」不得不將日本基督教牧師安村吸收為委員會成員，才使這場風波暫時平息。

83 [美]魏特琳著，南京師範大學南京大屠殺研究中心譯：《魏特琳日記》，江蘇人民出版社 2000 年版，第 524～526 頁。

84 [美]魏特琳著，南京師範大學南京大屠殺研究中心譯：《魏特琳日記》，江蘇人民出版社 2000 年版，第 528 頁。

85 [美]魏特琳著，南京師範大學南京大屠殺研究中心譯：《魏特琳日記》，江蘇人民出版社 2000 年版，第 529 頁。

86 [美]魏特琳著，南京師範大學南京大屠殺研究中心譯：《魏特琳日記》，江蘇人民出版社 2000 年版，第 531 頁。

　　1939 年 5 月，「南京國際救濟委員會」主席米爾斯離開南京，貝德士繼任主席。他對南京日本當局推行毒品毒化政策、進行毒品交易的調查與揭露仍在繼續進行，於 1939 年 11 月 28 日，在上海租界英文報紙《The China Press》（《大陸報》）上發表〈南京毒品貿易〉，詳盡地介紹南京毒品氾濫及其危害日益加劇的情況，引起中外輿論的極大震動。上海許多中、外文報紙紛紛轉載。

　　就在貝德士文章發表的第二天，1939 年 11 月 29 日，日本駐南京總領事館就迫不及待、怒氣衝天地致信美國駐上海總領事館領事帕克斯登（J.Hall.Paxton），對貝德士的文章「提出正式抗議」，指責「貝德士關於這一主題的報告，至少是極不準確而且嚴重誇張的，同時，如果分析這個報告的全部內容及其通盤用心，人們只能得到一個結論，即作者撰寫並發表此文旨在一併誣衊日本當局與中國政府（按：指南京偽政權）。」並對貝德士與在南京、在中國的所有美國傳教士進行露骨的威脅：「就貝德士博士而言，即令不是居心叵測，也會引起有關當局的反感，並將構成一種印象，彷彿在中國的所有美國傳教士都持有類似態度。」[87]

　　果然，南京日本當局對貝德士與「南京國際救濟委員會」的打擊與迫害日益嚴厲。在日方的脅迫與破壞下，「南京國際救濟委員會」於 1939 年年底至 1940 年年初被迫基本上結束了自己的工作。貝德士則於 1941 年 5 月被迫離開南京，此時距太平洋戰爭爆發只有半年多時間了。

　　在日本於 1941 年 12 月 7 日發動太平洋戰爭、向英美宣戰後，駐南京的日軍對南京地區的英美教會的教堂、學校、醫院以及英、美的工商企業全部加以接管；對英、美僑民則加以拘禁與驅逐。

　　以上所敘述的史事，雖說是發生在日軍南京大屠殺後很長的一段時間中，但無疑，它們都是日軍南京大屠殺暴行的持續與發展。

---

[87]　章開沅編譯：《南京大屠殺的歷史見證》，湖北人民出版社 1995 年版，第 126 〜127 頁。

第五節　監控電訊機構，阻止英、美記者及時拍發新聞稿

日本當局對西方新聞界的第三個方法，就是派遣日本新聞檢查官進駐上海電報大樓，監控上海的電訊機構，阻止英、美記者自由而迅捷地拍發出有關日軍暴行與中國抗戰的新聞電訊稿。

新聞的靈魂就是「新」。記者採訪到重要材料並寫出新聞稿後，必須通過電訊機構，迅速拍發給各報社與各通訊社，才能及時刊登或播發，才能形成新聞輿論。這是最明顯的道理。而日軍當局在這裏又設置了障礙。

對南京的電訊機構，日軍從佔領南京開始就進行了毀滅性的破壞與嚴密的封鎖。在日軍佔領南京與大屠殺的兩個月時間中，南京對外沒有電訊聯繫，也沒有郵遞聯繫。在日軍佔領南京時滯留南京的五名西方記者只能趕往上海，才能將電訊稿發出去。

當時西方記者主要集中在上海。上海共有三家經營外文電訊業務的外國電報公司，即「美國商業太平洋電報股份有限公司」、「丹麥大北電報公司」及英國的一家電報公司，都設在上海愛德華七世大道 34 號的電報大樓裏。西方記者都要在這裏向各自的報社拍發出電訊稿。

日軍佔領上海後，於 1937 年 11 月 28 日接管了設在上海公共租界南京路哈同大樓的中國政府新聞檢查所，同時接管了中國政府的海關、電報局等[88]；1937 年 12 月 13 日在南京路哈同大樓設立日方的新聞檢查所，要求各華商報社必須在每天報紙出版前，將所有的新聞與廣告稿送該所檢查。

不久，日軍當局發現，他們設立的新聞檢查所，雖然監管與控制了上海的各華商報社，但卻沒能監管與控制西方記者從上海發出的電訊

---

[88] [日]松井石根：《陣中日記》；前引《南京大屠殺史料集》（8），江蘇人民出版社 2005 年版，第 139 頁。

稿，使得日軍在南京大屠殺的暴行迅速傳遍到全世界，給日本當局造成極大的輿論壓力。於是，上海日軍當局迅速派遣日本新聞檢查官進駐位於愛德華七世大道 34 號的電報大樓，設立「新聞檢查辦公室」，監控三家外國電報公司的電訊機構，審查西方記者要求拍發的新聞電訊稿，阻止西方記者自由而迅捷地拍發出有關日軍暴行與中國抗戰的新聞電訊。西方記者評論說：「日本新聞檢查官未經擁有並開辦電報公司的美國、英國和丹麥這三個國家外交當局的許可，便擅自進駐電報大樓這一外國人的產業。」[89]日方當局卻公然發表聲明，「聲稱日軍當局將採取步驟，禁止駐華的外國記者將有損日本陸軍、海軍的新聞報導發往國外的報社。」[90]

　　1938 年 1 月上、中旬，先後發生了兩起日本新聞檢查官阻撓西方記者拍發電訊稿的事件。「進駐外國電報公司的日本新聞檢查官阻止兩名外國記者向國外的報社發電訊稿。兩者的電訊稿均涉及日軍對中國平民行兇作惡暴行的描寫。」[91]

　　第一起事件：1938 年 1 月 6 日凌晨 2 時，美國《紐約先驅論壇報》（The New York Herald Tribune）駐上海記者維克多・肯恩（Victor Keen）「在美國商業太平洋電報股份有限公司的辦公處申請發一篇 500 字的電訊稿」，內容是「報導了日軍對浙江省會（杭州）中國平民實施暴行的情況」。「稿子送往電報公司約 13 個小時之後，有人於下午 3 時打電話給肯恩先生，請他到位於愛德華七世大道 34 號的電報大樓去一趟。肯恩先生

---

[89]　報導：〈日本新聞檢查扣下所有關於暴行的報導〉，刊[上海]《密勒士評論報》1938 年 1 月 22 日，前引《南京大屠殺史料集》(6)，江蘇人民出版社 2005 年版，第 148 頁。

[90]　報導：〈日本新聞檢查扣下所有關於暴行的報導〉，刊[上海]《密勒士評論報》1938 年 1 月 22 日，前引《南京大屠殺史料集》(6)，江蘇人民出版社 2005 年版，第 149 頁。

[91]　報導：〈日本新聞檢查扣下所有關於暴行的報導〉，刊[上海]《密勒士評論報》1938 年 1 月 22 日，前引《南京大屠殺史料集》(6)，江蘇人民出版社 2005 年版，第 147 頁。

到訪時，日本新聞檢查官通知肯恩，他對杭州日軍行為的報導無法找到事實根據，因此要求肯恩先生撤回電報稿。肯恩先生不得不照辦。」[92]

第二起事件：1938 年 1 月 16 日，英國《曼徹斯特衛報》（The Manchester Guardian）駐上海特派記者田伯烈（Harold John Timperley）根據對上海、南京等地的調查材料，擬成新聞電訊稿，揭露了日軍在上海到南京一線的戰爭暴行，「其中包括日本軍國主義分子佔領該地區後屠殺 30 萬（中國）平民的消息。電訊稿中還有根據目擊者的敘述，報導了日軍搶劫中外人士的財產，及強姦婦女的情況。」[93]田伯烈於此日晚上 8 時將電訊稿送到丹麥大北電報公司，申請拍發回英國報社。

原來，自 1937 年 12 月 13 日日軍攻陷南京後，在上海的田伯烈多次向日軍當局提出申請，要求赴南京採訪，但都遭到日方當局的斷然拒絕。田伯烈深感自己「作為一名新聞記者的職責，我決定把所見所聞的日軍暴行擬成電訊稿，發給《曼徹斯特衛報》和美聯社」，就是說他要公開而迅速地將日寇在南京製造慘絕人寰的大屠殺真相向全世界揭露出來。1938 年 1 月 16 日，上海租界的英文《字林西報》報導：在日軍佔領下的南京，一個日本兵尋找女人不得而槍殺三名 60 歲以上的中國婦女，又射傷其他無辜平民數人。當日，田伯烈根據《字林西報》報導的這則「特別令人震驚的（日軍在南京的暴行）案件」，以及他多日對上海、南京等地日軍暴行的調查材料，擬成新聞電稿稿。其中寫道：

> 自從幾天前回到上海，我調查了日軍在南京及其他地方所犯暴行的報導。據可靠的目擊者直接計算及可信度極高的一些人的來函，提供充分的證明：日軍的所作所為及其繼續暴行的手段，

[92] 報導：〈日本新聞檢查扣下所有關於暴行的報導〉，刊[上海]《密勒士評論報》1938 年 1 月 22 日，前引《南京大屠殺史料集》（6），江蘇人民出版社 2005 年版，第 147 頁。

[93] 報導：〈日本新聞檢查扣下所有關於暴行的報導〉，刊[上海]《密勒士評論報》1938 年 1 月 22 日，前引《南京大屠殺史料集》（6），江蘇人民出版社 2005 年版，第 147 頁。

使我們聯想到阿提拉（Attila）及其匈奴人。不少於30萬的中國平民遭殺戮，很多是極其殘暴血腥的屠殺。搶劫、強姦幼童及其他對平民的殘酷的暴行，在戰事早已於數星期前即已停止的區域繼續發生。這裏比較優良的典型日本平民感到深痛的恥辱——日軍在各處應受譴責的行為更為日本兵在上海本地瘋狂地製造的一系列地方事件而高漲。今天《字林西報》報導了特別令人震驚的案件：一個日本兵尋找女人不得而槍殺3名60歲以上的中國婦女及射傷其他無辜平民數人。[94]

　　田伯烈的這則報導有很重要的意義。它是在掌握了大量的、翔實而又準確的調查材料的基礎上，第一次從宏觀上對日軍在上海到南京地區的戰爭暴行作了綜合性與整體性的報導，第一次提出日軍在該地區屠殺中國平民「不少於30萬」的數字。它不同於留駐南京的西方記者司迪爾、德丁等人以自己的觀察與自己的經歷所寫的報導。它是綜合、整理、研究了大量的許多像司迪爾、德丁那樣的記者所寫的報導與許多像貝德士、馬吉那樣的西方僑民所提供的材料，才寫出的、帶有結論性的文章。因而，它更有權威性，更有震撼力與說服力，更有史料價值。為了讓西方讀者對日軍大規模的殘暴而血腥的暴行更容易理解，更容易有形象的記憶，田伯烈將日軍的暴行比喻為「阿提拉及其匈奴人」。在歐洲的歷史上，曾有一位叫阿提拉的匈奴王率領大軍攻入羅馬城，燒殺淫掠多日，幾乎殺光了羅馬人，完全毀壞了繁華的羅馬城。這是歐洲人民的一場浩劫，是歐洲歷史上最黑暗的一頁，是西方幾乎人人都十分熟悉的有關暴虐殺戮的歷史典故，所謂「東方式殘暴」的典型。

---

[94] [日]廣田弘毅：〈1938年1月17日發給駐美大使館的電報〉，前引朱成山主編：《侵華日軍南京大屠殺外籍人士證言集》，江蘇人民出版社1998年版，第262～263頁；此電報由美國國家檔案館於1994年公佈，其作者曾被史學界一些人誤認為是日本外相廣田弘毅，後經美國華盛頓大學教授楊大慶考證，電報作者應為田伯烈。楊大慶的論文〈1938年1月17日「廣田電報」考證〉刊於《民國檔案》1998年第3期。

　　駐上海電報大樓的日本「新聞檢查辦公室」於當晚發現田伯烈的這篇電訊稿後，「向當局請示」，予以扣壓。田伯烈等了 15 個小時，直到第二天，即 1 月 17 日上午 10 時 45 分左右，才接到日本新聞檢查辦公室通知，「電訊稿不能發」。日方的理由是報導內容「過於誇張」，有辱日軍聲譽，「可能危及（日本）軍方的感情」。日方並要求田伯烈前往日軍軍部接受盤問，對報導的「不適當處」進行修改後，方可拍發。田伯烈拒絕了日方的無理要求，並就此事通過英國總領事館向日方提出抗議。1 月 17 日下午，在日軍當局於上海舉行的記者招待會上，田伯烈特就日方當局阻撓他拍發電訊稿及被命令前往日軍軍部一事，提出責問。日方官員進行詭辯，竟稱「並非如此」，並建議與田伯烈「直接商談此事」，遭到田伯烈的斷然拒絕。[95]田伯烈雖與日軍當局「屢經交涉，都不得要領」。[96]

　　這樣，田伯烈這篇必將有重要影響與重要意義的報導終沒能及時發出去，從而影響世界。

　　事後，「日本官方的同盟社發表聲明，斷然宣佈，『除非外國記者同意和負責的日本軍官商討刪除電訊稿中日方認為令人不快的部分內容，本月早些時候日本當局在當地電話、廣播部門開始採取的公開新聞檢系系統將難以實施。』同盟社的聲明還說，新聞檢查官是文官，最終決定文稿能否通過卻是軍事當局的職權。顯然，這表明如果記者拒絕與日軍當局商討，將不會通知記者他們的電訊稿如何處理了。」[97]

　　在此次事件後僅五天，田伯烈再次遭遇日軍當局蠻橫無理地扣壓其報導日軍暴行的新聞電訊稿的事件。

---

[95] [日]廣田弘毅 1938 年 1 月 19 日拍發給日本駐美國大使館的 1257 號電報，藏美國總統國家檔案館；中譯文引自楊大慶：〈1938 年 1 月 17 日「廣田電報」考證〉，刊《民國檔案》1998 年第 3 期。

[96] [澳]田伯烈：《外人目睹中之日軍暴行，作者自序》，《侵華日軍南京大屠殺史料》編委會、南京圖書館合編：《侵華日軍南京大屠殺史料》，江蘇古籍出版社 1997 年版，第 158 頁。

[97] 報導：〈日本新聞檢扣下所有關於暴行的報導〉，刊[上海]《密勒士評論報》1938 年 1 月 22 日，前引《南京大屠殺史料集》(6)，江蘇人民出版社 2005 年版，第 148 頁。

　　1938 年 1 月 21 日，上海租界的英文《字林西報》發表社評，痛斥日軍在佔領南京一個多月後，「南京的殘暴行為還在繼續，甚至自南京陷落直到最近幾天，仍然有強拉婦女、姦淫擄掠的事情，而且他們對於姦淫擄掠，竟會那樣勤快」，日軍軍紀弛蕩，任意屠殺市民，姦淫擄掠，「到現在已經發展成了一種習慣。在全世界的面前，擺著這樣殘酷的行為，我們還能夠遊疑嗎？」社評指出，日軍在南京持續一個多月的大屠殺暴行，「這是事實，已經證明了的事實，而且是很普遍的事實。並且無辜的毫無妨害的中國民眾，遭遇著最慘毒的待遇。這些事實，全世界是一天比一天更明白了，南京雖然已經和世外隔絕，然而這個淒慘的故事，至終也會舉世所周知的。其中一大部分全世界已經知道了，其餘的慘痛史實，也要成為以後若干世紀的讀物，在這裏，我們誠懇的建議，現在時限已然到了，（日本）負責當局應當即下決心，趕快終止這一些破壞的行動。」[98]《字林西報》發表的這一社評產生了重大影響。

　　田伯烈當即寫成一篇新聞電訊，其中援引《字林西報》的這則社評，參照他本人從南京所得到的消息，證明《字林西報》社評所述不誤，再次記述了日軍在南京的種種暴行，準備拍發給英國報社。然而，他再次遭到了日本當局的阻攔。上海外文電報局的日本檢查員見到田伯烈的這則新聞電訊稿後，先以電話要求田伯烈將新聞電訊稿撤回。在田伯烈予以拒絕後，日本檢查員遂扣壓了這則新聞電訊稿。田伯烈遂將這則新聞電訊稿原件抄呈英國駐上海領事館，請求對日本當局進行嚴正交涉。[99]但毫無結果。

　　當日，日方上海當局匆忙舉行外國記者招待會。日本官方發言人在會上斥責上海租界英文《字林西報》當日發表的社評批評日軍在南京的

---

[98] 中國第二歷史檔案館等編：《侵華日軍南京大屠殺檔案》，江蘇古籍出版社 1997 年版，第 850～852 頁。

[99] 報導：〈字林西報揭載，京敵仍狂肆屠戮，最近遇難者逾萬人，幼女老嫗多被玷污，英記者發電又被敵檢扣〉，刊《大公報》（漢口版）1938 年 1 月 22 日；前引《南京大屠殺史料集》(6)，江蘇人民出版社 2005 年版，第 471 頁。

暴行是「惡意的誇大內容，無從證實，兼且污蔑日軍名譽。」沒想到，與會的西方記者田伯烈等人不畏懼日方當局的囂張氣焰，更不能容忍日方官方發言人一手遮天、信口開河，與日方官方發言人針鋒相對的說理鬥爭。田伯烈以英國《曼徹斯特衛報》駐上海特派記者的身份，說，《字林西報》報導的關於日軍在南京暴行的消息，均有大量證據可以證明，使日方發言人語塞。外國記者請日本官方發言人對南京形勢作詳談報告，被其拒絕。外國記者又要求日本官方招待外國記者赴南京觀察採訪，亦被日方拒絕。《紐約時報》駐上海記者因發現他們的信件有被拆的痕跡，就向日本官方發言人詢問，日方是否對記者郵件進行檢查？日本官方發言人在鐵的事實面前，不得不表示承認。[100]

　　日方當局的新聞檢查制度遭到了西方新聞媒體的強烈譴責。1938年1月22日，《字林西報》對前一天日方當局舉行的外國記者招待會，對會上發生的針鋒相對的鬥爭，對西方記者為了維護新聞自由所進行的努力，作了及時的報導與揭露：

> 　　《字林西報》昨天的一篇重要文章被日本官方發言人在下午描繪成「非常誇大」、「懷有惡意」、「沒有根據」及「意圖是玷污日本軍隊」。但一名外國記者說，在他試圖將對該文的長篇引述發出去時，該發言人對文章中所包括的事實準確性也表示懷疑。由於轉引該報，他的資訊被日本的檢查人員拒絕。該記者說，他向日本總領事館提出了抗議。
>
> 　　調查員──《曼徹斯特衛報》的駐中國記者，詢問該發言人他們是否有任何理由懷疑所用資料的準確性，得到的回答是：「我們有充分的理由懷疑該報告的準確性。」

　　田伯烈當場反駁日本官方發言人的荒謬講話：

---

[100] 報導：〈恐怖中之南京，暴敵焚掠未已，拒絕外記者往觀察〉，刊《大公報》（漢口版）1938 年 1 月 23 日；前引《南京大屠殺史料集》(6)，江蘇人民出版社 2005 年版，第 471 頁。

　　「我也擁有來自南京的私人資訊，這些資訊來自另一個消息
來源，它也確認了《字林西報》所報導的資料。有一位先生打電
話給我，他自稱是日本的新聞檢查官，他問我是否撤掉這一資
訊。我問為什麼，他說因為它只是一個報紙的報導。我說我有類
似的資訊，來自獨立的消息來源。他說如果我不撤掉的話，他會
阻止它。我問，他是否將這樣做，他說他將這樣做。我說：『悉
聽尊便，但我反對。』那以後我已經要求英國的總領事向日本當
局進行交涉，以阻止對我的資訊的進一步干涉。」[101]

　　同一日，上海租界的英文《密勒氏評論報》（The China Weekly
Review）第 1～2 頁刊登報導：〈日本新聞檢查扣下所有關於暴行的報
導〉，其中重點介紹了田伯烈關於南京大屠殺的新聞電訊稿於 1938 年 1
月 16 日晚被上海外文電報局的日本檢查員予以扣壓的情況。

　　1938 年 1 月 23 日晚 22 時 10 分，上海「中華全國基督教總會（NCC）」
的廣播電臺也廣播報導了有關消息，說：「《曼徹斯特衛報》記者田伯烈
先生欲採訪日軍司令部，遭到日本人阻止。」並援引英國《曼徹斯特衛
報》就此發表的評論：「沒有一支軍隊會喜歡別人報導它的惡行，但絕
沒有權力禁止新聞監督。」上海「中華全國基督教總會（NCC）」的廣
播電臺在報導中表示：「人們希望，外國諸強在新聞監督的問題上不要
作出讓步。」[102]

　　1938 年 1 月 25 日，美國《紐約時報》刊登該報記者阿本德 1 月 24
日發自上海的報導，題為〈混亂在南京持續；它暗示嘩變〉，其中揭露
了日本當局對南京實施的新聞檢查制度：

　　　[1938 年 1 月 24 日，上海訊]：……

---

[101] [上海]英文《字林西報》1938 年 1 月 22 日報導，前引《南京大屠殺史料集》
　　（29），江蘇人民出版社 2007 年版，第 620～622 頁。
[102] 轉引自[德]拉貝著，本書翻譯組譯：《拉貝日記》，江蘇人民出版社 1997 年版，
　　第 495 頁。

上週五晚上，上海日本當局毫不掩飾地宣佈，有關南京情況的新聞報導將不會通過新聞審查。這項宣告事實上禁止任何有可能損害日軍聲譽的、「惡毒」的新聞發往海外。

但是，那些在南京遭受磨難期間冒著生命危險，致力於難民營工作的傳教士或慈善工作者們發往上海的有關南京狀況的簡要報告，以及那些來自目前身在南京的領事和其他外交官們的報告不至於全都會帶有惡意。然而，這些報告互相印證，所有報告都包含了目擊者有關日軍暴行以及日軍胡作非為的記錄。

……

由於日本實施新聞檢查，上海外國記者已經被禁止向海外發送上海各家有責任感的外國報紙上刊登的社論，這些社論無所畏懼地宣佈，南京目前的情況讓日軍蒙羞，並徹底毀掉了以講究禮儀、行為得體而著稱的日軍的名聲。[103]

第二天，1938 年 1 月 26 日，美國《紐約時報》刊登短評〈日軍在南京無法無天〉，譴責日軍在南京的暴行及其對新聞的檢查政策：

儘管日本在佔領區推行嚴厲的新聞檢查制度，但日本軍隊在中國前首都不斷的違紀的事實還是在昨天由未檢查的、發自上海的《紐約時報》無線電訊給揭露出來。

日軍佔領南京近 6 個星期之後，用我們記者的話來說，當地的形勢處於一種「毫無制約的無法無天」的狀況。這種情況「非常丟臉，以至於日本當局繼續拒絕除外交官之外的任何外國人訪問這座城市。」

很自然，侵略者被他們所稱的「惡意」報導（軍隊的）不服從感到尷尬。面對美國、英國和布魯塞爾會議對自己侵略中國的

---

[103] [美]阿本德上海報導〈混亂在南京持續，它暗示嘩變〉，刊[美]《紐約時報》1938 年 1 月 25 日第 35 版；前引《南京大屠殺史料集》(29)，江蘇人民出版社 2007 年版，第 529～530 頁。

抗議，日本堅定地辯稱它在中國的目的就是為了和平，它只不過希望穩定遠東的局勢，反對共產主義，保衛西方文明。現在，得勝的日本士兵正通過掠奪和強暴絕望的中國人而享受自己勝利的果實。日本就這樣給中國帶來秩序嗎？毫無疑問，上海日本當局上周宣佈，凡是他們認為對日軍不利的新聞都將難以通過日軍的新聞檢查。[104]

1938 年 1 月 28 日，美國《芝加哥每日論壇報》（The Chicago Tribune Daily）在第 1 版刊登美聯社的報導，揭露日軍當局對上海電訊日益加劇的嚴厲檢查，寫道：

> [美聯社上海 1938 年 1 月 28 日星期五電]：……
>
> **新聞檢查官要求密碼本**
>
> 日軍今天更加全面地控制了從上海發出的通訊電報。軍方發言人宣佈除非各自的領事機構能證實是些『體面的內容』。商業或其他公司已譯成密碼的電訊將不會被受理。
>
> 軍方還要求將私人的密碼本交給新聞檢查官以核查電訊稿。美國當局指出日本人對密碼本的要求極易被駁回。[105]

第六節　抵賴與欺騙並施的兩面政策

日本當局對西方新聞界的第五個方法，就是實施抵賴、欺騙與刁難、打擊並施的兩面政策。

---

[104] 短評：〈日軍在南京無法無天〉，刊[美]《紐約時報》1938 年 1 月 26 日；前引《南京大屠殺史料集》（29），江蘇人民出版社 2007 年版，第 533 頁。

[105] 〈新聞檢查官要求密碼本〉，刊[美]《芝加哥每日論壇報》1938 年 1 月 28 日；前引《南京大屠殺史料集》（6），江蘇人民出版社 2005 年版，第 209 頁。

　　因為不管日方當局如何封鎖，關於日軍南京大屠殺暴行的消息還是由西方各界人士通過不同途徑報導了出去。首先是德丁、司迪爾等美、英等西方國家留駐南京的的五位記者迅速向世界報導了他們親眼目睹的日軍在南京的戰爭暴行──成為日軍南京大屠殺的最早新聞報導；接著，留駐南京的西方僑民通過郵寄或帶出書信、日記、電影影片等方式，向外界公佈了日軍南京大屠殺的真相；在美、英等國新聞傳媒《芝加哥每日新聞報》、《紐約時報》等率先報導南京大屠殺以後，上海租界中一些由洋商創辦與主持的新聞傳媒，如英文《大美晚報》、英文《字林西報》、英文《密勒氏評論報》等，也勇敢地報導與揭露了日軍在南京的暴行。這些報導、書信、日記、影片等，被迅速轉載與傳播，刊載於全世界許多國家的報刊上，形成為世界輿論的焦點與熱點。日軍在南京的戰爭暴行引起了世界輿論的震動與強烈譴責。

　　日本最高當局對此十分關注，也十分害怕，引起了高度重視與高度警惕。

　　1937 年 12 月 20 日，日本外相廣田弘毅致電日本駐北平參事官森島，通報了英國各新聞傳媒「12 月 18 日前後報導主要內容」，指出「該國各報對日中事變的報導，自發生對英美艦船射擊事件以來，愈加憎惡、尖刻，特別是對『帕奈』號事件和香港防衛問題，非常關注。」其中，關於日軍在南京暴行，寫道：

　　　　還有，《泰晤士報》刊登了駐上海特派員電，其中詳細報導了進入南京的日本軍隊極端殘暴情形：或者槍殺解除武裝的中國兵，或者恣意破壞、掠奪店鋪；還刊登了在美國人經營的醫院裏奪取護士手錶、自來水筆等情形。18 日傍晚接到的路透社電也報導了關於該問題大致與《泰晤士報》報導相同的事實，即醫生威爾遜大夫及其他人關於此種暴行和掠奪的目擊談話。

　　1937 年 12 月 22 日，廣田弘毅再次致電日本駐北平參事官森島，通報了西方記者報導日軍在南京暴行的內容，寫道：

　　12 月 18 日上海哈巴斯報導路透社特派員目睹我軍佔領南京後的行動的有關談話。

　　日軍雖不見得攻擊難民區，但其入城後的舉動，可稱得上殘暴。強迫懸掛日本國旗，將中國軍俘虜逐一槍殺。……徵發並逐一掠奪大學、醫院、美國護士宿舍和美國大使詹森住宅（僅掠去一盞燈，並將留下的美國人趕走）等……還沒收美國人汽車，扔掉車上美國小國旗。

　　同日，廣田弘毅在致日本駐北平參事官森島的另一則電文中，通報了另一些西方記者報導日軍在南京暴行的內容，寫道：

　　19 日上海阿本德《紐約時報》特電報導，日軍進入南京後，軍紀極端紊亂，駭人聽聞。日軍對非戰鬥人員——婦女、兒童殘殺、掠奪、強姦，種種暴行，罄竹難書。其殘暴程度遠超過中國匪賊。素以忠勇武士道聞名的日軍，可謂已名譽掃地。時至星期四，雖為時已晚，但幹部已在恢復軍紀，而松井司令官則極力保密。[106]

　　1938 年 1 月 17 日，廣田弘毅致電日本駐歐、美各使領館，將在前一日被上海日方新聞檢查辦公室扣壓下的英國記者田伯烈關於日軍在南京等長江下游各地戰爭暴行的報導，其中有屠殺中國軍民三十萬人，作為「特別消息」，親自簽發給他們參考，以謀對策。廣田弘毅擔心「因為此事可能為路透社和美聯社大為渲染」，形成對日本政府不利的國際輿論。[107]

---

[106] [日]廣田弘毅：〈1937 年 12 月 20 日、22 日發給日本駐北平參事官森島的電報〉，前引朱成山主編：《侵華日軍南京大屠殺外籍人士證言集》，江蘇人民出版社 1998 年版，第 305～307 頁。

[107] 楊大慶：〈1938 年 1 月 17 日「廣田電報」考證〉，《民國檔案》1998 年第 3 期。

同日，廣田弘毅還致電日本駐外各使領館，轉發了美國政府就日軍侵犯美國在華權益而向日本提出的抗議。其中管於日軍暴行的主要內容如下：

> 在近來的軍事行動當中，南京、常州及其他地方的美國居民報導與控訴日本軍隊屢次非法侵犯美國人的駐地，掠奪財物與雇員，及其他對於美國財產的損毀，而這些財產幾乎都經美國當局懸掛了美國國旗並以文字表明。按照這些報導，日本兵不僅表現對於這些標誌完全不理，並進而無數次地撕下、焚毀，或是撕碎美國國旗。[108]

接著，在 1 月 19 日，廣田弘毅又特地向日本駐歐、美各使館發出電報指示，誣衊田伯烈是「有意以此事製造事端」，還造謠說田伯烈「最近其往漢口時，是由其友人端納出資，讓他去接管蔣介石政權的宣傳工作。」[109]其目的是欲破壞田伯烈作為一個中立國家記者的形象，詆毀他的新聞報導的客觀性與公正性。廣田弘毅要求日本駐歐、美所有使館提高警覺，共謀對策，加以防範。

對西方新聞記者報導與揭露的日軍在南京等地大屠殺的暴行，日方當局的對策與辦法是，一方面抵賴、否認西方記者關於日軍南京大屠殺的報導，攻擊西方記者，甚至煽動中國人民對西方美、英白人國家與人民的仇恨；另一方面，則繼續對西方記者進行拉攏與欺騙宣傳，實施兩面政策。

在日方當局的策劃下，首先由日本的軍政人員、外交人員與其他各種人員，通過各種途徑，矢口否認西方媒體與西方人士關於日軍南京大屠殺暴行的報導。

---

[108] [日]廣田弘毅：〈1938 年 1 月 17 日發給駐美大使館的電報〉，中譯文引自朱成山主編：《侵華日軍南京大屠殺外籍人士證言集》，江蘇人民出版社 1998 年版，第 262 頁。

[109] [日]廣田弘毅 1938 年 1 月 19 日拍發給日本駐美國大使館的 1257 號電報，藏美國總統國家檔案館；中譯文引自《民國檔案》1998 年第 3 期楊大慶：〈1938 年 1 月 17 日「廣田電報」考證〉。

　　1938 年 1 月 29 日，日本駐英國大使吉田茂在接受《每日雜談》記者採訪時，矢口否認日軍在南京的暴行。他聲稱：「關於日本人暴行的報導不準確，並因此持懷疑態度」。他說：

> 「簡直難以想像，我們的部隊竟然會如此放縱自己，會這樣違背悠久的傳統。……我已經電告東京，報導我們部隊殘酷暴行的消息已經傳到英國，我請求不要對我隱瞞真實情況。關於據說日本士兵虐待平民並當著父母的面殺戮孩子們的報導，使我感到異常震驚。這樣的行為與我們的傳統根本不相符，在我們國家全部歷史上沒有發生過這樣的事例。無論你到哪裡去進行調查，你都提供不出我們的軍隊曾經有過這類行為的證據。我們的軍隊有良好的紀律。我再重複一下，這支軍隊會以這樣的方式違反傳統，是不能想像的。我作為我國大使，對於出現這樣的報導，只能表示極為遺憾。」[110]

　　吉田茂在接受《每日雜談》記者採訪時的談話，由合眾社等西方媒體傳向全世界。這正是日方當局所希望的結果。然而，正在南京淪陷區擔任「安全區國際委員會」主席的德國商人拉貝，在上海英文《字林西報》上，看到了吉田茂接受《每日雜談》記者採訪時談話的報導摘要〈日本大使持懷疑態度〉後，寫道：

> 從〈日本大使持懷疑態度〉這篇報導可以看出，全世界這時已獲悉日本士兵在南京犯下的殘酷暴行。吉田茂大使先生如此為自己的同胞辯護，沒有人會因此而見怪。此外，這裏 25 萬難民中的每個人都可以給他提供證據，證明關於日本兵痞難以形容的暴行的消息是真實的。[111]

---

[110] 轉引自[德]拉貝著，本書翻譯組譯：《拉貝日記》，江蘇人民出版社 1997 年版，第 646～647 頁。

[111] [德]拉貝著，本書翻譯組譯：《拉貝日記》，江蘇人民出版社 1997 年版，第

　　事實勝於雄辯！日方當局的辯解往往結果適得其反。

　　日方當局為了扭轉西方記者關於南京現狀的報導傾向，常常精心策劃組織各種新聞發佈會，向西方記者發佈各種虛假、編造的消息，為日軍的暴行掩蓋、辯解。例如前述 1938 年 1 月 21 日，上海租界的英文《字林西報》發表社評，「斥駐南京日軍軍紀弛蕩，任意屠殺市民」及強姦、搶劫等暴行。日方上海當局當日就匆忙舉行外國記者招待會，日本官方發言人在會上斥責《字林西報》當日發表的社評批評日軍在南京的暴行是「惡意的誇大內容，無從證實，兼且污蔑日軍名譽。」云云。

　　日方當局為了扭轉西方記者關於南京現狀的報導傾向，在 1938 年 10 月還精心策劃了一場組織西方記者到日本統治下的南京參觀採訪的鬧劇，繼續施展對西方記者的拉攏與欺騙工作。這是因為日本當局深知西方記者的報導在世界新聞輿論中的極重要的地位與影響。既然一時壓制不了，日方當局就只好再次進行拉攏與欺騙了。兩面手法的交替使用歷來是日本當局的政治特點，也是他們在新聞宣傳中的重要特點。

　　這是在 1938 年 10 月 20 日，即在南京大屠殺過去九個多月後，「經上海（日軍）報導部斡旋」，日軍當局邀請「駐上海的有權威的英、美、法、德等國報社的記者和分社社長等一行十四、五人來到南京，參觀南京戰場。一行包乘道格拉斯公司的一架飛機，在南京郊區大校場機場降落。」南京日軍報導部軍官前往迎接，並負責導遊與解說。他們分乘四、五輛汽車，按西方記者們的要求，參觀了光華門、下關、富貴山、紫金山、雨花臺與新河鎮等以前日、中軍隊激戰的戰場，以及中山陵等名勝。日方記者為他們拍了照。日方的目的是讓外國記者看看在日方統治下的南京的「新氣象」，證明日軍從未在南京進行過大屠殺。日方人員自我感覺良好，認為他們的目的達到了。據日方接待人員、日本同盟社記者

小山武夫說，「在參觀過程中，外國記者團的十四、五個人中，沒有一人提出有關（南京）大屠殺的任何質問和意見。」[112]

第七節 報復與打擊主持國際正義的西方記者

實際上，日方當局內心裏對主持國際正義的西方國家與西方記者充滿了仇恨與敵意。他們雖然表面上對西方國家與西方記者示好，甚至向西方國家與西方記者宣傳他們在中國的戰爭，是為著保護西方列強在中國的權益與遏制共產主義在中國的蔓延等；但在這同時，他們則向中國民眾宣傳日本是代表亞洲各被西方列強侵略與壓迫的國家反對白人殖民者，煽動中國人民對西方美、英白人國家與人民的仇恨，煽動種族主義，其中，當然包括挑動中國人民對西方記者的不信任甚至仇視。金陵大學美籍教授史邁士 1938 年 3 月 8 日在〈致朋友信〉中指出日本當局的兩面手法：

> 在為美國製作的宣傳中，日本則把自己描繪成在中國保護外國權力和遏制共產主義的模樣。日軍在中國則用中文印刷聲明，講述他們要努力把白種人驅逐出亞洲。[113]

其實，日本當局在中國，真正保護並要大力擴張的，是日本的獨霸權力；把白種人驅逐出亞洲則是他們蠱惑人心的旗號與既定目標。

早在日軍佔領南京後不久，在 1938 年 3 月 10 日，日方在南京發行的中文報紙上，就刊登了日軍方發佈的一份新聞，其中充滿了煽動種族主義、民族主義、大亞洲主義，煽動對西方白種人的仇恨與排斥的理論與口號，其中有這樣的語句：「過去忽必烈汗的大軍曾席捲歐洲大陸。

---

[112] 轉引自[日]田中正明著，軍事科學院外國軍事研究部譯：《「南京大屠殺」之虛構》，世界知識出版社 1985 年版，第 34～35 頁。

[113] 史邁士：〈致朋友信〉（1938 年 3 月 8 日），前引章開沅編譯：《天理難容》，第 343 頁。

我們東方民族，精神文明的創造者，為什麼要屈從於西方人的貪婪與傲慢呢？」[114]日本當局的目的，就是以這種蠱惑人心的種族理論，煽動南京民眾的「東方民族，精神文明的創造者」的種族自大主義，仇視英美，仇視西方僑民，從而轉移南京民眾的視線，淡化南京民眾對日軍暴行的記憶，反將日本侵略軍當作把自己從西方人奴役下解放出來的「救星」，達到吸引與控制中國民眾之用心。

1938 年 11 月 3 日，日本政府在第二次近衛聲明中，正式提出「建設東亞新秩序」等一套口號與理論後，南京日偽當局也隨之展開了一場宣傳活動。1938 年 11 月 7 日魏特琳在日記中記載：「一位中國朋友告訴我，在新的南京報紙上正開始一種宣傳，它將逐漸讓百姓相信：『亞洲是亞洲人的』。」魏特琳指出，南京日偽的宣傳，「其說法是別有用心的」。[115]

確實，日本當局提出「亞洲是亞洲人的亞洲」的口號與理論，其用心與目的就是企圖排斥西方英、美勢力出亞洲，讓日本以「解放者」的身份取代英、美，獨佔與控制中國以及亞洲廣大地區。此後，南京日偽當局在大力宣傳「東亞新秩序」時，越來越多、越來越露骨地宣傳「反對白人」、「反對英、美」。1938 年 11 月 14 日南京偽「維新政府」機關報《南京新報》刊登一篇「反對白人」的文章。魏特琳教授在該日日記中寫道：

> 《南京日報》（本書著者按：應是偽《南京新報》）又有一篇文章反對白人，慢慢地這種宣傳會找到滋生的土壤，而我們不知道還有多久，一萬人將反對我們。[116]

---

[114] [美]史邁士：〈致朋友信〉（1938 年 3 月 8 日），前引章開沅編譯：《天理難容》，第 343 頁。

[115] [美]魏特琳著，南京師範大學南京大屠殺研究中心譯：《魏特琳日記》，江蘇人民出版社 2000 年版，第 499 頁。

[116] [美]魏特琳著，南京師範大學南京大屠殺研究中心譯：《魏特琳日記》，江蘇

　　日本當局尤其對真實報導日軍南京大屠殺暴行真相的英、美記者與英、美報刊恨之入骨，利用各種機會進行各種形式的威逼、刁難、恐嚇甚至迫害。

　　例如對駐上海西方記者中影響最大的《紐約時報》記者阿本德，日方當局曾千方百計拉攏他，甚至在 1936 年經天皇首肯，向他贈送了日本武士銅像；然而曾幾何時，當阿本德在 1937 年初報導了日本在河北省東部扶植殷汝耕傀儡政權以及日本向中國大規模走私後，日本駐上海的軍隊及憲兵便對他的工作「產生了敵意」。阿本德回憶說：

　　　　1937 年 8 月，上海之戰打響剛兩天，便有二十二名穿制服的日軍闖進了我在上海的寓所，其中兩名是中尉，另二十名為士兵。他們將寓所翻了個底朝天，尋找想要的文件。而事發時，我正乘美國海軍上將的遊艇伊莎貝爾號從北方返滬，尚未下船。

　　　　他們自然一無所獲。因為多年來，我已養成了一個習慣，從不在公寓或辦公室存放重要文件，即便暫時存放一夜。……

　　　　日本搜查人員見花了五個小時，還覓不到任何東西可加罪於我，不禁暴跳如雷，便順手牽羊，將小件的牙雕與玉雕塞進兜裏帶走，價值達兩千多美元。[117]

　　阿本德在 1937 年年底到 1938 年年初，寫出了大量關於日軍南京大屠殺與日機轟炸「帕奈號」炮艇的報導，刊登在《紐約時報》等報刊上，在國際上產生了很大的影響。日軍當局對阿本德更是憎惡。到 1938 年 10 月，上海日軍特務機關對阿奔德進行更多的騷擾，企圖使他無法工作。1938 年 10 月 27 日上午 10 時許，兩名日本憲兵，其中一人是「日本憲兵隊上海司令部特高科」的平野，身著便衣，來到阿本德住所，企圖強迫阿本德接受交互訊問，逼他回答「從上海發出過何種新聞，如何

　　人民出版社 2000 年版，第 505～506 頁。

[117] [美]阿本德著，楊植峰譯：《民國採訪戰》（原書名《我的中國歲月（1926～1941）》），廣西師範大學出版社 2008 年 7 月版，第 278～279 頁。

發出這些新聞」，以及他「獲取資訊的渠道等等」。阿本德向日方提出強烈抗議，並就此事給美國駐上海總領事高斯寫了一封正式投訴信，其中寫道：「（日方）憲兵隊正在開展一場行動，試圖威脅本地所有的報社記者。」[118]

　　在這同時，上海日軍當局還利用他們控制的上海郵局，刁難與禁止租界內的洋商報向外發行。

　　如前所述，1938 年 3 月 5 日，日軍當局指派十二人常駐上海郵政總局，擔任郵件檢查員，對郵件，特別是新聞郵件進行檢查。這不僅針對中國愛國報人創辦、掛著外國人旗號的「洋旗報」，而且也針對由英、美報人創辦與主持的「洋商報」。3 月 6 日，美國駐上海領事向日軍當局提出書面抗議，指出日軍當局無權檢查美、英的郵件，包括新聞郵件。但日方對美領事的抗議置若罔聞，繼續對所有郵件，特別是新聞郵件進行檢查。3 月 10 日，日軍當局派駐上海郵政總局的郵件檢查員，通知各外國通訊社，謂「自明日起，各社之中文譯稿，應先送日本檢查所兩份，以便檢查，然後始能分送各中文報社發表」。但各外國通訊社均表示不予理睬。不久，4 月 2 日，日方郵件檢查員扣發英文《大美晚報》寄往外埠的報紙。——這是日方首次扣發洋商報。此後，日方郵件檢查員連續扣發上海數家洋商報，稱這些洋商報「違反」了日方當局的規定，因而不准郵寄往外地。例如 4 月 6 日，日方郵件檢查員再次扣發英文《大美晚報》寄往外埠的報紙，因該報當日登載了 4 月 2 日被日方扣發報紙的消息與日偽在上海設卡課稅導致糧價高漲的消息。4 月 8 日，日方新聞檢查所禁止英文《大美晚報》發行當日的報紙，因該報當日登載了日本人搶劫英人房產事。4 月 9 日，日方當局對英文《大美晚報》、《密勒氏評論報》發出警告，稱若再刊登不利日方的報導，將禁止郵寄。[119]1939

---

[118] [美]阿本德著，楊植峰譯：《民國採訪戰》（原書名《我的中國歲月（1926～1941）》），廣西師範大學出版社 2008 年 7 月版，第 273～274 頁。

[119] 張銓、莊志齡、陳正卿：《日軍在上海的罪行與統治》，上海人民出版社 2000年版，第 225～226 頁。

年 6 月，《密勒氏評論報》在一篇報導中稱，從上海寄至天津、北京、福州、廣州等地的上海洋商報。當地僅能收到「親日之上海泰晤士報」。寄往國外的洋商報更是多次被日方扣住。[120]

隨著日本與西方英、美等國家矛盾的加劇，日本當局對駐上海的那些同情中國抗戰、揭露日軍暴行的美、英記者與英、美報刊的態度也日益強硬與兇暴，甚至實施卑鄙兇殘的襲擊報社與暗殺記者。

1939 年 2 月 8 日，上海租界的美籍記者與無線電播音員都收到一封日偽特務的恐嚇信，內稱「光榮殺人會，現宣告下開人名死刑」，列入該「死刑名單」的外籍新聞工作者計有：阿柯特、斯諾（英文《密勒氏評論報》美國記者、《西行漫記》作者）、田伯烈（英國《曼徹斯特衛報》記者、《外人目睹中之日軍暴行》作者）、蘭德爾‧高爾德（Randall Gould，又譯古爾德，英文《大美晚報》總編輯）、約翰‧鮑威爾（John B‧Powell，英文《密勒氏評論報》總編輯）、赫希伯（《日本海外間諜網》作者）等。[121]在給這些美、英記者的恐嚇信中，宣佈他們的罪狀分別是：大美廣播電臺播音員高爾特是「每天兩次，儘量說謊」，《密勒氏評論報》總編輯鮑威爾是「每週說謊吹牛」，《大美晚報》是「每天說謊」，《大英夜報》總編輯斐士（Sanders Bates，又譯桑德斯‧貝茨）是「辦滿紙謊言」，等，要求他們立即改變報紙態度，否則將對他們「立判死刑」。[122]

1939 年 5 月 9 日，英文《字林西報》主持人收到自稱「中國青年愛國救亡團」的恐嚇信，要求該報改變辦報方針及態度，否則，「吾等救國分子願與貴報館同人同歸於盡，莫怪言之不預也。」[123]

---

[120] 馬光仁主編：《上海新聞史（1850-1949）》，復旦大學出版社 1996 年版，第914～915 頁。

[121] [上海]《申報》1939 年 2 月 9 日；轉引自張銓、莊志齡、陳正卿：《日軍在上海的罪行與統治》，上海人民出版社 2000 年版，第 211～212 頁。

[122] 馬光仁主編：《上海新聞史（1850-1949）》，復旦大學出版社 1996 年版，第913 頁。

[123] 馬光仁主編：《上海新聞史（1850-1949）》，復旦大學出版社 1996 年版，第

果然，襲擊或陷害外籍記者的事不斷發生。

例如，1939 年年末，上海日軍當局對《紐約時報》駐華首席記者阿本德的敵意與日俱增，甚至形成了一個「公開的反阿本德集團」，不僅損及他的工作，而且威脅到他的生命安全。1940 年 1 月，日本憲兵隊上海司令部特高科的高級特務平野及其助手等人，竟然誘逼阿本德的六名僕人，委以金錢，要他們「換取情報或幫忙搞亂」。其中，企圖以 500 美元收買阿本德的車夫，讓車夫在阿本德的座車裏塞進一個包裹，包裹裏面放進幾把左輪手槍與一些鴉片，然後等車子行經外白渡橋時，由日軍哨兵將其查獲。這樣，就可以立即將阿本德押往日軍司令部；同時，日軍當局將會立即向新聞界宣佈，阿本德因偷運武器與鴉片進入日軍佔領區，已被當場抓獲。這是一個多麼惡毒陰險的陷害計畫。後因僕人們向阿本德坦白了上述情況，才使日本特務的陰謀敗露。[124]

1940 年 1 月 6 日，日偽特務竟向外出的公共租界工部局英籍總辦費利浦開槍襲擊，費利浦身中 8 槍。[125]

阿本德在 1940 年 4 月 11 日發出的一份備忘錄中寫道：

> 此地日本人的反美情緒正以危險速度增長。順便提及，在上海掌權的日本軍事當局有一個公開的反阿本德集團。他們的存在，不僅已損及我的工作，使之多少陷於癱瘓，更已威脅到我的生命安全。我已打點行囊，並盡可能避開耳目，準備將貴重物品立即運往紐約。[126]

913 頁。

[124] [美]阿本德著，楊植峰譯：《民國採訪戰》（原書名《我的中國歲月（1926～1941）》），廣西師範大學出版社 2008 年 7 月版，第 275～276 頁。

[125] 張銓、莊志齡、陳正卿：《日軍在上海的罪行與統治》，上海人民出版社 2000 年版，第 212 頁。

[126] [美]阿本德著，楊植峰譯：《民國採訪戰》（原書名《我的中國歲月（1926～1941）》），廣西師範大學出版社 2008 年 7 月版，第 273 頁。

　　1940 年 7 月 14 日，在日本當局的指使下，南京汪偽「國民政府」訓令偽上海市政府，與各外國駐滬有關機關交涉，驅逐上海租界中新聞報業的七名西方著名人士離開中國。汪偽「國民政府」的訓令所指的七人是：「宣傳共產主義之《密勒氏評論報》主筆鮑威爾」（John B・Powell）、「以哥侖比亞出版公司名義主持《申報》之阿樂滿」（Norwood F・Allman）、「主持《大美報》及《大美晚報》之史帶」（C・V・Starr，又譯斯塔爾）、「身兼《大美報》及《大美晚報》之編輯高爾特」（Randall Gould，又譯古爾德）、「《大英夜報》發行人兼總編輯斐士」（Sanders Bates，又譯桑德斯・貝茨）、「《華美晚報》發行人米爾斯」（Hal P・Mills）、「常作廣播宣傳，公然反抗中國政府之奧爾考脫」（Carroll Alcott，美國電臺評論員兼英文《大陸報》記者，又譯卡羅爾・奧爾科特）。汪偽政府的訓令稱，此七人「以外國身份而參加顛覆國民政府之陰謀，並公然為破壞國民政府之言論行動……日夜造謠生事，以期危害民國，……為中國法律之所不容」，令偽上海市長「迅即與各國駐滬關係當局交涉，對此等分子嚴定限期，勒令出境。」[127]另驅逐八名為美、英報社工作的中國新聞記者，為首的是英文《大陸報》總編輯吳嘉棠。[128]這個名單刊登在 1940 年 7 月 16 日汪偽在上海的喉舌《中華日報》上。

　　面對日偽當局的威逼迫害，七名美、英報人與記者表現了可貴的職業道德與人類良知，毫不退縮，並向日偽的淫威進行反擊。主持《申報》的阿樂滿發表嚴正聲明，指出：「渠係一律師，絕不願參加政治活動，……渠主持之《申報》在盡報導之責任，將社會真實情形報告市民，並非為任何一方面之宣傳」，因此，他表示將對汪偽政府的所謂驅逐令「決置之不理」。其他美、英報人與記者也表現了同樣的態度。[129]

---

[127] [上海]偽《中華日報》1940 年 7 月 16 日。

[128] [美]鮑威爾著，邢建榕等譯：《鮑威爾對華回憶錄》，[上海]知識出版社 1994 年版，第 342～343 頁。

[129] 馬光仁主編：《上海新聞史（1850-1949）》，復旦大學出版社 1996 年版，第 916～917 頁。

1940 年 7 月 20 日凌晨，兩名蒙面持著左輪手槍的日本特務突然闖進阿本德在上海百老匯大廈的寓所中，進行威逼，要阿本德交出「正在寫作的反日書籍」，並搜索房間，查找文件，還對阿本德進行極野蠻的毆打侮辱。阿本德回憶道：

> 他暴跳如雷，說我是侮辱日本陸軍，說著便揮拳猛擊我的左臉，打掉我的眼鏡。接著，他一把將我的左臂扭到背後，將我用力一摁，按跪到地上，然後便一連串地用日語破口大罵。發洩完了，又要求我交出「攻擊三浦將軍的所有電報」。[130]

兩個日本特務對阿本德的襲擊「可謂殘忍到了極點」，「珍貴資料稿件多種均被劫去」。此後，日本特務對阿本德的迫害越來越肆無忌憚。阿本德說：

> 從 7 月份襲擊事件發生起，到 9 月底報導了日本加盟軸心國的獨家新聞止，日本人及其爪牙整我的嘗試從未停止。9 月份的獨家新聞發表後，他們更是狂怒已極。我每天都收到威脅電話，逼我說出日本加入軸心國一事的消息來源。而時至今日，我還未向任何人透露過。至於收到的威脅信，更是達五十封之多。他們還多次試圖闖入我的辦公室或住所，日夜均有發生，其中一次還導致站崗的員警與兩名日本凶徒拔槍對射。[131]

因形勢實在太過危險，正在上海的美國亞洲艦隊司令哈特海軍上將也出面力勸阿本德離開中國，對阿本德說：「只要你繼續留在此地，他們總會把你暗殺掉的。你到今天還平安無事地活著，完全是個奇

---

[130] [美]阿本德著，楊植峰譯：《民國採訪戰》（原書名《我的中國歲月（1926～1941）》），廣西師範大學出版社 2008 年 7 月版，第 285 頁。
[131] [美]阿本德著，楊植峰譯：《民國採訪戰》（原書名《我的中國歲月（1926～1941）》），廣西師範大學出版社 2008 年 7 月版，第 292～293 頁。

跡。」1940 年 10 月 14 日，在中國工作了十五年的阿本德不得不離開上海回國。[132]

其他西方駐上海的記者也多遭到日本當局日益加劇的迫害。

1940 年 8 月 3 日夜，英國路透社遠東分社經理華克的寓所被盜，一些貴重物品與文件資料落到日本特務的手中。[133]

到 1941 年冬，美、英與日本間的矛盾日益加劇，上海的形勢也更加險惡，斯塔爾、高爾德、奧爾科特被迫於 1941 年 12 月初，搭乘最後一班美國輪船，離開上海回國。阿樂滿去了香港，在太平洋戰爭爆發後被日軍逮捕。

《密勒氏評論報》（China Weekly Review）的主持人約翰・鮑威爾（John B・Powell）等人堅持留在上海繼續辦報。很快，鮑威爾遭到了日偽特務用手榴彈的襲擊。這是對他的警告。暗殺未遂後，日偽當局就派人造訪鮑威爾，勸他「賣掉」《密勒氏評論報》，遭到鮑威爾斷然拒絕。[134]

到 1941 年 12 月 8 日日本發動太平洋戰爭後，日本當局就完全露出了它的本來面目。日軍立即佔領上海租界。租界內的洋商報、洋旗報幾乎全部被查封或被迫停辦。只有美商《大美晚報》（The Shanghai Evening Post And Mercury）與英商《上海泰晤士報》（The Shanghai Times）這兩家英文報紙被日方接收後，利用其名義，在日方監控下，由日本人編輯發行，暫時繼續出版發行了一段時間。英文週報《密勒氏評論報》（China Weekly Review）被查封時，其主持人鮑威爾（John B・Powell）被抄家，他多年搜集的有關中國的資料被洗劫一空。1941 年 12 月 20 日，日方當局宣佈，英文《密勒氏評論報》主編鮑威爾與《大美晚報》記者兼《大

---

[132] [美]阿本德著，楊植峰譯：《民國採訪戰》（原書名《我的中國歲月（1926～1941)》），廣西師範大學出版社 2008 年 7 月版，第 293～294 頁。

[133] 馬光仁主編：《上海新聞史（1850-1949)》，復旦大學出版社 1996 年版，第 913 頁。

[134] [美]鮑威爾著，邢建榕等譯：《鮑威爾對華回憶錄》，[上海]知識出版社 1994 年版，第 343～344 頁。

陸報》主編奧柏、《遠東》雜誌主編兼評論員伍德海等十多名美、英新聞傳媒工作者係國際間諜機關成員，加以逮捕，關進美英僑民談虎色變的河濱大樓監獄。在 1942 年 6 月 15 日，日方將他們送交上海日軍軍事法庭審判，罪名是「在租界內本國機關庇護下，從事對日諜報並作援渝反日之宣傳」，「彼輩對其本國之報告，……充為本國政府決定對日本政策之重要資料」，犯間諜罪；「彼等所謀報刊宣傳，促使日本之國際環境惡化」，並「妨礙治安」等。[135]不久又將他們轉押於江灣監獄，備加折磨。直到 1943 年初，因日美雙方互換俘虜，鮑威爾等才得以被釋放回國。[136]

　　＊＊＊＊＊

　　日方當局機關算盡，結果卻是事與願違。有著悠久的新聞自由與正義原則傳統的美、英新聞界，絕大多數人士是日方當局用花言巧語與金錢美女所收買不了的，也是以刁難與威脅搞不垮的。反而，他們憑著豐副的經驗與敏銳的職業眼光，有越來越多的人能很快地識破日本當局的用心，嚴正而又巧妙地將日軍南京大屠殺的暴行報導出去。隨著時間的推移，隨著日本侵略戰爭的日益擴大及其軍國主義面目的日益暴露，西方記者中像鮑威爾這樣目光銳利而又主持正義的的人也日益增多，美、英等西方國家的公眾輿論也將日益擺脫日本當局精心設置的騙局，走向歷史的真實。日方當局機關算盡，最後只能落得原形畢露、失道寡助、煢煢孑立的可恥下場。

---

[135] [上海]偽《申報》1942 年 6 月 15 日。

[136] [美]鮑威爾著，邢建榕等譯：《鮑威爾對華回憶錄》，[上海]知識出版社 1994 年版，第 345、363 頁。

第七章　日本傳媒對南京偽政權成立與日偽殖民活動的報導

第一節　日軍當局在大屠殺的血泊中製造南京偽政權

日本最高當局在侵華戰爭爆發的初期，本想以攻佔中國的首都南京並對南京軍民進行殘酷的「膺懲」——大屠殺，最大限度地實施其對中國的武力征服與恐怖威懾政策，從而迫使中國國民政府與中國人民徹底屈服與「反省」，向日本求和乞降，簽訂屈辱的城下之盟，滿足日本的種種要求；然後，日軍高唱凱歌撤出一些佔領地區，向淪為「戰敗國」與「兒皇帝」的國民政府交還一些中國土地。而交還首都南京將成為日方掌握的索取最高價的籌碼。日本同盟社上海分社社長松本重治說，在日軍佔領南京後：

> 在日本國民中，正蔓延著一種錯誤的中國認識，以為佔領南京後蔣介石很快就會投降，而趾高氣揚起來。[1]

然而中國政府與中國人民的不屈不撓與繼續抗戰粉碎了他們的美夢。日本當局騎虎難下，不得不陷入對華長期的持久戰的泥潭中。他們對南京等廣大華中佔領區的政策，也不得不從短期的軍事佔領變為長期的殖民統治政策。其中，在政治上，他們為了對廣大佔領區的中國人民實施有效而方便的統治，就一次次地組織、拼湊由中國人組成的傀儡政府以及各種政治組織，通過這些傀儡政府與漢奸組織，實施「以華制華」的統治。

---

[1]　[日]松本重治著，曹振威、沈中琦等譯：《上海時代》，上海書店出版社2005年版，第603頁。

　　早在 1931 年「9.18」事變後，日本當局在軍事佔領的中國東北地區就扶植了一個偽「滿洲國」傀儡政權；1937 年 8 月，日「華北方面軍」佔領北平、天津與華北部分地區後，日內閣陸相杉山元在給日「華北方面軍」的指令中，表示不同意日本現地軍方在佔領區直接進行軍政統治，而應「嚴格去掉佔領敵國的觀念，政治機關要由居民自主產生。」──這就是日本的「以華制華」殖民政策在侵華戰爭初期的表述。日本最高當局認識到，由於中國國土面積的遼闊與中國民眾「覺悟程度高，民族意識強烈」，以及國際輿論的譴責與國際政治格局的制約等原因，日本對廣大的中國佔領區的統治方式與統治政策，必須「依靠中國人建設新中國」為上策。[2]在這種「以華制華」政策思想的指導下，日本軍政當局以種種手段，說動與勾結各地的一些漢奸頭面人物，以「打倒國民黨專制」、「建設新中國」、「建設中日新關係與東亞新秩序」為口號，先後在歸綏與北平建立偽「蒙古聯盟自治政府」與偽「中華民國臨時政府」這兩個傀儡政權。

　　對以南京與上海為中心的華中佔領區，日本軍政當局更加重視。因為這裏不僅面積廣大，人口稠密，物產富饒，經濟文化發達，而且是原國民政府統治中心地區，南京更是原國民政府的首都。日本當局要在這塊中國政治、經濟、文化中心地帶建立長期、穩固的殖民統治，更要實施更加「完善」的「以華制華」政策，更加重視扶植南京與華中地區的偽政權。1937 年 12 月 13 日日軍佔領南京後，日本內閣會議於 12 月 24 日決定的《處理中國事變綱要》指出：

　　　　自戰爭爆發以來，帝國政府就殷切地希望南京政府迅速放棄其抗日容共政策，與帝國合作，為安定東亞作出貢獻，並求在該政府反省的同時，收拾時局。然而，南京政府則仍然標榜長期抵抗政策，絲毫沒有反省的表示。為了對付這種情況，又鑒於隨著

2　日本防衛廳防衛研究所戰史室：《戰史叢書（68）支那事變陸軍作戰（1）》，東京，朝雲新聞社 1975 年版，第 446 頁。

我軍事行動的進展，帝國佔領區域的擴大，需要儘快加以處理，
今後不一定期望同南京政府交涉成功，而是……華北和華中方面
要根據下述方針加以處理。

一、華北處理方針。……其目標是，政治上成立防共親日滿政權。

二、上海方面處理方針。在軍事佔領區，應一俟時機成熟，即考
　　慮成立與華北新政權有聯繫的新政權。目前應組織治安維持
　　會……。[3]

　　隨軍在南京、上海等地採訪的一些日本新聞傳媒記者瞭解華中淪陷
區的真實情況，更急著要求日本當局儘快在這裏建立穩定的社會秩序，
「實施善政」，籠絡人心。日本同盟社上海分社社長松本重治在 1938
年 2 月號的《改造》雜誌上發表〈進入事變第二階段〉的文章，指出日
軍佔領南京後，「中國事變」已經進入第二階段，以蔣介石為首的中國
國民政府不會因南京失守而向日本屈服投降，中國共產黨已乘機擴大力
量，美國、英國、蘇聯正在採取不利於日本的政策，因而，日本當局必
須採取各項對策，其中在中國淪陷區：

　　　我們必須全力協助佔領區內的居民，儘快實施善政。請想像
　一下手持日本國旗、茫然站立在路邊的老人，想像一下那些難民
　收容處的兒童，唱著不知含意的《君之代》歌曲歡樂地戲耍，想
　像一下年輕母親抱著饑餓的乳兒在寒冷的天氣裏乞討，他們到底
　有什麼罪呢？[4]

　　日軍在南京最先扶植的偽政權是偽「南京市自治委員會」。它是日
本實施「以華制華」政策的典型表現。

---

[3]　日內閣會議：《處理中國事變綱要》(1937 年 12 月 24 日)，復旦大學歷史系
　　編譯：《日本帝國主義對外侵略史料選編》，上海人民出版社 1975 年版，第
　　252～255 頁。譯文略有變動。

[4]　[日]松本重治：〈進入事變第二階段〉，刊《改造》1938 年 2 月號；松本重治
　　著，曹振威、沈中琦等譯：《上海時代》，上海書店出版社 2005 年版，第 611
　　～614 頁。

　　日本當局中最早主張在南京設立偽政權的，是日軍進攻南京的最高指揮官、日「華中方面軍」司令官松井石根大將。他是日本上層對華強硬派的中堅人物，同時也是一個老謀深算的軍國主義分子與「中國通」。他既極力主張攻打南京，下令對南京軍民嚴厲「膺懲」；同時，他很早就為日軍佔領南京等華中廣大地區後建立殖民統治作謀劃。他的計畫是，在軍事上嚴重打擊南京國民政府以後，以中國社會各界中的親日勢力，包括吸收從原國民政府中分化出來的親日人士，改造與整合成一個新的中國政府。這政府自然是親日與聽命於日本政府的。日本當局的對華意圖與對華政策將通過這個政權得到實現，日本的在華種種權益將通過這個政權得到保護。

　　但是，籌建與成立一個像樣的偽政權並非易事。它不僅要佔有一定的統治地區與控制住在這個地區的廣大民眾，要能基本恢復社會治安與社會秩序；還要有一些在中國社會上有知名度、有社會名望與社會管理工作經驗的人員組成政府，特別是政府的首腦人選更是如此；此外還要有活動經費與工作機構，要得到中國各界的支援與國際社會的認可──但是這一切條件在 1937 年 12 月 13 日日軍佔領南京後不久，幾乎都不具備。日軍雖然佔領了南京城，但城裏的居民幾乎都逃進了城西北角的「安全區」，生活在西方人士組成的「國際委員會」的保護之下；日軍在城內正進行瘋狂的燒殺搶掠，社會極度混亂恐慌；尤其是可找來充當偽政權頭面人物的社會名流在南京幾乎一個也找不到。「首先，便是日軍在南京的姦淫燒殺的行徑太殘酷了，使為虎作倀、喪盡天良者也為之心驚膽寒，不敢冒險一試。其次則由於絕大多數的知識份子、社會領導人物，非逃即匿，使日方找不到合適的對象。」[5]因此，要在這時拼湊或組織起一個得到社會各界支援與國際輿論認可的正式偽政府是不可能的。

---

[5]　郭歧：《南京大屠殺》，[臺北]中華圖書出版社 1979 年版，第 167 頁。

於是，侵佔南京的日軍退而求其次，暫先扶植成立一個「過渡時期」的即臨時性質的偽行政管理機構，利用它來招撫逃散的市民，解散西方僑民組織的「安全區國際委員會」，清理戰場與積屍，初步恢復社會秩序，為日軍提供後勤供應（包括中國慰安婦），並為過渡到將來的正式的偽政府作準備。日方當局把這「過渡時期」的臨時行政管理機構定名為「維持會」或「自治委員會」，後來日方正式採用了後一個名稱。

日方當局在日軍於 1937 年 12 月 13 日佔領南京後不久，就著手尋找可供其利用的中國代理人，籌組「過渡時期」的臨時行政機構。開始，這項工作由在 1937 年 12 月 14 日進入南京的日軍特務班班長佐方中佐，會同也是在 12 月 14 日回到南京的日本駐華使領館的外交官田中等人，負責實施。1937 年 12 月 16 日，日「華中方面軍」派遣原日本駐中國大使館武官原田熊吉少將趕到南京統一指揮。日軍特務班中的宣撫班與日本駐華大使館的成員是日方在南京籌組偽政權的主要力量。

在 1937 年 12 月 17 日至 21 日，松井石根第一次到南京「巡視」。他在這期間，除舉行所謂「入城式」與「忠靈祭」外，最重要的工作就是籌畫迅速組織南京偽政權。他希望找到一些有名望的中國要人與知名人士組成偽政權，從而使得偽政權有號召力與能夠穩定南京形勢。但是，他在 1937 年 12 月 20 日在南京城內「巡視」時，「未見留居城內之中國要人等知名人士，然似有不少資產者逐次露面，估計仍可組成地方自治之中國人團體以維持治安。」[6]即先組成一個臨時的過渡性質的偽自治機構以恢復南京社會秩序。

日方當局加強在南京籌組偽政權的力量。1937 年 12 月 21 日，日軍第 16 師團第 30 旅團旅團長佐佐木到一少將被任命為「日軍南京警備司令部」西部（城區）警備司令官兼「城內肅清委員長」，不久又奉命兼任「南京宣撫工作委員長」，在指揮日軍對城內掃蕩的同時，還承擔

---

[6]　[日]松井石根：《戰陣日記，1937 年 12 月 20 日》，前引[日]田中正明著，軍事科學院外國軍事研究部譯：《「南京大屠殺」之虛構》，[北京]世界知識出版社 1985 年版，第 174 頁。

起指揮組建偽政權的工作。佐佐木到一在 1927 年至 1929 年曾在南京蔣介石身邊任顧問近三年之久，對南京情況十分熟悉。

佐佐木到一、原田熊吉與日軍南京特務班根據松井石根的指示，由於在淪陷後的南京一時找不到「中國要人等知名人士」，只好退而求其次，找一些「資產者」來拼湊一個「過渡時期」的偽自治機構。但實際上，即使是一些名符其實的中國資產者也很難找到。日方最後找到的，多是些南京城內名不見經傳的下野小官吏、中小商人、歸國留日學生、社會慈善救濟團體的負責人以及一些社會底層的地痞流氓等。

當時日方當局規定，各地偽「自治委員會」或「維持會」的會長一律要由當地人擔任。日軍南京特務班將偽「南京自治委員會」會長的目標定在年已 62 歲的「紅卍字會南京分會」會長、南京湯山陶廬浴池經理陶錫三身上。此人字寶晉，1875 年（清光緒元年）生，世居南京，在清末從江南格致書院畢業後，到日本政法大學留學。畢業後回到南京時，適逢清末立憲改革，他被選為新成立的江蘇省諮議局議員，同時任江蘇省政法學校校長。民國建立後，他任江蘇省議會的議員，兼業律師，並任江寧縣律師公會會長（當時的江寧縣主要指南京城區）。他同時投資經商，於 1919 年在南京東郊名勝湯山溫泉區建陶廬浴池，任經理，另在南京城內擁有許多的房地產。他還熱衷佛教，舉辦慈善事業。1923 年他先後創辦了南京道會與世界紅卍字會南京分會，擔任會長。他與長期擔任江蘇督軍的北洋軍閥齊燮元私交甚厚。1927 年國民政府在南京建立後，他退出政界，專力經營商業，另以「紅卍字會南京分會」會長的身份從事慈善事業。但他仍留戀政界，常以各種方式與國民政府的黨政要人建立聯繫。他開辦的陶廬浴池曾接待過蔣介石、宋美齡等人。他成為南京地方上的知名人士，在社會上有一定的名望與影響。日方當局看到他的留日背景與社會資歷，由南京特務班班長佐方與日本大使館的田中親自說服與拉攏，終使他成為籌備偽「南京市自治委員會」的頭號人物。陶自稱：「時未便堅決拒絕者，誠恐引起誤會，影響道慈之進行，乃一時委曲求全。」[7]

***

[7]　陶錫三：《為懇請辭去會長職務一案給市自治委員會的公函》（1938 年 2 月

　　日方還看中與說動了另一些人作為籌組偽「南京市自治委員會」的主要人選。這其中有：

　　孫叔榮。世居南京的回民，1884 年生，清末從南京「金陵東文學堂」畢業後，去日本東京警務學堂留學；回國後曾任江蘇督軍公署的翻譯官、編輯委員與江寧鎮守使署、江寧交涉使署、江蘇省會員警廳的翻譯員；1927 年國民政府建立後，長期在南京從事日文翻譯以謀生，後成為日本駐南京使領館的雇員，並被日本特務機關吸收為間諜，為日本收集情報；1937 年 7 月日中戰爭全面爆發以後，中國警方在南京連續破獲日本間諜案，孫叔榮也因涉嫌而被國民政府明令通緝，不得不藏匿起來；日軍佔領南京後，孫迅速與日軍特務機關、日本駐華大使館取得聯繫，為日軍四處活動，成為日方在南京最重要的中國代理人。日方當局把他定為未來偽政權「南京市自治委員會」的副會長。

　　王春生。留學日本員警專科學校畢業；在北洋軍閥統治時期，長期在南京擔任警官；南京國民政府成立後，他失去警官職務，改行開旅館，作老闆，並與社會黑勢力勾結，還暗中與日本特務機關建立了聯繫；日軍佔領南京後，他在日本特務機關的支持下，公開網羅社會上一批舊員警與老部下，協助日軍維持治安，幫助日軍搜查抓捕中國軍人與抗日人士，成為日軍的幫兇。日方當局把他預定為偽市自治委員會的委員兼偽市員警廳廳長。

　　王承典。原是南京「保泰街的拍賣人，與南京的下流社會過從甚密」；日軍進攻南京時，他先被西方僑民組成的「安全區國際委員會」聘為辦公室經理，是「最活躍的成員之一」；[8]但很快他就去為進城的日軍服務，包括為日軍尋找中國婦女，建立慰安所；他曾數次帶著日軍到金陵女子文理學院與金陵大學等難民所，「從那兒的 10000 名難民中，

---

　　10 日），藏南京市檔案館，檔案號：1002-19-19。

8　[美]史邁士：〈致家人函──1937 年 12 月 24 日日記〉，前引章開沅編譯：《天理難容──美國傳教士眼中的南京大屠殺（1937-1938）》，南京大學出版社1999 年版，第 304 頁。

眨眼工夫就叫出了 28 個妓女！」擔任「安全區國際委員會」秘書的金
陵大學美籍教授史邁士當時得知此事後，感歎地說道：「我們解嘲說，
與國際委員會一起進行工作的，有美國傳教士、中國基督教徒、德國納
粹商人、中國紅十字會、中國紅卍字會和黑社會的三教九流。」[9]這最
後所指的「黑社會的三教九流」就是指王承典。此人被日方當局指定為
偽市自治委員會的顧問。

詹榮光。戰前長期在南京社會底層活動，曾在南京鬧市區夫子廟一
帶賣仁丹，還幫助西方基督教會在南京佈道，並學會了一些日語，與日
本駐南京使領館、與陶錫三等南京社會知名人士都有聯繫。日軍攻佔南
京時，他成為日軍的翻譯，誘騙中國軍隊部分官兵放下武器，而後被日
軍殺害；幫助日軍對南京居民進行良民登記，得到日方當局的好感與信
任，被日方當局定為偽市自治委員會的顧問。

程朗波。南京商人，曾在原南京市商會任職。

趙威叔。日本政法大學畢業的歸國留學生。

趙公瑾。日本長崎醫科大學畢業的歸國留學生。

王仲調。日本政法大學畢業的歸國留學生。

1937 年 12 月 21 日，也就是在松井石根第一次「巡視」南京離開
那天，日軍特務班在日本駐南京使領館中，召集南京各社會慈善救濟團
體負責人與一些社會知名人士開會。日方以協助日軍維持地方治安為
由，要求與會的中方人士儘快組織「南京市自治委員會」。

經過兩天的緊張活動，由日方當局一手指揮與監督，於 1937 年
12 月 23 日上午，終於成立了一個「過渡時期」的臨時性質的市行政
機構，定名為「南京市自治委員會」。偽「自治委員會」發表〈宣言〉
如下：

9　[美]史邁士：〈致朋友函〉（1938 年 3 月 8 日），前引章開沅編譯：《天理難容
——美國傳教士眼中的南京大屠殺（1937-1938）》，南京大學出版社 1999 年
版，第 342 頁。

一、決心確立南京地方親日政權；

二、與各地成立的新政權共同努力，以維護真正的東洋和平為目的；

三、肅清排日抗日分子，以期防共親日新中央政權的成立。[10]

偽「南京市自治委員會」公佈組成人員如下：

會　　長　　陶錫三；

副會長　　孫叔榮，程朗波；

委　　員　　趙威叔，趙公瑾，馬錫侯，黃月軒，胡啟閎，王春生。

以上9人中，南京籍的有7人，非南京籍的2人均係留日學生。

偽「南京市自治委員會」決定「設顧問若干員，延聘中日人士充之，贊助本會一切進行。」其中，中國籍顧問有張南梧、許傳音、王承典，陶覺三，詹榮光，共5人；日籍顧問有田中、松崗、佐藤、小島、丸山進、渡部、鵜澤等。[11]──很明顯，這些日籍顧問是偽自治委員會的真正主人或太上皇。

偽「南京市自治委員會」以王仲調為秘書長。

12月23日下午，剛成立的偽「南京市自治委員會」在日方顧問的參與和「指導」下，舉行第一次會議，討論了偽「自治委員會」的宣言、章程與工作安排：決定改懸北洋政府時期的五色旗，以表示與青天白日旗的國民政府決裂；明確宣佈「本會俟地方各正式機關成立後撤銷之」；「定每星期二、五開常會兩次，遇有緊急事件由會長隨時召集」，以決定與解決市政重大問題；[12]決定於1938年元旦在原國民政府禮堂（後改在南京市中心鼓樓廣場）舉行成立慶祝大會，以壯大聲勢與擴大影響。

---

[10] 南京23日專電：〈南京成立自治委員會〉，刊《東京朝日新聞》1937年12月24日晨刊；前引[日]本多勝一著，劉春明等譯校：《南京大屠殺始末採訪錄》，北岳文藝出版社2001年版，第404～405頁。

[11] 偽「南京市自治委員會」檔案，藏南京檔案館，檔案號：1002-19-4。

[12] 偽《南京市自治委員會簡章》，藏南京市檔案館，檔案號：1002-19-5。

日方當局策劃的偽「南京市自治委員會」就這樣出籠了。

第二節　日本傳媒報導偽「南京市自治委員會」的成立及其活動

1937 年 12 月 24 日，日本各報均以顯著地位迅速報導偽「南京市自治委員會」成立的消息。

這天的《東京朝日新聞》晨刊以〈南京成立自治委員會〉為標題，作了報導，為日軍佔領下的南京新體制而歡呼。該報導內容如下：

[南京 23 日專電]：在南京攻陷後的第十天，即 23 日上午 11 時，抗日首都南京成立了南京地方自治委員會，並發表宣言和公佈委員會的組成人員名單，南京紅卍字會會長陶錫三被推舉為委員會的會長。該委員會緊接著在下午，就自治委員會的章程和各自治會的聯繫問題進行了協商，並將在本年度確立新政權的目標下開始工作，計畫於最近在原國民政府禮堂舉行自治委員會成立大會。目前城內雖然還潛藏敵人的殘兵敗卒，但是肅清工作基本接近完成，以後的治安維持要通過自治委員會和員警與憲兵的共同協作來實現。一兩天以前，街區的日用品營業已經開始，呈現出復興的氣氛。

[南京 23 日專電]：這次新成立的南京自治委員會於 23 日發表如下宣言：

一、決心確立南京地方親日政權；

二、與各地成立的新政權共同努力，以維護真正的東洋和平為目的；

三、肅清排日抗日分子，以期防共親日新中央政權的成立。[13]

---

[13] 南京 23 日專電：〈南京成立自治委員會〉，刊《東京朝日新聞》1937 年 12

這天的《讀賣新聞》則在晨刊第一版以五欄篇幅大肆報導了僞「南京市自治委員會籌備委員會」成立的消息，並謊稱這僞政權是南京難民自願成立的：

> 最初，「難民區國際救濟委員會」由德國人拉貝領導，由英、美兩國人員組成，收容了約 20 萬難民，但一直沒有得到日本方面正式承認。然而隨著治安逐漸恢復，中國方面出現了想成立獨立的自治委員會的傾向。這也是由於留在城內的居民親眼目睹皇軍進城以來的嚴正行為，從而產生一種強烈的願望，想推舉有影響的人物，以自己的力量組成自治體制，以直接同日軍交涉，為今後南京的復興尋求各種方便。[14]

對《讀賣新聞》的這則謊言，曾任松井石根秘書的田中正明在多年以後不打自招地說：

> 《讀賣新聞》的上述評論只看到了表面現象，而實際是佐佐木警備司令官在裏面發揮了作用。[15]

日本記者還於 1937 年 12 月 23 日裝模作樣地採訪僞「南京市自治委員會」的會長陶錫三，讓他就僞「南京市自治委員會」今後的「工作打算」發表談話。陶錫三當然只能按照日方當局的工作打算談了他的「工作打算」。陶錫三首先表示：「日軍進入南京城後，不到十天的時間，已經恢復了治安秩序。」他認為今後「南京市自治委員會」的首要問題，是「儘早實現南京的復興」；其次，因為當時南京剩下的「多

月 24 日晨刊；前引[日]本多勝一著，劉春明等譯校：《南京大屠殺始末採訪錄》，北岳文藝出版社 2001 年版，第 404～405 頁。

[14] [日]《讀賣新聞》1937 年 12 月 24 日晨刊第一版報導；前引[日]田中正明著，軍事科學院外國軍事研究部譯：《「南京大屠殺」之虛構》，[北京]世界知識出版社 1985 年版，第 202～203 頁。

[15] [日]田中正明著，軍事科學院外國軍事研究部譯：《「南京大屠殺」之虛構》，[北京]世界知識出版社 1985 年版，第 203 頁。

數」人是良民，要努力使他們重操舊業；「對於混入良民中的個別不良分子，如果採取較為溫和的方法加以取締，將有助於恢復治安。」[16]陶錫山的談話被日本記者發表在東京《國際知識及評論》雜誌 1938 年 2月號上。

上海日軍特務機關主持的《新申報》更是為日軍當局一手扶植的偽「南京市自治委員會」大唱讚歌，宣稱該「組織之人員為中國之優秀分子」！「復興中國，賴這班優秀分子！」當時化裝成難民、隱藏在南京安全區的中國守軍營長郭歧氣憤地說：

> 真不要臉！這般自絕國人的漢奸，不是過去犯罪之政客，即是失意軍人，其人格之卑鄙，行為之惡劣，早為國人所不齒。孰料《新申報》說偽「組織之人員為中國之優秀分子」！「復興中國，賴這班優秀分子！」。我中華民族出了這些無恥之徒，還說什麼成事不足，壞事有餘，他們能建設什麼中國！只能弄些貽笑友邦暴露弱點的把戲而已！[17]

在日軍特務機關的「指示」與監督下，偽「南京市自治委員會」經過幾天的工作，「完成了諸般籌備後」，[18]決定於 1938 年 1 月 1 日，即新年元旦下午召開成立慶祝大會。會場原定在原國民政府禮堂舉行，後改在南京市中心的鼓樓廣場。

在「慶祝大會」召開的前幾天，日軍特務班與偽「南京市自治委員會」配合，誘迫南京居民派代表參加大會。日軍特務班知道當時南京居民絕大多數躲避在城西部的「安全區」各難民所中，遂強行召集各難民

---

[16] 前引[日]東中野修道著，嚴欣群譯：《南京大屠殺的徹底檢證》，新華出版社2000 年版，第 191～192 頁。

[17] 郭歧：《陷都血淚錄》，刊《西京平報》1937 年 8 月；前引《侵華日軍南京大屠殺史料》，第 47 頁。

[18] 遼寧省檔案館：〈滿鐵檔案中有關南京大屠殺的一組史料〉，《民國檔案》1994年第 2 期。

所的負責人到日本駐南京使領館開會，告訴他們在 1938 年元旦下午在
鼓樓廣場召開慶祝大會，城裏要舉行「自發的」民眾慶祝活動與遊行。
每一個難民收容所要選派 20 至 40 名代表，攜帶自製的日本旗與偽政權
恢復使用的原北洋政府的五色旗，參加大會，「自然搖旗歡迎新政府」，
以便拍攝電影，顯示成群結隊歡樂的居民歡迎日本士兵。日本攝影師還
要拍攝中國兒童接受日本軍醫的醫治和日本士兵的糖果的照片。1937
年 12 月 30 日，基督教南京青年會的美籍牧師喬治·費奇在日記中記述
了他親眼所見的日方籌畫拍攝偽「南京市自治委員會」成立電影、製造
假新聞的的情況：

> 　　下午我訪問日本使館時，他們正在指示六十個中國人怎樣慶
> 祝元旦……元旦凌晨一時，鼓樓將升起五色旗，那裏將有「適當
> 的」演說與音樂（按節目單進行）──自然，將拍攝快樂的人群
> 揮舞旗幟歡迎新統治者的電影。與此同時，城市仍在繼續焚燒，
> 三個 12-13 歲的女孩被強姦或被搶走。[19]

　　1946 年年初，聯合國統帥部發表的〈太平洋大戰秘史〉，以高度濃
縮的篇幅，揭露與譴責了日本南京大屠殺的暴行。該檔在揭露日本當局
用兩面手法欺騙世界人民也包括日本人民時，以 1937 年年底日軍在南
京籌辦偽「南京市自治委員會」為例：

> 　　（1937 年）除夕那一天，中國難民區的職員，被喚到日本
> 大使館，大使館官員對他說，明天要舉行慶祝，希望各人趕制日
> 本旗，拿旗遊行。在本國的日本人，如果看見日軍怎樣受歡迎，
> 一定很喜歡哪！[20]

---

[19] [美]費奇：《1937 年 12 月 30 日日記》，章開沅編譯：《天理難容──美國傳教
　　士眼中的南京大屠殺（1937-1938）》，南京大學出版社 1999 年版，第 113 頁。
[20] 聯合國統帥部：《太平洋大戰秘史》，上海改造出版社 1946 年 5 月翻譯出版，
　　第 31 頁。

　　1938 年 1 月 1 日下午，偽「南京市自治委員會」成立慶祝大會如期在鼓樓廣場召開。在日軍的脅迫下，「安全區」內的各難民所不得不派出一些「代表」與會。日本方面到會表示慶賀與支持的軍政頭面人物有：駐南京的日「上海派遣軍」參謀長飯沼守少將、擔任南京城區警備司令官的第 16 師團第 30 旅團旅團長佐佐木到一少將、日本駐南京總領事館代理總領事福井淳、海軍武官中原三郎大佐等。

　　陶錫三以會長的身份，宣讀了「南京市自治委員會」成立宣言，其中心內容是以下「五條政綱」：

　　（一）排除國民黨一黨專制的政治，實行以民眾為基礎的政治。
　　（二）與各地親日團體合作，實行日華提攜，以期確立東亞之和平。
　　（三）實行防共政策，絕對排除抗日之思想，矯正依賴歐美之觀念。
　　（四）振興產業，增進民眾福利。
　　（五）廣登人才，以期徹底民眾政治。[21]

　　接著，與會的日方各方面頭面人物一個接一個在大會上致祝辭，發表講話。他們除共同地炫耀與吹噓日軍的強大軍事力量與不可戰勝，對南京人民進行恐嚇與威懾外，還對在日軍刺刀威逼下的南京人民進行利誘，大講「日支親善」、「復興東亞」，要他們心甘情願地做日本的「良民」。日「上海派遣軍」參謀長飯沼守在講話中，要求偽「市自治委員會」的成員，「自覺其職責之重大，以不屈之精神，突破萬重難關，犧牲自己，一意盡瘁公事，以與友邦日本共同邁進，復興東亞之聖業」；日本駐南京總領事館的總領事代理福井淳在講話中，則宣稱「期待徹底日支親善與實行防共政策，是不獨日支兩國民之幸福，抑亦東西百年之大計」；日軍南京城區警備司令官佐佐木到一在講話中則表示，只要偽自治委員會在「純正」的「行動範圍內活動」，則「不吝支持其工作」。[22]

---

[21] 偽「南京市自治委員會」檔案，藏南京市檔案館，檔案號：1002-19-6。
[22] 偽「南京市自治委員會」檔案，藏南京市檔案館，檔案號：1002-19-7。

當時在上海的日「華中方面軍」司令官松井石根也特為偽「南京市自治委員會」的成立發來了賀電。

以上這些宣言、政綱、簡章等的內容，以及日方當局的賀電、祝辭與講話，都被日本的各新聞傳媒廣為刊登。它表明了日方當局為「南京市自治委員會」規定的性質與任務：1、它是親日的政權；2、它是南京地方性的政權；3、它是鎮壓抗日人士與共產黨的政權；4、它是臨時性質的政權，為今後親日新中央政權的成立作準備。這些內容完全適應了日本當局的要求，適應了日本對南京的殖民政策與侵略權益。

1938年1月21日出版的東京《支那事變畫報》上，刊登多張偽「南京市自治委員會」成立大會的照片，如〈參加自治委員會的委員，右端是會長陶錫三〉、〈元旦，慶祝自治委員會成立的遊行隊伍行進在南京街頭〉等。[23]

偽「南京市自治委員會」成員合影，右端是會長陶錫三

其實，誰都清楚，偽「南京市自治委員會」只是日本當局手中的一個傀儡與玩具，直接操縱它的是日軍特務機關。日本著名的右翼人士東中野修道也承認，他直言不諱地說：

> 自治委員會無論是在人事上，還是在財務上，都是十分脆弱的。其真正支持者是日軍特務機關。但日軍特務機關又極力避免公開露面，只是停留在幕後操縱上，其具體事宜委託自治委員會來辦理。[24]

[23] 轉引自[日]東中野修道著，嚴欣群譯：《南京大屠殺的徹底檢證》，新華出版社 2000 年版，第 192、193 頁。

[24] [日]東中野修道著，嚴欣群譯：《南京大屠殺的徹底檢證》，新華出版社 2000

日軍當局以扶植建立偽「南京市自治委員會」為中心，在南京大力推行與建立殖民主義統治秩序，企圖將以南京為中心的江南富裕之區永遠成為日本直接控制的殖民地。日本的新聞傳媒對日本當局的用心心領神會，對日軍當局在南京通過偽「南京市自治委員會」進行的殖民活動迅速報導宣傳，彷彿南京在日軍的刺刀下與中國軍民的白骨上，已迅速建成為日本太陽旗下的王道樂土。

例如日軍當局通過偽「南京市自治委員會」，對全市的居民進行所謂「良民登記」，侮辱中國人民並借機搜捕中國軍隊官兵，至 1938 年 1 月上旬基本結束。1938 年 1 月 10 日，日本《讀賣新聞》刊登該報隨軍記者發自南京的電訊，報導南京的「良民登記」工作告一段落，吹噓日軍當局此舉給南京人民帶來了安全與幸福：

> 從年末開始的居民調查，經過七天已告一段落。1600 名殘兵已被從難民區查出。如今可以在南京昂首闊步了。[25]

再例如在日軍當局的安排與指揮下，大量日本僑民進入南京，搶佔市中心最繁華街區的中國居民房屋，開店召客，建立「日人街」。日本《東京朝日新聞》在 1938 年 2 月 14 日的一篇報導中寫道：

> [南京守山特派員 1938 年 2 月 12 日電]：……日本商店街佔據中山路和太平路交叉口附近一帶的南京中心地區，近來頻頻有日本人出入，開始用空房子擺開陣勢做起生意。昨天還是空房子，今天或成了理髮店，或成了涼粉店。家家都是千客齊來，生意興隆。無須付房租真是賺錢的好時機。[26]

年版，第 192 頁。

[25] [日]東中野修道著，嚴欣群譯：《南京大屠殺的徹底檢證》，新華出版社 2000 年版，第 158 頁。

[26] 守山特派員 1938 年 2 月 12 日南京電：《卸下鍋灰偽裝，南京美人亮相》，刊《東京朝日新聞》1938 年 2 月 14 日；前引《南京大屠殺史料集》(6)，江

應該指出，《東京朝日新聞》的這篇報導所稱的日本僑民佔據的所謂「空房子」，實際上是在日軍大屠殺期間，南京市民被全家殺害或被迫全家暫時逃離而「空」出的房子。無疑，這些房子的所有權是屬於中國人的。更何況，後來日本僑民佔據的許多所謂的「空房子」，實際上是日軍強行將中國居民趕走而霸佔的。金陵大學美藉教授貝德士於1946年在「遠東國際軍事法庭」出庭作證時，就指出：「日本軍的憲兵和特務機關從中國人那裏殘忍地沒收了店鋪與住宅，把它們無償地送給了來到南京準備賺一筆錢的日本商人。」「從 1938 年到 1939 年的某些時候，來到南京的日本商人都通過日本憲兵隊和特務機關，分別從中國老百姓手裏取得了一片商店和一幢私人住宅。我曾多次看到僅十二個小時的預先通知，許多中國人即被迫離開自己的家，坐在路旁。其中有幾十個朋友，是我幾年前認識的。」[27]許許多多被趕走的中國商民失去了房產與店鋪，流離失所，無以為生，不得不呈文偽政府，要求日方當局發還本屬於他們的房產。在保存至今的偽「南京市自治委員會」的檔案中，就有許多份這樣的呈文。

日方當局對偽「南京市自治委員會」雖表現出一定的熱情，試圖利用它來穩定南京的形勢，發揮其「以華制華」的作用；但同時，他們對偽「南京市自治委員會」又實行嚴密的監督與嚴格的管制，嚴防其越規行動——有違日本侵華的根本利益與「以華制華」的政策範圍。日方當局監控偽「南京市自治委員會」的主要機構是日軍司令部的特務機關和日軍憲兵隊，還有就是日本駐南京總領事館。該館在 1937 年 8 月 16 日因南京戰事發生而閉館，1937 年 12 月 13 日日軍佔領南京後，日總領事館的人員回到南京，由福井淳任代理總領事。1938 年 3 月 6 日晚，日本當局派遣的駐南京總領事館新任總領事花輪義敬從上海乘汽車到達南京，接替代理總領事福井淳。後者於 3 月 10 日離南京經過上海去

蘇人民出版社 2005 年版，第 243 頁。
[27] 轉引自[日]洞富雄著，毛良鴻、朱阿根譯：《南京大屠殺》，上海譯文出版社 1987 年版，第 142 頁。

印度孟買就任新職。《東京朝日新聞》1938 年 3 月 8 日刊登同盟社 3 月 7 日從南京發出的電訊消息：〈南京總領事館近期開館──花輪新總領事到任強化陣容〉，報導如下：

> [南京同盟社 3 月 7 日電]：花輪新任南京總領事，6 日晚從上海乘汽車抵達南京，7 日遍訪陸海軍各有關單位，進行到任拜訪。由於新任總領事的到任，使得因事變而於去年 8 月 16 日閉館的總領事館，在歷時 8 個月之後在近期正式開館。而且開館後的陣容，明顯比以前強大，現有 1 名總領事、1 名領事、3 名副官、3 名書記員、1 名警視、20 名員警官，以應付皇軍佔領南京以後的新事態，以圖日僑民在支那得以發展。

在這段文字報導的旁邊，還附有一張花輪新總領事的照片。[28]

日方當局通過日軍司令部特務機關、日軍憲兵隊和日本駐南京總領事館，不僅給偽「南京市自治委員會」及其所轄各課、各區派遣了擁有至高無上權力的各種日籍顧問，「指導」與監督偽政權及其各級官員的工作與言論、行動；而且還為偽政權規定了「五日工作報告表」的制度，即偽「市自治委員會」必須每五天就要向日軍憲兵隊、日軍特務機關以及日本駐南京總領事館等單位呈送一份工作報告表。

日方當局對偽「南京市自治委員會」除了嚴密的管理與嚴格的監督外，實際上非常輕蔑的。在日方看來，偽「南京市自治委員會」僅僅是一個「過渡時期」即臨時性質的行政服務機構，是個「維持會」式的機構，連偽政權的資格都不夠，它的職責只是為進駐南京的日軍提供各種後勤服務，提供苦力、女人與日方所需物資，以及協助日軍進行「良民登記」、搜捕中國軍人與抗日分子、解散「安全區」、維持社會治安等等，初步建立起日本對南京的殖民統治秩序。──而一當南京的殖民統治社

28　同盟社 1938 年 3 月 7 日南京電：〈南京總領事館近期開館──花輪新總領事到任強化陣容〉，刊《東京朝日新聞》1938 年 3 月 8 日；前引《南京大屠殺史料集》（6），第 243 頁。

會秩序基本確立起來以後，日方當局就會將偽「南京市自治委員會」一腳踢開，而代之以一個更像樣子的偽政權。其實，日方當局炮製偽「南京市自治委員會」的同時，一直在秘密地進行籌組華中地區整個日佔區的偽政權的工作。

正因為如此，日方當局與駐南京的日軍對偽「南京市自治委員會」及其各級官員頤指氣使、吆五喝六，表示出極大的蔑視，甚至常常公然加以侮辱。

例如，偽第二區區公所有一個叫馬宗山的官員，一次從家赴區公所「上班」，行經漢中路前一小巷內，遇上了 3 個徒手日本兵，阻止其前進。馬宗山以手指自己的臂章，說明自己是偽政權的官員。誰知日本兵根本不將其偽官員的身份當作一回事，不僅將其痛毆，還將其臂章撕破。事後，馬宗山向偽「自治委員會」哭訴，要求「務請設法保障」。偽第二區區公所的其他官員也兔死狐悲，以第二區區公所名義向偽「市自治委員會」遞交呈文，稱：「日兵似此行為，不獨本區職員受其害，且於安定人心亦有莫大之關係。」[29]

再如，一次日軍特務機關要求偽員警廳廳長王春生選送 500 名中國婦女作慰安婦，送往日軍有關部隊。王春生未能如期完成，日軍特務機關長當場打了王春生兩個耳光。不久，日方令偽「南京市自治委員會」免去王春生的員警廳廳長職務，改由徐仲仁繼任。

另一個在偽「市自治委員會」充當顧問與翻譯的詹榮光也感受到日軍的威脅與危險。1938 年 1 月 15 日，他「早晨獨自悄悄地來到」位於「安全區」的金陵女子文理學院美籍教授魏特琳的辦公室，「詢問他及家人能否住在校園內……他現在似乎處於危險中，因為，前面提到的一個日本軍官與一位年輕的中國女子結婚後住在他家，而其他軍官由於嫉妒或別的什麼原因，不同意這樁婚事，於是，這些軍官對詹榮光也不滿。顯然，他很害怕，覺得最好從現在住的地方搬出去，並辭去現在的工作。」[30]

29　偽「南京市自治委員會」檔案，藏南京市檔案館，檔案號：1002-19。

30　[美]魏特琳著，南京師範大學南京大屠殺研究中心譯：《魏特琳日記》，江蘇

　　就是偽「南京市自治委員會」的會長陶錫三也難逃厄運。他任會長
不久，就因多次遭日方的隨意斥責與侮辱而萌生退意。1938 年 1 月 8
日，他就請了病假，由日本領事田中「建議」，讓陶休假療養，而由副
會長孫叔榮代行會長職務。1938 年 1 月 25 日，陶錫三以「年高體弱多
病」，「不能任事」為由，提出辭職。日軍特務機關未准，偽「市自治委
員會」也趕緊表示「慰留」。但僅過了幾天，1938 年 1 月 29 日，陶在
市府路 27 號的住宅被日軍搶劫一空，甚至陶家佛堂中存放的佛像與《太
正北極真經》、《午集正經》、《未集經髓》等各種佛教、道教經書也不能
倖免。陶家的人於事後在現場檢到日軍士兵遺落的郵片一枚，上書：「中
島本部部隊野田支隊天野隊長天野鄉三」，斷定為日軍第 16 師團步兵第
38 聯隊第 8 中隊的隊長天野鄉三中尉所為。陶錫三以此為證據，於 1
月 30 日致函偽「市自治委員會」，要求日軍特務機關查詢此事，追回財
物。1938 年 3 月 6 日偽《南京民報》刊登了陶錫三的這封信，內容如下：

　　　　今年元月 29 日我得到報告，我在市府路 27 號的房子，以前
　　曾被軍方佔用過，現在已被洗劫一空。查看房子的結果是：貴重
　　物品、傢俱、箱子和全部物品（估計總價值超過 5000 元）均蕩
　　然無存。但是，使我感到特別痛心的是丟失了佛像和我 16 年來
　　收藏的一些菩薩圖。我祖先的畫像和祖宗牌位也都丟失了。由於
　　十分痛心使我的疾病更加重了。幾天前我哭著懇求孫會長和警務
　　課王課長追查這些物品。我要特別感激警務課王課長，他根據我
　　的請求，立刻派出員警和我的傭人們一起搜查窮人的每間破房
　　子，但是到現在一無所獲。在我的房子裏找到了一張遺留的明信
　　片，上面寫著「致中島本部部隊野田支隊天野分隊天野先生」。
　　由此可見，天野先生一定在我的房子裏住過。我請求自治委員會
　　也許考慮是否能向日本軍事的和民事的上級單位提出這件事，以
　　便詢問天野先生是否見到過這些佛像和書籍。或者，因為屬於相

人民出版社 2000 年版，第 243 頁。

同的文化和信仰，是否他將這些東西保管起來了。如果通過這個
途徑能夠找會這些寶貝，我的心就會平靜下來，我的身體也就能
夠容易得到康復。[31]

　　但日方特務機關接到陶錫三的信後，拖延多日，最後答以「不知，
無從查詢。」對陶的要求不予理睬。陶錫三「頃聞之下，非常傷感」，
即於 1938 年 3 月 10 日，致函偽「南京市自治委員會」，再次提出辭呈。
1938 年 3 月 15 日偽《南京民報》刊登了陶錫三的這份辭職申請書，主
要內容如下：

> 　　錫三篤信神權，辦理道院、紅卍字會，曆十有六年，向守令
> 章，不聞政治。此次為維持治安，追隨日人之後，本已推舉正副
> 會長有人，乃在領事府集會時，忽被前機關長佐方先生臨時變更，
> 推重錫三，田中領事等從而贊助。雖聲明紅卍字會職員不能參與
> 政治，固辭不獲，勉暫擔任，以讓賢能，曾經當眾聲明。孰知冥
> 冥之中，已受譴責，午夜焦思，百感交集。因憶錫三之於民國十
> 一年創辦南京道院紅卍字會，是年十二月間，北京、南京道院迭
> 奉先嚴菊溪公臨壇訓示，內有「汝益當誓身許道」等諭。故十餘
> 年以來，絕未參加任何政治。此次被推加入，當時未便拒絕者，
> 誠恐引起誤會，影響道慈之進行，乃一時委曲求全，竟背嚴君之
> 訓誡，以致業力發動，受此疾苦之重懲。事雖神秘，不敢不宣，
> 足見天日昭昭，萬不敢出而問世。為此重言聲明，所有會長虛名
> 及任何名義，一概辭謝，否認慰留，俾資靜養，而遂初衷。[32]

31　陶錫三：〈致南京市自治委員會函〉（1938 年 1 月 30 日），刊《南京民報》
　　1938 年 3 月 6 日；張憲文主編：《南京大屠殺史料集》（30），陳謙平等編：
　　《德國使領館文書》，江蘇人民出版社 2007 年版，第 157～158 頁；參閱前
　　引《侵華日軍南京大屠殺檔案》，第 433～434 頁。
32　陶錫三：〈為懇請辭去會長職務一案給自治委員會的公函〉（1938 年 3 月 10
　　日），刊偽《南京民報》1938 年 3 月 15 日；陶函原件藏南京市檔案館，檔

日方當局見此，遂讓偽「南京市自治委員會」的原副會長孫叔榮繼任會長。

1938 年 4 月 20 日，當日方扶植起新的偽政權——偽「維新政府」暨「督辦南京市政公署」以後，立即下令取消偽「南京市自治委員會」。南京的這個第一屆偽政權存在了四個月還差三天，就被日方當局永遠踢開了。

第三節　日本傳媒報導偽「維新政府」的成立及其活動

日「華中方面軍」在扶植建立偽「南京市自治委員會」的同時，在日軍佔領的華中地區其他城市，如上海、蘇州、杭州等地，也扶植建立起各種形式的偽「自治委員會」或「治安維持會」，到 1938 年 1 月下旬已達 26 個。

日軍當局是將偽「南京市自治委員會」等當作「過渡時期」的、地方性的臨時行政管理機構。為了「長治久安」，他們則更積極地籌建「正式」的華中偽政權。

1937 年 12 月 28 日，松井石根在上海舉行日軍佔領南京後的第一次記者招待會，就此後日軍第二輪作戰指導精神，發表軍方意見。其中談了他在華中籌建「正式」偽政權的打算。第二天，即 1937 年 12 月 29 日，東京《讀賣新聞》刊登上海本社特急電報，題為：〈期待成立華中親日政權，打破列強美夢，松井司令官表決心〉，報導昨日松井石根在上海舉行記者招待會的情況與所發表的意見。報紙還在這篇報導旁，配發了一張松井石根在記者招待會上講話的照片。松井石根宣稱：

案號：1002-19-19；參閱《南京大屠殺史料集》（30），江蘇人民出版社 2007 年版，第 168～169 頁。

> [上海本社特急電報]：……就我所見，那種對親日政權的期望逐漸高漲，在支那成立強有力的親日政權也為時不遠。而且，不成立真正的親日政權，我斷然不會離開這片土地。今天可以明顯看出，國民政府不可能成為我們與支那交涉的對象。我國政府也有必要儘快聲明此點。[33]

果然不久，1938 年 1 月 16 日，日本近衛政府發表對華聲明，公然宣稱：「帝國政府今後不以國民政府為對手，而期望真能與帝國合作的中國新政權的建立與發展，並將與此新政權調整兩國邦交，協助建設復興的新中國。」[34]

松井石根更積極地推動組建華中偽政府，終於在 1938 年 2 月初物色到並確立了組建華中偽政權的核心人選。「松井大將是陸軍首屈一指的中國通。人人皆知他有許多中國朋友。深夜，大將在暗暗地想主意。」他十分瞭解中國軍政上層極其複雜的派系關係與矛盾以及著名人士的背景。這次他以原田熊吉、臼田寬三、岡田尚出面主持與協助，通過李擇一，讓李以福建同鄉的關係，說服了曾在民國政壇上有過一定影響的梁鴻志、陳群同意「出山」，再加上唐紹儀的代表溫宗堯，以這三個人為核心，「臨時政府的架子總可搭起來。」[35]

1938 年 2 月 6 日到 8 日，松井石根第三次到南京「巡視」。他回到上海後不久，於 2 月 10 日就得到了他將被大本營解職的消息。他對東京大本營的這一決定深感不滿；同時他知道，他在解職回日本後，「首先將進宮拜謁和回奏天皇陛下，那時必須彙報戰後治安措施。……松井

---

[33] 上海本社特急電報：〈期待成立華中親日政權，打破列強美夢，松井司令官表決心〉，刊《讀賣新聞》1937 年 12 月 29 日，前引《南京大屠殺史料集》（6），江蘇人民出版社 2005 年版，第 247 頁。

[34] 日本近衛政府：〈不以國民政府為對手的聲明〉（1938 年 1 月 16 日），復旦大學歷史系編譯：《日本帝國主義對外侵略史料選編》，上海人民出版社 1975 年版，第 261～262 頁。

[35] [日]田中正明著，軍事科學院外國軍事研究部譯：《「南京大屠殺」之虛構》，[北京]世界知識出版社 1985 年版，第 216 頁。

大將在回國前如不迅速建立臨時政府作為治安對策，屆時他將苦於無法回奏陛下。」[36]因為日「華北方面軍」早於 1937 年 12 月 14 日就在北平扶植建立了「中華民國臨時政府」，而「華中方面軍」卻至今未見成果。這給松井石根極大的壓力。松井石根決心在他正式解職前，抓緊籌建好華中偽政權。

1938 年 2 月 11 日，松井石根在上海召見負責籌組華中偽政權的日駐華使館武官原田熊吉少將與日「華中方面軍」特務機關臼田寬三大佐，再次商議「政權」工作。松井石根指示要盡速建立起華中各級偽政權，華中偽政府以梁鴻志、溫宗堯、陳群為中心，另各佔領區的偽自治委員會，杭州以周鳳岐為中心，蘇州以陳則民為中心，推進工作。將來召開全中國的國民大會，南京與北京的兩個偽政府合併，以對抗以蔣介石為首的國民政府。松井石根還指示新建的南京偽政府的財源依靠收回上海海關的關稅以及鹽稅的收入。[37]

1938 年 2 月 12 日，日本內閣陸軍省制訂了《華中政務指導綱要》，對籌建華中偽政權作了規劃與指示。

1938 年 2 月 14 日，遵照松井石根的指示，日駐華使館武官原田熊吉等人在上海召集梁鴻志、溫宗堯、陳群舉行會議，商討組建華中偽政權事宜。第二天，1938 年 2 月 15 日，原田熊吉引梁、溫、陳三人赴上海虹口日「華中方面軍」司令部拜見松井石根，聽取松井石根關於組建華中偽政權的指示。梁等向松井石根表示：為拯救錯誤國策而犧牲的悲慘民眾，雖力量微薄，仍將竭盡餘力，以建設新中國而求東亞永久和平。在如此環境之下，還望日本友邦在各方面多給予幫助。[38]

---

[36] [日]田中正明著，軍事科學院外國軍事研究部譯：《「南京大屠殺」之虛構》，[北京]世界知識出版社 1985 年版，第 215 頁。

[37] 轉引自程兆奇：《南京大屠殺研究》，上海辭書出版社 2002 年版，第 466 頁。

[38] [日]原田熊吉：《維新政府成立當時之回顧》，南京「維新政府行政院宣傳局」編：《維新政府成立初周紀念冊》，該局 1939 年 5 月出版。

1938 年 2 月 14 日，日本大本營正式公佈了關於重組華中日軍的命令，撤銷日「華中方面軍」及「上海派遣軍」、第 10 軍，召回松井石根與朝香宮鳩彥、柳川平助等，另組「華中派遣軍」，以畑俊六大將為司令官。畑俊六大將於 2 月 18 日到上海就任。

松井石根對自己即將卸任回國前夕，終於歷經曲折找到了組建華中偽政權的核心人物，使偽政權成立有望，十分興奮。他對梁鴻志、溫宗堯、陳群等敢於跳漢奸「火炕」竟含淚表示讚揚與敬佩，稱「諸君為東亞和平起見，全然不顧本身危險而崛起，不勝衷心敬佩。」他要求梁等「早日促成新政權，與日軍協力一致前進」[39]；並指示他們，在各地建立偽自治委員會的基礎上，「首先要設立聯合自治委員會，作為第一步工作，要立即以救濟地方難民和復興經濟為主要目的。」[40]這是傳授建立偽政權的步驟與方法、手段。

1938 年 2 月 17 日，即將離任的松井石根仍聽取了其屬下關於籌建南京「新政權」的彙報。他主張採用梁鴻志、陳群的意見，取「漸進主義」，而不採用溫宗堯的「理想案」。以畑俊六為司令官的新組建的「華中派遣軍」繼承了松井石根的計畫。

在原田熊吉、臼田寬三等的直接指揮與操縱下，從 2 月 17 日開始，梁鴻志、溫宗堯、陳群等在上海舉行秘密會議，商談組建華中偽政權事項。會議歷時約十天，在 2 月 27 日結束，最後確定：「（一）政府名稱──中華民國維新政府；（二）國旗──五色旗；（三）政體──民主立憲；政府所在地──南京。」[41]

對即將出籠的華中偽政權，日方當局十分得意。1938 年 3 月 8 日，日本大本營陸軍參謀總部認為「可以起到給蔣介石政權以威脅的效果」。[42]

---

[39] 《維新政府初周紀念慶祝大會報告書》，南京「維新政府行政院宣傳局」1939 年 5 月出版，第 21 頁。

[40] [日]田中正明著，軍事科學院外國軍事研究部譯：《「南京大屠殺」之虛構》，[北京]世界知識出版社 1985 年版，第 220 頁。

[41] 日本防衛廳防衛研究所戰史室著，田祺之、齊福霖譯：《中國事變陸軍作戰史》第 1 卷第 2 分冊，中華書局 1983 年版，第 161 頁。

[42] [日]：《戰史叢書（68）支那事變陸軍作戰（1）》，日文本，第 496 頁。

在各項工作準備就序以後，1938 年 3 月 26 日，日「華中派遣軍」派兵護衛，將梁鴻志、溫宗堯、陳群、陳籙、陳錦濤、任援道、王子惠等將在偽政府中任職的諸人從上海送往南京。

1938 年 3 月 28 日上午 10 時，在日方的幕後導演下，華中偽政權——「中華民國維新政府」的成立典禮按計劃在南京原國民政府大禮堂舉行。禮堂並不大，只可容納數百人。會場四周懸掛北洋政府時期的國旗五色旗與日本國旗。日本外務省的代表、日「華中派遣軍」的代表、日海軍駐上海第 3 艦隊的代表作為「友邦貴賓」出席。梁鴻志首先致詞，接著宣讀〈中華民國維新政府成立宣言〉與政府組織、人員任命。〈成立宣言〉首先歌頌「友邦日本」順天應人，打敗了腐朽的國民政府；接著宣稱其「唯一使命，即使領土主權恢復戰前狀態，與鄰邦折沖樽俎，以期敦睦，使國民脫離兵燹之苦，同種息鬩牆之爭」；還根據日方當局在中國扶植偽政權的計畫，宣佈「本政府原為臨時性質，與（北平）臨時政府初無對立之心，向來中央所管事項之不可分析者，仍由臨時政府會商辦理。一俟……恢復交通，即與臨時政府合併。」[43]偽「維新政府」的組織，參照北平偽「中華民國臨時政府」的組織大綱，實行「三權分立」的民主政體形式，設行政、立法、司法三院，由梁鴻志任行政院院長，溫宗堯任立法院院長，司法院院長因一時找不到「適位人選」，暫空缺。司法院下轄的司法行政部與行政法院暫置於行政院兼管之下。行政院是最高行政機構，設秘書廳，銓敘、考試、統計、典禮、印鑄、僑務六局及外交、內政、財政、綏靖、實業、教育、交通、司法行政八部。各院、部主官如下：

行政院　　　院長梁鴻志；
外交部　　　部長陳籙；
內政部　　　部長陳群；

43　偽《中華民國維新政府成立宣言》，刊[上海]《新聞報》1938 年 3 月 29 日，第 1 版。

財政部　　　部長陳錦濤；

綏靖部　　　部長任援道；

實業部　　　部長王子惠；

教育部　　　部長陳則民；

交通部　　　部長梁鴻志（兼）；

司法行政部　部長許修直；

秘書廳　　　秘書長吳用威。

　　立法院設秘書廳、編譯處以及法制、外交、財政、經濟、治安、審計6個委員會，秘書長為葉先圻，潘承鍔、陳於棠、楊景斌、張韜、黃璧分任各委員會的委員長（黃璧兼任治安與審計兩委員會的委員長）。[44]

　　不久，因陳則民在1938年4月初在蘇州就任偽江蘇省省長，其所遺教育部部長職由陳群兼管，到1938年7月6日，由顧澄繼任教育部部長；梁鴻志兼任的交通部部長則由江洪傑繼任。

　　成立典禮結束後，梁鴻志率偽政府各院、部頭目從禮堂出來，魚貫來到國府大院主樓「子超樓」前，在五色旗下合影留念；接著，又排隊登上國府大院的大門門樓上，升起一面五色旗；然後，來到國

偽「維新政府」成員，前排右為梁鴻志，左為溫宗堯

府大院的大堂前院，舉行閱兵式：先由梁鴻志為首，各院、部頭目在後，各伸出一隻手，一起拽繩，升起一串彩旗；後由數十名剛拼湊起來的偽軍穿著剛做好的軍服，走起分列式。

---

[44]　偽「維新政府行政院宣傳局」編：《維新政府初周紀念冊》，該局1939年5月南京出版，第3～5頁。

　　這一天，梁鴻志親書的「中華民國維新政府」八字匾額懸掛於國府大院大門門樓上方。偽行政院則在進大門後的第一進大堂前掛牌。

　　會後，梁鴻志以偽「行政院院長」的身份，在南京招待中外記者，發表講話，闡述「維新政府」的宗旨與施政大綱，稱：「國民黨政府腐舊不堪，友邦日本順天應人，驅而西奔，乃大快人心之舉。今日國號維新，以示和腐敗者勢不兩立。苟日新，又日新，與民同新，此維新政府之主旨也。」[45]

　　偽「維新政府」在南京各處貼出成立佈告，除重述了其成立宣言的內容外，還要求逃離南京的難民「迅速返鄉，恢復市容」，以「昭蘇民氣」，並宣稱該政府將拿出 200 萬元用以救濟難民。

　　偽「維新政府」成立時，由日「華中派遣軍」特務機關的「南京特務班」負責在南京的警衛、治安與宣傳、慶祝活動——「維新政府成立典禮的民眾管理」。據「南京特務班」在向日「南滿鐵道株式會社」的報告中所說：「為了開好維新政府成立大會，對自治委員會、區公所、員警廳進行了總動員，希望他們不出任何差錯。因此，這幾個機構聯合起來，承擔了民眾方面宣傳、治安、遊行等所有管理工作。在典禮之日，三萬民眾手舉五色小旗，在南京市主要街道舉行遊行活動。把典禮會場設在舊國民政府大樓前，使政府官員及民眾深受感動，收到了極好的效果。用於宣傳的海報十萬張，燃放爆竹三十五萬隻。」[46]偽「維新政府」成立後，由於南京城內到處是斷垣殘壁，滿目瘡痍，日軍橫行，治安混亂，原國民政府在南京城內的各機關所在地不是被炸毀破壞，就是被日陸、海軍佔據，因而無處也無法辦公。只得在舉行成立典禮後僅兩天，1938 年 3 月 30 日，梁鴻志、溫宗堯、陳群等偽政府的頭面人物仍由日

[45]　黃萍蓀：〈梁鴻志二三事〉，《汪偽群奸禍國紀實》，中國文史出版社 1993 年版，第 148 頁。

[46]　《南京特務班向滿鐵的秘密報告》（1938 年 3 月）；遼寧省檔案館：《滿鐵檔案中有關南京大屠殺的一組史料》，刊《民國檔案》1994 的第 3 期；譯文略有改動。

軍保護，乘火車回到上海，重新住到新亞酒店裏，在二、三樓設立各院、部、會的「事務所」，另在上海江灣圖書館設辦公地點。這裏都是日軍佔領區。「維新政府」在日軍的保護下的飯店裏「辦公」——被世人譏笑為「飯店政府」。

偽「維新政府」宣稱，它暫時轄華中地區的三個省與兩個特別市：江蘇省省政府設蘇州；浙江省省政府設杭州；安徽省省政府設蚌埠；另南京與上海為行政院直轄的特別市。

在此後的一段時間裏，日方當局一方面加強對華中各佔領區的軍事控制與治安管理，恢復社會秩序；一方面指揮偽「維新政府」分派大員赴南京與江蘇、浙江、安徽等地，與當地業已存在的各臨時性偽政權——偽「自治委員會」或偽「治安維持會」商談，分別組建「維新政府」轄下的正式的偽省、市政權，其中江蘇省省長為陳則民，浙江省省長為汪瑞闓，安徽省省長為倪道烺，上海特別市市長為蘇錫文。

南京，由於它是日「華中派遣軍」司令部與偽「維新政府」的「首都」所在地，因而日偽當局對它分外重視，於 1938 年 4 月 1 日由偽「維新政府」正式任命偽綏靖部部長任援道暫行兼任「督辦南京市政」。4 月 9 日，任援道從上海來到南京坐鎮，進行了一番台前幕後的交易。1938 年 4 月 20 日，偽「維新政府」正式下令裁撤偽「南京市自治委員會」，成立偽「督辦南京市政公署」。

偽「督辦南京市政公署」於 1938 年 4 月 29 日正式宣告成立，仍設於中山北路 261 號原偽「市自治委員會」所在地。

1938 年 4 月 8 日，《東京朝日新聞》晨刊刊登同盟社南京 4 月 7 日電訊，報導南京在偽「維新政府」成立後，所出現的「種種復興情況，令人振奮」：

> [同盟社南京 4 月 7 日電]：中華民國維新政府誕生以來，返回南京的難民連日已達三四千人，現在南京人口增至四十萬。

　　另外，南京市內各類設施的功能逐漸恢復。照明發電能力為三萬瓦的下關發電廠已修復完畢，城內自不必說，就是城外部分地區已是燈火通明。動力配電正在進行。自來水的供給，目前由軍隊直接經營向全市供水，最近將由興中公司出資再維修保養一下。城外的揚子江麵粉廠，最近將由新合營公司開工生產，其生產能力為一天四千袋麵粉，可部分解決南京一帶的糧食問題。

　　郵政從上月 25 日開始營業，除管理總局外，在市內五個地區開設了分局。電報由日本無線株式會社開始營業。電話目前由軍隊使用著，暫定日資商店和個人也可使用，使之成為真正的通信設施。以上種種復興情況，令人振奮。[47]

　　然而，在日軍刺刀與偽「維新政府」管理下的南京的「復興」，又是誰家的「復興」呢？只要分析一下這篇報導，就會知道，原來，在日軍刺刀與偽「維新政府」管理下的南京的「復興」，卻只是日本侵略者與殖民者的「天堂」：南京的自來水「目前由軍隊直接經營」，再由日本專門因侵華而成立的國策公司「興中公司出資再維修保養一下」；揚子麵粉廠本是南京戰前最大的麵粉廠，在日軍侵佔南京時，被日軍佔領而被迫停產，後日方為供應軍用，以「軍管理」的名義，將此廠「委託」給日商佐藤貫一「投資」經營，改廠名為「有恆麵粉公司」，以日商佐藤貫一為工廠廠長，投入生產，名為「中日合營」，實為日商霸佔；再看南京的電報業，「由日本無線株式會社開始營業。電話目前由軍隊使用著，暫定日資商店和個人也可使用」；如此等等。南京的一切經濟命脈都被日本侵略者與殖民者霸佔與控制了。而 1938 年 4 月 10 日上海日方《新申報》刊登的一則日本「讀賣新聞社消息」，就將南京的所謂「復興」說得更為明白與赤裸裸。這篇題為〈南京將建立一條日人街〉的消息，報導在南京的日僑「已決定在南京的中心區建立一條日人街」的計畫，內容如下：

[47] 同盟社南京 4 月 7 日電訊，轉引自[日]本多勝一著，劉春明等譯校：《南京大屠殺始末採訪錄》，北岳文藝出版社 2001 年版，第 418～419 頁。

[讀賣新聞社消息]：在南京的日僑討論預算時已決定在南京的中心區建立一條日人街，因此將以前預定的 8 萬日元費用提高到 30 萬日元。根據計畫，日本區應該包括下述街道：中山路、中正路、國府路、江南路、白下路、中山東路、太平路。供使用的 30 萬日元將下述計畫分配：10 萬日元用於整修被燒毀的房屋，3 萬日元用於修繕貧民的房屋，5 萬日元用於建日本公園與南京神社，設立一個救火會，2,400 日元用於支付 10 個消防員的薪水，3,500 日元用於其他開支，2 萬日元用於建立一所醫院，2 萬日元用於預防傳染病，2,000 日元用於消毒殺菌，1·6 萬日元購買一輛灑水車，30 日元用於清道夫清掃馬路。[48]

從這條消息中可以看到，日本侵略者與殖民者已儼然成為南京的主人。他們在對南京規劃著、設想著、掠奪著，旁若無人，為所欲為，完全沒有想到世世代代生活在這座城市的真正主人。在日本侵略者與殖民者看來，在日軍刺刀與偽「維新政府」管理下的南京人民，已是他們的奴隸。為了討論與落實上述「規劃」等事項，在南京的日本僑民於 1938 年 4 月 11 日召開了首次僑民大會。[49]

1938 年 4 月 14 日，南京偽政府的《南京民報》報導：據來自日本駐南京總領事的情報，在南京居住的日本人，截至 3 月 31 日，共為 810 人，其中男性 420 人，女性 390 人。這些日本人從事著 45 種不同的職業，所包涵的領域有制粉業、建築業、電影院、保險業、印刷業、電器店、照相館、醫生、運輸業、制藥業、食品店、旅館、食堂、茶館、酒店、化裝品店等。[50]

---

[48] 讀賣新聞社消息：〈南京將建立一條日人街〉，刊[上海]《新申報》1938 年 4 月 10 日；前引《南京大屠殺史料集》(30)，江蘇人民出版社 2007 年版，第 193 頁；按：中正路今名中山南路，國府路今名長江路，江南路今名長白街，其他路名至今未變。

[49] 德國駐華使館南京辦事處：〈關於南京的情報〉(1938 年 4 月 19 日)；前引《南京大屠殺史料集》(30)，江蘇人民出版社 2007 年版，第 200 頁。

[50] [美]阿里森：〈南京的狀況——1938 年 4 月 15 日〉，美國國務院文件；前引

　　1938 年 4 月 18 日，上海日軍當局控制的另一家報紙《上海日本人》刊登關於南京近況的報導，題為〈南京迅速復甦〉，副題為〈超過 40 萬人口，公共事業正常運轉〉，再次對在日軍刺刀與偽「維新政府」管理下的南京大加吹噓。1938 年 4 月 19 日上海《字林西報》轉述這篇報導稱：

　　　　據《上海日本人》昨日報導：由維新政府統治的南京地區，目前日本居民人數迅速增長，已接近 1000 人。該報稱，截至 3 月末，該地區已有 420 名日本男子和 390 名日本女子，而且每天都有幾十名日本男女來此居住。

　　　　該報報導，這個城市正從戰爭的陰影中走出來，目前總人口已逾 40 萬。水、電和電話已恢復正常運轉。該城市的部分地區正在開通自動電話服務。五家郵局也開始受理郵政業務。

　　　　揚子麵粉加工廠──一家中日合資公司──的建立將滿足城市對麵包和蛋糕的需求，該工廠日產麵粉量達到 4,000 袋。炎熱的夏季即將來臨，日本軍隊控制的鼓樓冷飲製造公司和九龍制冰廠也將重新開工。該日報稱，現在溝通南京與蕪湖、揚州兩地的水路在接下來的幾周內將向船隻開放。[51]

　　日本當局指揮南京偽「維新政府」與「督辦南京市政公署」（1939 年 3 月 3 日改稱「南京特別市政府」），努力在南京實施與貫徹日本對華的各項殖民政策：穩定南京社會秩序，加強社會治安，鎮壓抗日組織與抗日分子，加強控制南京市民；恢復工商業與農業生產，搜刮各項戰略物資；加強奴化教育與宣傳，營造「中日滿友好」與「大東亞新秩序」的社會氛圍與宣傳輿論；提供日軍的各種後勤需要，等等。偽「維新政

　　《南京大屠殺史料集》（12），江蘇人民出版社 2005 年版，第 72 頁。

[51]　報導：〈南京迅速復甦〉，刊《上海日本人》1938 年 4 月 18 日；前引《南京大屠殺史料集》（30），江蘇人民出版社 2007 年版，第 200 頁。（本書著者按：原譯文「已有 430 名男子」有誤，應為「420 名男子」）

府」與偽「南京督辦市政公署」——偽「南京特別市政府」，在日軍當
局的指使與支持下，為了在南京營造親日的殖民秩序氛圍，開始整頓南
京市容。1938 年 12 月，偽「南京特別市政府」指令全市各級偽組織發
動與組織民眾進行了一次全市性的大清掃。這是日軍佔領南京與大屠殺
以來第一次全市性的大清掃：既清除堆積如山的戰爭垃圾，又抹去一切
寓有抗日救亡內容的標語遺跡，掩蓋日軍大屠殺與其他戰爭暴行的痕
跡；同時修復一些道路，修復一些城牆。在被日軍攻城時炸塌毀盡的光
華門城樓旁，樹起寫有「和平」兩個大字的巨幅宣傳牌。對南京許多有
中國傳統文化特色、特別是有南京國民政府政治特色的市街馬路與橋樑
的名稱，均更改為具有日偽殖民統治特色的新名稱。上海《申報》於
1938 年 12 月 27 日就此報導說：

> 南京市街馬路名稱，亦被「維新政府」更改。戰前南京市最
> 熱鬧之中正路，現已改稱「復興路」，前國民政府所在地之國府
> 路，改稱「維新路」，軍政路改稱「大通路」，其他重要市街，皆
> 已更改名稱。凡此均為「維新」、「督署」向日軍特務機關殷勤獻
> 媚之醜態。[52]

　　偽「南京督辦市政公署」自 1938 年 4 月底成立，到 1939 年底，還
進行了一項重要的工作，即指派其所轄的「屍體掩埋隊」以及資助慈善
組織紅卍字會等，繼續掩埋南京城內外遺留的屍體，總數達數萬具。這
是日軍南京大屠殺時被殺害的中國軍民的部分屍體，以前未及掩埋。偽
「南京特別市政府」衛生局 1939 年 5 月份事業報告書載：在 1939 年春，
「據村民來告：中山門外靈谷寺、馬群、陵園、茅山一帶，有遺骨三千
餘具，由掩埋隊前往掩埋，計工作四十日，始收埋竣事。全部用費計九
百零九元。是項屍骨選定靈谷寺東首空地為瘞骨之所，並用青磚砌扁圓

52　報導：〈淪陷一年來之首都——漢奸獻媚借煙妓以繁榮游擊宣威殺哨兵于不
　　覺〉，刊[上海]《申報》1938 年 12 月 27 日。按：中正路今名中山南路，國
　　府路今名長江路。

形墳墓一大座，外粉水泥」，[53]墓頂飾有一直徑約 2 英尺的水泥圓球。墓前立一方無主孤魂碑，由偽南京市市長高冠吾撰寫〈無主孤魂碑記〉，「以資紀念」，以告慰死者的方式來安撫生者。「又據市民呈報：自寶塔橋起至草鞋峽止沿江一帶墳堆無數，純系事變後由紅卍字會所掩埋之屍體，一年來經江水沖刷，完全暴露。曾派員前往調查，計有三千餘具。現正計畫仿照靈谷寺瘞埋辦法，搜集聚攏一處，挖一深坑，作一總堆，豎一石碑。」[54]

　　這些情況再一次說明當年日軍在南京大屠殺中殺害中國軍民的人數之多與景況之慘。

---

[53] 偽南京特別市政府衛生局：《五月份事業報告書》（1939 年 6 月），藏南京市檔案館，全宗號：1002-6。

[54] 偽南京特別市政府衛生局：《五月份事業報告書》（1939 年 6 月），藏南京市檔案館，全宗號：1002-6。

第八章　日方當局對南京市民的
新聞宣傳誘騙

　　南京廣大市民是侵華日軍南京大屠殺的切身受害者與直接目擊者。他們將是侵華日軍南京大屠殺的最有力的控訴人與揭露人。日軍不可能將南京廣大市民殺光殺盡。因此，日軍當局在對南京軍民實施大規模的血腥大屠殺的同時及其以後，對南京廣大市民中的倖存者，又以種種伎倆，進行各種形式的新聞封鎖與新聞欺騙，並逐步建立起各種新聞傳媒與宣傳工具，不斷強化對南京市民的宣傳攻勢，以圖蒙住他們的眼，堵住他們的嘴，轉換他們的心，泯滅他們的良知與良心，使他們失去記憶力，失去判斷力，忘記日軍南京大屠殺的血腥，忘記中華民族的國仇家恨，甚至忘記自己是個中國人。日軍當局的目的，既為在南京建立與鞏固殖民統治秩序打下基礎，又為掩飾侵華日軍南京大屠殺的真相製造輿論，「恩威並施」，實施文化統治與思想奴化，「不外是徹底消滅中國文化，以遂征服大陸之迷夢。」[1]「在精神上，摧殘中國人民的民族意識。在太陽旗下，每個中國人只能當順民，做牛馬，不許有一絲一毫的中國氣。」[2]

　　這成為日本當局新聞政策與新聞宣傳活動的一項重要內容。這是日本軍國主義對南京進行軍事侵略與殖民統治政策的一個重要組成部分。

---

[1]　〈國民政府向第十八屆國聯常會提出之〈補充聲明〉〉，刊[上海]《大公報》1937 年 9 月 14 日。

[2]　毛澤東：《論持久戰》（1938 年 5 月），《毛澤東選集》第二卷，人民出版社1966 年版，第 423 頁。

第一節　佔領初期對南京市民的新聞封鎖與新聞欺騙

在日軍佔領南京的初期，即在 1937 年底到 1938 年春夏間，日軍當局對南京廣大民眾進行嚴密的新聞封鎖與各種形式的新聞欺騙誤導，其手法有如下幾種：

第一，對南京進行嚴密的新聞封鎖，不讓南京的居民得到外界的任何一點消息。

日軍當局在佔領南京後，經日軍一個多月的燒殺搶掠，南京原有的報刊與廣播電臺等大眾傳媒被掃蕩一空。一些居民所有的收音機也大多被日軍砸毀搶劫。在約三個月的時間中，南京城中沒有任何報紙出版，也沒有電臺廣播。而且在開始的一段時間中，由於停電，南京的民眾甚至不能收聽到外地廣播電臺的播音。日軍又長時期嚴禁一切中外人員出入南京。因此，使得南京的居民長期得不到外界的任何一點新聞資訊，成為瞎子、聾子，日久形成嚴重的視、聽障礙與心理障礙。

1938 年 1 月 31 日，美國《紐約時報》刊登記者阿本德當日從上海發出的電訊〈據報導南京的混亂受到警告〉，寫道：

> 記者哈立德‧阿本德致《紐約時報》專電
>
> [1 月 31 日，星期一，上海訊]：……南京人口去年夏天的時候有 100 多萬，現在不到 20 萬。人們生活在這座被毀壞的城市裏，他們看不到報紙，聽不到廣播，斷絕了與外界的關係。大部分中國人身無分文，依靠慈善救濟生活。……[3]

---

[3]　[美]阿本德 1938 年 1 月 31 日上海訊：〈據報導南京的混亂受到警告〉，刊《紐約時報》1938 年 1 月 31 日；前引《南京大屠殺史料集》(29)，江蘇人民出版社 2007 年版，第 149～151 頁。

南京守軍營長郭歧在南京淪陷時，化裝藏身於難民中多日，僥倖逃過日軍的追捕，直到 1938 年 3 月中旬才逃出南京。他回憶在日軍嚴密封鎖下的南京市民被逼得閉目塞聽的情況：

> 在南京難民區的難民，一個一個就如井底蛙一樣，除了吃睡而外，什麼也不知道，與外界的一切消息都隔絕了。[4]

不僅中國的難民，就是留駐南京的西方僑民，甚至駐南京的外國外交官，也被日軍的嚴密封鎖，而長期得不到南京以外的任何消息。南京聖保羅教堂的聖公會美籍牧師福斯特在 1937 年 12 月 19 日的日記中寫道：「我們與外界完全隔絕，不知道正在發生什麼事情。」[5]直到 1938 年 1 月 3 日住宅裏通了電，西方僑民才有可能收聽收音機。福斯特在這天的日記裏寫道：「今天是幾周以來我們第一次重新有電燈照明，這意味著我們能收到無線電廣播。可惜馬吉的收音機壞了……」[6]1938 年 1 月 9 日回到南京大使館的德國行政主管沙爾芬貝格在 1938 年 2 月 10 日關於南京形勢的報告中，寫道：「1 月 7 日以來我們就再沒有報紙可讀，只能從電臺廣播獲取消息。」[7]為了讓更多的人得到外界的新聞資訊，有收音機的西方僑民們每天「把（廣播內容）打字印發給我們附近的朋友，他們沒有其他途徑獲知新聞。」[8]然而，能得到這種打字新聞稿的人少而又少，廣大的南京難民是不可能得到的。

4　郭歧：〈陷都血淚錄〉，刊《西京平報》1938 年 8 月；《侵華日軍南京大屠殺史料》編委會、南京圖書館合編：《侵華日軍南京大屠殺史料》，江蘇古籍出版社 1997 年版，第 46 頁。

5　[美]福斯特：〈致妻子函——1937 年 12 月 19 日日記〉，章開沅編譯：《天理難容——美國傳教士眼中的南京大屠殺（1937-1938）》，南京大學出版社 1999 年版，第 138 頁。

6　[美]福斯特：〈致妻子函——1938 年 1 月 3 日日記〉，章開沅編譯：《天理難容——美國傳教士眼中的南京大屠殺（1937-1938）》，南京大學出版社 1999 年版，第 145 頁。

7　[德]沙爾芬貝格：〈1938 年 2 月 10 日的南京形勢〉；前引《南京大屠殺史料集》（6），江蘇人民出版社 2005 年版，第 409 頁。

8　[美]福斯特：〈致妻子函——1938 年 1 月 24 日日記〉，章開沅編譯：《天理難

第二，使用張貼招貼畫的形式，對南京民眾進行誘騙宣傳。

在佔領南京的初期，日軍在對南京民眾的宣傳活動中，深感語言不同，難以進行語言文字說教與思想溝通。於是，他們想出了一個既簡便易行而又效果易顯的方法：張貼招貼畫。日本是個漫畫大國，使用招貼畫是日本當局對被侵略國家人民進行宣傳的一個重要手法。

金陵女子文理學院美籍教授魏特琳在 1938 年 1 月 16 日的日記中寫道：

> 新的統治者在安全區外面張貼了大幅招貼畫，敦促人們返回自己的家。這幅畫上畫了兩個日本兵、一個農民、一個母親和幾個孩子，日本兵顯得非常友好和善，畫中的人對他們的恩惠感激不盡。畫上的文字暗示人們應該回家，一切都會好起來的。城裏的緊張氣氛肯定有所好轉。[9]

基督教青年會的約喬治·費奇牧師在 1938 年初寫下的日記中，記載了日軍在南京全城到處張貼欺騙宣傳的宣傳畫海報，以誘惑南京人民：

> 這是日本人在南京市到處張貼的宣傳畫，說他們現在正在考慮全城人民的福利。有一張宣傳畫畫了一名微笑的中國婦女和她的兒子正跪在一名日本士兵跟前，這名士兵正遞給他們一塊麵包。其說明詞是「日本軍隊撫慰難民，南京城一片祥和的氣氛」。但接下來便是徹頭徹尾的謊言，說：「南京人民遭受抗日軍隊的迫害，苦難深重。他們沒有飯吃，也得不到醫療。但幸而皇軍入城，收起刺刀，伸出慈悲之手……向優秀的真誠的居民散播恩惠和關懷，……成千上萬的難民放棄了以前的荒唐的反日態度，拍

容——美國傳教士眼中的南京大屠殺（1937-1938）》，南京大學出版社 1999
年版，第 151 頁。

[9]　前引[美]魏特琳著，南京師範大學南京大屠殺研究中心譯：《魏特琳日記》，
第 245 頁。

手歡呼他們的生活有了保障。」接著又有幾段令人作嘔的文字。
最後有這樣一幅畫：「日本兵和中國兒童在公園裏一起遊樂。南
京現在是所有國家都應關注的最好的地方，在這裏每個人都生活
在安居樂業的氣氛之中。」[10]

　　喬治‧費奇指出，這些「令人難以置信」的日方宣傳，卻是「千真
萬確」的事實。

　　第三，從上海運來日方特務機關直接控制的《新申報》。

　　日軍佔領南京後不久，南京的居民與外國僑民可以看到一份報紙，
那就是日軍從上海運來的《新申報》，「每日有上海的漢奸所辦的《新申
報》送達此間，由漢奸張貼各要道」。[11]

　　如前所述，《新申報》是在 1937 年 10 月 1 日，由日方「上海派遣
軍」的報導部與特務機關創辦與直接控制、主持的大型中文報紙，社址
在上海乍浦路 455 號。後該報在上海南京路 216 號哈同大樓及杭州、蘇
州、東京、大阪設立分館。日本當局對《新申報》大力支持，如「強派」、
「贈送」、「獎銷」以及增加印張等等。在南京，日方當局通過各級偽政
府，強令各機關、學校、工商企業等訂購此報；又令小漢奸或雇用人員
在南京大街小巷張貼此報。《新申報》的新聞報導充滿了謊言，這在本
書前面已有很多舉例與駁議。除了造謠說「南京市面恢復，萬民歡騰」
外，這張報紙在 1937 年底到 1938 年初這段期間，還造謠說「國民黨與
共產黨裂痕日深」、「四川獨立」、「廣東獨立」、「某將軍被某害死」、「韓
復榘一死各將領皆懷戒心」，以及「孫科在俄國哭庭」、「英國無現款不
賣武器給中國」等，企圖擾亂人心，瓦解中國人民抗日意志，分裂中國

---

[10]　[美]喬治‧費奇著，廊玉明譯：《我在中國八十年》；朱成山主編：《侵華日軍
南京大屠殺外籍人士證言集》，江蘇人民出版社 1998 年版，第 44 頁。譯文
略有改動。

[11]　范式之：〈敵蹂躪下的南京〉，刊《武漢日報》1938 年 3 月 28～29 日；《侵
華日軍南京大屠殺史料》編委會、南京圖書館合編：《侵華日軍南京大屠殺
史料》，江蘇古籍出版社 1997 年版，第 124 頁。

抗日陣營，離間中國與其他國家的友好關係；同時對那些賣國求榮的漢奸大加讚美，稱加入偽組織之人「為中國之優秀分子」，「復興全國，賴這班優秀分子」等。[12]當時在南京金陵女子文理學院擔任留守任務的美籍教授魏特琳女士在 1938 年 3 月 23 日的日記中，譏諷地說：「偶爾我能收到上海來的《新申報》，看來這份雜誌有個日本編輯，或者是有個極好的中國傀儡編輯。」[13]然而，在 1937 年 12 月底到 1938 年春，這張充滿謊言的日本報紙卻是南京市民獲得新聞消息的唯一來源。

第四，利用偽政權，創辦《南京公報》、《南京民報》。

1938 年 3 月 1 日，日軍當局指使南京偽「南京市自治委員會」創辦了一份臨時性的小報《南京公報》，作為偽政府的新聞公報，不定期出版，簡要報導該會的工作與南京的社會情況。該報社址在鼓樓四條巷 3 號。[14]據當時駐南京的德國大使館外交官、行政主管沙爾芬貝格在 1934 年 3 月 4 日寫的一份報告〈1938 年 3 月 4 日的南京形勢〉記載：「從 3 月 1 日起，這裏出版有《南京公報》。這是一張兩面印刷的小報，但印得相當工整，由中國編輯編排，採用日本人的消息來源。每份賣 2 分錢。」[15]《南京公報》的使命與內容，主要就是與日方特務機關在上海創辦的《新申報》配合，南京與上海一唱一和，掩飾日軍大屠殺的暴行，報導日軍的「恩澤」與南京的「欣欣向榮」。不久該報報名改為《南京民報》。沙爾芬貝格在 1934 年 3 月 21 日寫的一份報告〈1938 年 3 月 21 日的南京形勢〉記載：「《南京民報》由於它的資訊只能依靠電臺廣播和上海來的《新申報》的報導，因而經營十分艱難。」[16]

[12] 郭歧：〈陷都血淚錄〉，刊《西安平報》1938 年 8 月；前引《侵華日軍南京大屠殺史料》，江蘇古籍出版社 1997 年版，第 46～47 頁。

[13] 前引[美]魏特琳著，南京師範大學南京大屠殺研究中心譯：《魏特琳日記》，第 321 頁。

[14] 偽「南京市第四區公署」：《給自治委員會的報告》（1938 年 3 月 4 日），偽「南京市自治委員會」檔案，藏南京市檔案館，檔案號：2002-19-16。

[15] [德]沙爾芬貝格：〈1938 年 3 月 4 日的南京形勢〉；前引《南京大屠殺史料集》（6），江蘇人民出版社 2005 年版，第 454 頁。

[16] [德]沙爾芬貝格：〈1938 年 3 月 21 日的南京形勢〉；前引《南京大屠殺史料

在日方當局的操縱下，1938 年 3 月 28 日偽「維新政府」在南京成立；4 月 20 日又成立了偽「督辦南京市政公署」，取代偽「南京市自治委員會」。《南京民報》轉到了偽「維新政府」暨「督辦南京市政公署」門下。由於日偽當局對新聞傳媒的重視，《南京民報》的發行量與影響也隨之增加。1938 年 4 月 19 日駐南京的德國大使館寫的一份情報報告中說：「日發行量達 2000 份的《南京民報》在『引導公眾輿論方面起到了至關重要的作用』。」[17]這張報紙一直存在到 1938 年 7 月底。

第五，1938 年 3 月，駐南京的日「華中派遣軍」總部報導部主持，在南京設立「收音機廣播站」，用高音喇叭向南京大街小巷轉播日本電臺的節目，開始是三個高音喇叭，以後逐步增加到十五個。

到了 1938 年 9 月 10 日，日方正式建立「南京放送局」──中文稱作「南京廣播電臺」。日方當局深知廣播這個「戰爭中的利器」的重要作用，十分重視，一直由日軍報導部親自管轄與直接掌握，由報導部的放送班主持，而不讓南京各屆偽政權插手。日軍的「南京廣播電臺」設在南京城內遊府西街廖家巷 2 號[18]，呼號為 XOJC，頻道 660 千周；每天兩次播音，播音時間共約 8 小時左右；播音內容主要是轉播日本電臺的華語新聞節目、南京日偽頭目的講話與日偽當局的各種佈告、訓令以及日同盟社與偽中聯社發佈的新聞，宣揚日本的「親善」與日軍的戰績，鼓吹「東業新秩序」與奴化思想等，中間穿插播放日本的歌曲；對 1938 年 3 月 28 日「維新政府」的成立典禮等日偽重大活動都作實況轉播。日軍總部報導部的放送班主持與控制電臺的各個部門與各項工作。幾任台長與放送科、技術科的科長，都是日本人。全台的工作人員也大多是日本人。只有放送寇里有四名「報告員」（播音員）由中國人擔任，技術寇里也有幾名中國技術工人。但他們都是在日本人的領導與監督下工作。

集》（30），江蘇人民出版社 2007 年版，第 174～175 頁。

[17] 德國駐南京大使館：〈關於南京的情報〉（1938 年 4 月 19 日）；前引《南京大屠殺史料集》（30），江蘇人民出版社 2007 年版，第 201 頁。

[18] 廖家巷 2 號，今為南京十五中校址。

第二節 日偽時期的南京新聞傳媒

在偽「維新政府」建立、南京社會秩序漸趨穩定以後，日方當局的新聞政策是，除了緊緊控制住「南京廣播電臺」外，就一般是通過偽政權來統制南京的新聞輿論：一方面繼續嚴厲查禁一切抗日的宣傳，查禁上海租界內各種抗日反偽的報紙與西方英、美各國的洋商報紙流入南京，另一方面則扶植與利用偽政權的新聞傳媒工具，大辦各種宣傳親日、降日、崇日及「和平、反共、建國」內容的報刊與其他宣傳工具，製造迎合日本殖民政策需要的漢奸輿論。

偽「維新政府」在 1938 年 6 月 20 日，尚在上海「辦公」期間，就根據日軍當局的部署，為加強宣傳工作，在偽行政院轄下，新成立一個「宣傳局」，任命孔憲鏗為局長。該局實際上由日「華中派遣軍」的特務機關與報導部直接指揮與操縱。偽宣傳局成立後，第一項工作就是分別成立了南京、上海、江蘇、浙江、安徽等各省、市的「報導組」，一方面向日軍報導部提供新聞消息與各方面的情報，一方面籌組各地的新聞機構。

1938 年 8 月 1 日，偽「維新政府」創辦的《南京新報》在南京創刊發行，取代了原《南京民報》。同一日，江蘇、浙江、安徽三個省偽政權創辦的《蘇州新報》、《杭州新報》、《蚌埠新報》同時創刊。在這一天，日、偽合辦的「中華聯合通訊社」（中聯社）也在南京成立。不久，常州、無錫、常熟、揚州、昆山、海寧、嘉定等市、縣偽政權創辦的「新報」陸續出現，總數達 38 家。

《南京新報》是偽「維新政府」暨偽「督辦南京市政公署」的機關報。社址在南京復興路（戰前稱中正路）157 號。社長秦墨哂，早年從日本東斌學校畢業，是個親日分子。總編輯關企予也是歸國留日學生。該報每天 1 張，對開 4 版；1939 年 1 月 1 日擴為對開 6 版；不久又增

為對開8版。該報宣稱其編輯方針是：「直接秉承（偽）宣傳部之指導，對（偽）中央政府之國策政綱作迅速之報導，對國際情勢東亞關係作詳盡之記載。」[19]該報主要新聞消息都來源於日本「同盟社」和日偽合辦的「中聯社」。報上充斥「日軍勝利前進」、「國民黨軍潰退」的新聞與「中日親善提攜」、「建立東亞新秩序」等評論，以及為漢奸塗脂抹粉的「昨又有殉難先烈多人」等消息，還有就是諸如「皇軍大歡迎——美麗好招待周到」、「本田商店日本鮮魚、蒲鉾鹽魚」、「大優惠皇軍——人民慰安所、倚紅閣妓院、廣寒宮妓院露布」之類的整版廣告。在日偽當局的強制支持下，南京各機關、團體、學校、工商企業等都必需訂閱該報。該報發行量達13000多份。

日本當局為了將其新聞宣傳深入到南京居民家中，由日人有田義一直接出面，於1939年1月4日以「民營報紙」的面目，創辦了《南京晚報》。有田義一任命曹見微為社長。社址在南京復興路135號，緊鄰《南京新報》社址。每日出小4開1張，側重報導南京地方新聞，以南京社會底層的廣大民眾為對象，取材不厭其多，報導力求及時。為吸引與誘導讀者，該報特設「問事處」以及「社會服務」、「社會呼聲」、「讀者建議」、「法律解答」、「醫藥問答」等專欄，還經常舉辦各種觀摩會、座談會、競賽會等。在編輯上采新式密排法，去鉛條而用鉛皮以作每行之間隔；同時採用六號字，避免大字標題等，以節省版面，降低售價，擴大銷數。

1939年10月，偽南京特別市政府成立「宣傳委員會」，下設事業、指導、總務三科。其職責是根據偽「維新政府」宣傳局與偽「南京特別市政府」的指示，擬定本市宣傳計畫，編撰與審查本市各種報刊雜誌，調查宣傳組織，管理全市的新聞、電影、戲劇、廣播等。

1940年3月30日汪偽政府在南京成立後，由於汪精衛、周佛海等對宣傳輿論的重視，在偽行政院特設宣傳部，由林柏生任部長，統管全

---

[19] 偽《南京新報》1938年8月1日。

部宣傳事項。偽南京特別市政府的「宣傳委員會」在 1941 年 4 月改稱
「南京特別市宣傳處」。汪偽宣傳部在宣傳工作中，首先重視新聞傳媒
的作用，在 1940 年 3 月上臺伊始，就決定由偽中宣部督同報業經理處
整頓偽「維新政府」時期的直屬報社；並出版一些新的報刊。南京一時
「新」、舊報刊、雜誌與廣播電臺紛紛出籠亮相，呈「繁榮」的景象。

汪偽時期南京主要的報刊有：

《南京新報》。大型日報，從「維新政府」接收，成為汪偽政府的機
關報，該報社址仍在復興路 157 號，仍以秦墨哂為社長，聘關企予為總
編輯，日出對開 1 張。至 1941 年 10 月 10 日改名為《民國日報》。根據
偽中宣部的命令，華中地區原「維新政府」時期的 38 家報紙一律改為偽
中宣部直屬報社，並更改報紙名稱，由偽中宣部組織董事會管理。在《南
京新報》改名為《民國日報》的同一天，《蘇州新報》更名為《江蘇日報》，
《杭州新報》更名為《浙江日報》，《蚌埠新報》更名為《安徽日報》)。《民
國日報》為汪偽政府機關報，定為全國性甲級報紙，直屬偽中央宣傳部
領導，其地位僅次於上海的《中華日報》。社長仍是秦墨哂，總編輯先是
關企予，後為周雨人；社址仍在復興路 157 號；日出對開 1 張。該報在
《改名啟事》中說：「蓋以南京新報名稱，不免偏重於地方性，而本報則
有領導全國輿論的全國性。如仍用南京新報名稱，似有不類，因改用民
國日報名稱，以副其實。⋯⋯並依據條例規定，由宣傳部委派社長、經
理、總主筆、總編輯。本報附屬的《南京晚報》，則依條例規定，確定為
丙級報社。然而名稱雖易，性質未變，一仍舊貫，不失為（偽）政府與
人民聯繫的公益法人機構。」[20]鮮明地表明瞭該報的立場、性質與特點。
該報除作為汪偽政府喉舌外，「京市消息詳明豐富」是其主要特色。該報
在 1945 年 3 月 28 日停刊；3 月 30 日更名為《中央日報》重新出版，但
初衷未變。不久因秦墨哂辭職赴北平，遂由汪偽中宣部指導司司長武仙
卿繼任社長。直至 1945 年 8 月 15 日日本投降後，該報才被接管而終刊。

---

[20] [南京]偽《民國日報》1941 年 10 月 10 日。

《中報》。大型日報，係周佛海的私人派系報紙，1940 年 3 月 30 日汪偽政權成立當天創辦，董事長周佛海，社長羅君強，副社長金雄白，總編輯由關企予、張慎之、倪蝶蓀先後擔任。社址在南京朱雀路 111 號。關於《中報》的名稱，羅君強說：「報紙取名《中報》，對人公開說它是中國人辦的報紙，『中央』辦的報，實際上是我看到《申報》在上海資格最老，一般人對它印象很深，『申』字去掉一橫就是『中』字，命名《中報》，有心影射。」[21]該報創辦時，闢「慶祝國民政府還都特刊」，汪精衛等偽政府首要題詞祝賀。該報在《發刊獻詞》中稱：「中報者，中日永久和平紀念之產物。……無和平運動則無中報。……今日國民政府還都南京，創造歷史上之一重大紀念日。一元復始，萬象更新！」[22]該報初時日出對開一張半，後擴充為兩大張；1942 年縮為對開一張。由於該報重視版面，且在南京、上海間自設電臺通訊，將西方各通訊社的電訊稿改頭換面地擇要刊登，顯得新聞內容豐富、及時，故銷路順暢。至日本投降，該報終刊。

《京報》。四開小報，亦係周佛海、羅君強的私人派系報紙。戰前南京本有《京報》；1940 年 8 月 18 日周佛海、羅君強以復刊名義，重辦此報，羅君強任董事長，無董事會，葛偉昶、李六交先後任社長，朱率齋任總編輯。社址在南京邀貴井 14 號。該報初為日報，日出四開一張，以「編排精彩」著稱於當時南京各報。不久，該報與《中報》合署辦公；1944 年 7 月停刊；1944 年 11 月改出《京報晚刊》，至 1945 年 4 月終刊。

《中央導報》。週刊，係汪偽中央宣傳部機關報，1940 年 8 月 4 日創刊，偽宣傳部部長林柏生兼任社長，華漢光任總編輯；該報稱以「暢揚國策，促進學術，宣達政情」為宗旨，設有時事述評、現代史料、大事日誌、法規彙輯、專載及照片、漫畫等欄目。實際上該報係汪偽宣傳

---

[21] 黃美真主編：《偽廷幽影錄》，中國文史出版社 1991 年版，第 65 頁。

[22] [南京]偽《中報》1940 年 3 月 30 日。

部的喉舌，負有對整個汪偽宣傳工作的指導與監督作用；1943 年 12 月 19 日出至第 4 卷第 25 期終刊；《南京晚報》。從「維新政府」接受，附屬於《民國日報》，依條例規定，確定為丙級報社。

《時代晚報》。原由朱樸於 1939 年 10 月 1 日創辦於上海；汪偽政府成立後，朱樸出任偽監察院委員，於 1940 年 9 月 1 日將該報遷至南京出版。龐明兒任總編輯。社址在南京白下路祥瑞里，後遷至四象橋邀貴井。1941 年 8 月，日偽在廣州召開有日、「滿」、汪三「國」記者參加的「第一次東亞新聞記者大會」，龐明兒赴會，朱樸則向大會發去賀電，稱此會「集三國之俊彥，作輿論之商討，行見東亞文化，融會溝通，發揚光大，建樹必多。」[23]1943 年年底該報停刊。

《民報》。「中國安清總會」的機關報。「中國安清總會」於 1940 年 6 月 21 日決定在南京創辦一份《民報》，作為總會的機關報。報社以常玉清為理事長，張德欣、張英華為常務理事，彭菊泉、改少峰為正、副社長，宣稱該報的宗旨是「宣揚國策，……以安清人士為核心，逐步推進，使每一個人民對和平之真諦皆有正確之認識與中心之信仰，喚起民眾覺悟盲目抗戰之非。」經向偽宣傳部登記與在偽社會部備案，1940 年 7 月 15 日該報正式出版，「日出一大張，至 8 月增刊為一張半，每日發行三千份。」並在各分會所在地城鄉廣為張貼散發。[24]

另有《寧報》、《南京晚報》、《時代晚報》、《藝報》、《戲報》、《繁華報》、《國民公論》、《大公週刊》等報刊在南京先後創刊，其中有官辦的，也有「民」辦的，有晨報，有晚報，有日刊，有三日刊，有新聞性的，有政論性的，有文藝性的，但都受日偽當局的控制。

關於無線電廣播電臺。自日軍佔領南京後，一直由日「中國派遣軍」總部報導部放送班控制「南京廣播電臺」。汪偽政府成立後，即由偽中宣部部長林柏生、次長郭秀峰、特種宣傳司司長韋乃綸、參事鍾任壽等

---

[23] 轉引自南京市志叢書：《南京報業志》，學林出版社 2001 年版，第 61 頁。
[24] 《中國安清總會一周年紀念特刊》，該會南京 1941 年 5 月出版。

人，著手與日方「中國派遣軍」總司令部報導部長馬淵大佐、日本駐汪偽大使館情報部長好富等交涉，要求由偽政府接管日軍控制的「南京廣播電臺」以及上海、杭州、蘇州等地的廣播電臺。幾經會談，直到 1941年 2 月 22 日，即汪偽政府成立近一年後，日方才同意將廣播事業權移交給汪方，由汪方於當日宣告成立的「中國廣播事業建設協會」接管。日方並稱將在經濟與技術上予以協助。林柏生感激涕零，發表談話說，對日方此舉表示極大感謝，並保證在宣傳方針上與日本保持一致。日方既得到汪偽在宣傳方針上的保證，同時在廣播事業中繼續保持著實權。新成立的偽「中國廣播事業建設協會」，會址在中山東路祠堂巷，由林柏生兼理事長，在四個常委中，就有田中末廣、淺野一男兩個日方代表佔了兩席。田中末廣系日本廣播協會派來的特務，淺野一男則是日軍報導部放送班的中佐班長。1941 年 3 月 26 日，日方將「南京廣播電臺」正式移交給偽「中國廣播事業建設協會」，更名為「中央廣播電臺」，電臺址仍設在遊府西街廖家巷 2 號，台長為王蔭康，下設廣播、編審、總務、技術四科。技術科長是日人島村三郎，主管全台的機器管理、使用與修理。而全台的顧問先後為日人今野、小森。可見廣播電臺的實權仍控制在日方手裏。該電臺的播音內容，除像以前一樣，轉播日本電臺的華語新聞節目、南京日偽頭目的講話與日偽當局的各種佈告、訓令以及日同盟社與偽中華電訊社發佈的新聞外，還根據偽中央宣傳部頒發之宣傳要點，結合國內外重大時事與各種紀念日，如汪偽政府成立周年紀念、汪精衛訪日、德蘇開戰、日軍襲擊珍珠港、「新國民運動」、「對渝攻勢宣傳」等，組織「特別宣傳」，宣揚日本的「親善」與日軍的戰績，鼓吹「東亞新秩序」與奴化思想等，中間穿插播放日本的歌曲與「和平運動」歌曲。

　　關於通訊社。「維新政府」時期有「中華聯合通訊社」；汪精衛於1939 年 11 月 3 日在上海又設立「中華通訊社」；汪偽政府成立後，於1940 年 5 月 1 日，將上述兩通訊社合併為「中華電訊社」，隸屬於偽中央宣傳部，社址在南京復興路 155 號。該社的最高權力機構為理事會，

由偽政府的宣傳部、外交部、重要報社的代表與專家等組成。社長由林
柏生兼任，後由趙慕儒、郭秀峰先後接任。在南京總社下面，分別在上
海、武漢、廣州、蘇州、杭州、香港、東京等地設立分社，在揚州、鎮
江、嘉興、汕頭等地設立通訊處，在天津、常州、常熟、鹽城等地派駐
通訊員。在 1942 年 12 月召開第二次理事會時，特聘請日本同盟通訊社
古野為名譽社長。該社宣稱「以發佈政聞，宣揚國策，溝通各地消息，
採集國際新聞為宗旨」，每日編發新聞電訊稿本 10,000 多字，分為甲、
乙、丙、丁四種，甲種為國際消息，乙種為國內新聞，丙種為地方新聞，
丁種為經濟新聞，其來源主要是偽宣傳部交下照發的偽政府公報與官方
報導、與日本共同通訊社的交換電訊以及希特勒德國海通社的電訊等；
地方新聞靠各地分社的來稿以及採訪所得。該社標榜其宣傳內容是「上
遵政府國綱，」「毋負主席訓示」，其實一切都是適應日本侵華政策的
需要。

第三節　　南京日偽當局封殺南京大屠殺的歷史

　　南京日偽當局在不斷加強殖民奴化宣傳的同時，嚴格封禁一切有任
何揭露日本侵略中國與南京大屠殺的宣傳報導內容。

　　首先，嚴密封鎖外地，主要是上海租界的中、外報刊進入南京。

　　當時中國最重要的宣傳中心在上海，中外報刊雲集，在英、法租界
傳統的新聞自由政策導向下，成為揭露日本侵華與南京大屠殺罪惡、宣
傳與鼓動抗日的輿論前哨陣地。上海又離南京很近，交通聯繫頻繁。因
此，南京日偽當局就把查禁與封鎖上海租界的中外新聞報刊進入南京作
為頭等宣傳大事來抓，在日本統治南京的整個期間始終不懈。

　　1938 年 11 月 23 日，還在「維新政府」時期，金陵女子文理學院
魏特琳教授在日記中記載了日軍當局嚴格封鎖上海租界中外報刊進入
南京等日軍佔領區的情況：金陵女子文理學院的圖書管理員「曾經給上

海一位朋友寫信，詢問關於訂購雜誌的事，結果得知幾乎所有的中文雜誌都停止出版了，能出版的也都要經過偽裝才能進入日軍佔領區。《密勒氏評論週報》為了進入日佔區不得不經常改頭換面。」只有英文的《字林西報》是個例外。[25]

隨著日本與英、美矛盾的加劇，南京日偽當局對上海租界中的英文「洋商報」與掛著洋商招牌的各種中文「洋旗報」的查禁也日益嚴厲。1940 年 9 月 22 日，在日方的指使下，汪偽政府警政部政治員警署發佈一份佈告，禁止報販在南京及上海等地出售《大美晚報》、《中美日報》、《大晚報》、《大英晚報》、《正言報》等，還禁止南京及上海等地的商號及娛樂場所在上述各報刊登營業廣告。[26]

第二，嚴禁南京的市民與偽政府官員收聽「敵性」的電臺廣播。

南京日偽當局先後頒佈了《裝設無線電收音機登記暫行辦法》、《無線電收音機取締暫行條例》及其施行細則、《違禁收音機使用持有特許標準》等，[27]嚴格控制收音機的裝設與使用。當時南京的一般居民都很貧困，有無線電收音機的人家很少，只有汪偽政府的軍政官員與少數高級知識份子才擁有此物。因此，日偽當局與特務機關也把監控收聽短波收音機的重點放在這些人身上。甚至汪偽參謀總長楊揆一的弟弟、擔任偽軍委會報導室主任的楊振因備有短波收音機，也遭到日軍特務機關的調查。

第三，對於南京等日偽地區的各種報刊，日偽當局更實施嚴格的管理與監控。

1940 年 10 月 1 日，汪偽行政院聲稱「為防止破壞和平反共建國國策之一切反動宣傳」，訓令頒佈了《全國重要都市新聞檢查暫行辦法》，共 21 條，規定：「凡新聞紙及通訊社所刊佈之一切稿件，除宣傳部認為

---

[25] 前引[美]魏特琳著，南京師範大學南京大屠殺研究中心譯：《魏特琳日記》，第 514 頁。

[26] 偽《南京新報》1940 年 9 月 23 日。

[27] 汪偽宣傳部檔案，藏[南京]中國第二歷史檔案館，全宗號 2040，案卷號 12。

不必檢查者可免檢查外，均得施行檢查。」檢查由各新聞檢查所會同當地軍警機關一起進行；「凡違反和平反共建國國策」、「企圖傾覆政府危害民國」、「擾亂地方、破壞金融、破壞邦交」、「洩漏政治軍事外交秘密」、「破壞公共安寧」以及被偽宣傳部通令禁止宣傳的新聞與稿件，一律刪除；如違反規定者，輕則給予「警告」、「禁止當日發行」、「有期停刊停業」的處分，重則給予「無期停刊停業」、「封閉館所沒收機器生財」的處罰，「情節重大者」，「照危害民國論罪」，「移交法院依法訴究」等。[28]

1941 年 1 月 24 日，汪偽國民政府又頒佈了《出版法》，其內容幾乎完全抄襲由日本人親手制訂的偽華北臨時政府的《出版法》，規定在日偽區出版的所有報刊，均由汪偽宣傳部管理，須先行申請登記，經偽宣傳部批准後方可出版；對違反規定者，處以各種名目的處分。[29]

根據汪偽政府頒佈的《全國重要都市新聞檢查暫行為法》與《出版法》等，汪偽宣傳部與日方合作，首先加強上海新聞檢查所，因為那裏是新聞媒體集中的地方。比較起來，南京的報刊則要少一些，因此偽宣傳部開始沒有在南京設置專門的新聞檢查所，而是「採本部直接檢查方法，派定參事許錫慶為首都新聞檢查主任」。[30]

1941 年 12 月 8 日日本發動太平洋戰爭後，為控制日偽區的新聞輿論，日方要求偽政府加大新聞檢查的力度。日「中國派遣軍」報導部特地擬訂了一份《新聞通訊應行注意事項》，提交給汪偽政府的新聞檢查所參照執行，並派員到新聞檢查所協助汪偽檢查人員工作。汪偽宣傳部於 12 月 9 日在中央電訊社內增設了一個專門的南京新聞檢查機構，在新聞檢查主任許錫慶領導下，「除由部派定審核科長湯玉成為總檢查員外，另加派科員汪定一、吳翹，連同特宣委會職員金輝、李亞芒等四員，

[28] 汪偽行政院：《全國重要都市新聞檢查暫行辦法》，汪偽行政院檔案，藏南京中國第二歷史檔案館，全宗號 2003，案卷號 2087。
[29] 汪偽行政院：《出版法》，汪偽行政院檔案，藏南京中國第二歷史檔案館，全宗號 2003，案卷號 2087。
[30] 汪偽宣傳部檔案，藏[南京]中國第二歷史檔案館，全宗號 2040，案卷號 90。

協助檢查，」並邀請偽南京特別市政府和首都員警廳各派二員協同參與。該檢查機構「分成晝夜兩班，分別檢查中央社電稿及本京大小報紙。」[31]

1943 年 3 月，偽宣傳部制訂了《強化戰時新聞及第三國報紙雜誌通訊廣播等取締辦法》；1943 年 6 月 10 日，汪偽最高國防會議第 17 次會議決議通過了《戰時文化宣傳政策基本綱領》，進一步強化對南京等日偽佔領區新聞宣傳的管理與控制。《戰時文化宣傳政策基本綱領》決定，「調整充實強化現有各種檢查機構」，對圖書、新聞、雜誌、廣播以及電影、戲劇、唱片、歌曲等實施嚴格的審查與檢查，其中，對新聞宣傳尤加重視：「實施各國在華出版物之登記與檢查，嚴厲取締敵性新聞電訊，以謀宣傳力量之統一」；「強化中央電訊社，使能執行起對內對外唯一全國性質新聞電訊機關之各項特權」；「強化中央廣播事業建設協會，嚴厲取締敵性廣播，並謀對外宣傳之積極與強化」；「整理報紙、雜誌，採取一地一報、一事一刊的政策」；「整理報紙，除重要地點外，採一地一報政策，在重要地點有設立一報以上之必要者，亦應分別確立其性質，各遂其發展。」「加強對《中央導報》之指導，使成為宣傳政府施策，為全國公務員必讀之物」等等。[32]

1943 年 6 月，汪偽宣傳部在南京正式成立「首都新聞檢查所」，專門對南京地區的報刊進行檢查監督與懲處，設主任 1 人，總檢查員 1 人，檢查員 6 人，加上事務員等共 12 人，仍由許錫慶為主任。檢查工作也更加嚴格繁瑣，由每日兩班改為每日三班檢查。

當時南京的新聞機構，除偽中央電訊社外，共有約 10 家報刊，其中《民國日報》、《中報》、《京報》、《民報》、《寧報》為晨間發行的大型日報，《南京晚報》、《時代晚報》兩種為晚報，《藝報》、《戲報》、《繁華報》為三日刊。因此，首都新聞檢查所的檢查，「一、規定每日中午 12 時起至下午 6 時止，檢查第一次中央社稿及各晚報、三日刊等新聞及各

31　汪偽宣傳部檔案，藏[南京]中國第二歷史檔案館，全宗號 2040，案卷號 90。

32　汪偽宣傳部：《戰時文化宣傳政策基本綱領》，汪偽宣傳部檔案，藏[南京]中國第二歷史檔案館，全宗號 2040，案卷號 12。

大報廣告；二、下午 7 時至夜 12 時止檢查第二次中央社稿及各報廣告、地方消息、本京新聞等；三、夜 12 時起至 3 時止，檢查第三次中央社稿及各報言論、電訊、要聞等。」[33]——這是所謂「事前檢查」，對檢查中發現的不符合汪偽宣傳部規定的稿件，視不同情況，分別簽署「刪改」、「刪削」、「奉諭免登」、「應予免登」等審查意見。「首都新聞檢查所」每月要填寫《檢查工作報告表》，上報偽宣傳部。據《檢查工作報告表》，該新聞檢查所在 1942 年 1 月 1 日至 14 日的「事前檢查」中，查扣言論 6 篇、社論 2 篇、特稿 2 件、電訊 3 件；在 2 月 1 日至 28 日的「事前檢查」中，檢扣電訊 9 件、副刊 2 件、通訊 2 件、譯稿 1 篇、新聞 20 件、社論 2 篇、短評 2 件；在 5 月 1 日至 31 日的「事前檢查」中，檢扣新聞 4 件、副刊 1 件。[34]查扣的稿件內容涉及政治、軍事、社會等各方面。

　　偽宣傳部與首都新聞檢查所還對各報刊實施「事後審查」，即對經檢查後出版的報紙再行「審查」，如發現有漏檢或未經送檢的稿件，予以各種不同的處分或「申斥」。

　　在日偽當局的嚴格管理與監控下，南京的新聞傳媒嚴格封殺了一切有任何揭露日本侵略中國與南京大屠殺歷史的宣傳報導內容。在日偽統治八年的新聞傳媒中，就好像南京的歷史上根本就沒有發生過一場屠殺 30 萬人的血腥慘劇。日偽當局企圖將這段血染的歷史，將日軍兇殘而醜惡的罪行與所欠下的血債，從中國人民的記憶中抹去！

　　然而，日偽當局的企圖與目的能達到嗎？

---

[33] 汪偽宣傳部檔案，藏[南京]中國第二歷史檔案館，全宗號 2040，案卷號 90。
[34] 汪偽宣傳部檔案，藏[南京]中國第二歷史檔案館，全宗號 2040，案卷號 90。

第九章　墨寫的謊言掩蓋不住血鑄的史實

——戰時日本新聞政策與新聞宣傳的用心及其成敗

第一節　「特別期望中國四萬萬人民加以反省」
——戰時日本新聞政策與新聞宣傳的用心之一

日本當局戰時新聞政策與新聞宣傳的本質與用心是什麼？

這可以從兩個大的方面來分析。

第一，配合與加強日本對中國的武力征服與戰爭恐怖威懾政策。

日本當局在日軍進攻南京前後與大屠殺期間，歷時數月，動員一切新聞傳媒，大肆報導日軍的軍力強大，攻勢凌厲，戰果輝煌，以及中國軍隊的戰力薄弱，腐敗無能，一敗塗地，失地丟城，首都淪陷，喪權辱國。其目的是為了向中國人民與中國政府顯示日軍攻無不克、戰無不勝的「軍威」與炫耀日軍攻佔中國首都南京的巨大勝利，進一步對中國人民與中國政府進行戰爭恫嚇與恐怖威懾，以摧毀中國人民與中國政府的抗日決心與戰爭意志，迫使中國政府向日本乞降求和。一手揮武士刀攻城掠地大肆屠殺，一手搞宣傳造輿論，不戰而屈人之兵，侵略國對被侵略國歷來都是使用此兩手政策，日本軍國主義更是如此。

日本自明治維新以來，在對中國的侵略擴張戰爭中，一直奉行對中國的武力征服與戰爭恐怖威懾政策。

早在 1894 年（甲午年），日本軍國主義當局利用朝鮮東學黨事件，對中國發動了處心積慮的甲午侵略戰爭。日本憑藉其迅速增強的陸、海軍力量打敗了腐敗的清政府軍隊：北路日軍從朝鮮跨過鴨綠江，攻入遼東，進逼長城，並在旅順等地進行慘絕人寰的大屠殺；南路日軍在威海

衛全殲北洋水師，在山東半島登陸。日本當局大造輿論，宣稱將從南、北兩路夾攻清政府的首都北京。在日本當局「勇猛進攻」的軍事威脅與戰爭訛詐面前，以慈禧太后為核心的滿清政府迅速屈服了。她們拒絕了康有為等愛國人士「拒和、遷都、備戰」的主張，先後派出朝廷重臣邵友濂、張蔭恒、李鴻章等赴日本求和——實際是乞降，歷經種種屈辱，與日本簽訂了空前喪權辱國的《馬關條約》。日本以戰勝者的姿態，對中國使節頤指氣使，不僅從中國獲得 2 億兩白銀的賠款，而且從中國割讓了臺灣、澎湖與遼東半島（後經法、德、俄三國調停，以清政府增加賠款數額，才「贖」還「遼東」），控制了朝鮮，還獲得了在中國開廠經商的資本輸出的侵略特權。——這是日本軍國主義當局對中國推行武力征服與戰爭恐怖威懾的侵略政策所取得的第一次成功，然而是一次巨大的成功。日本舉國狂歡。

　　僅僅五年以後，1900 年 8 月 14 日，日本當局派遣以山口素臣中將為師團長的第 5 師團，以參加八國聯軍的名義，先於俄、英、美等國的軍隊，首先攻入清王朝首都北京城。失去首都的清王朝慈禧太后與光緒皇帝在倉惶逃出北京後，一改數日前還支持義和團抗擊外國軍隊的態度，急忙派權臣李鴻章向外國佔領軍乞降議和。日本與其他列強各國在通過簽署《辛丑合約》、取得了眾多權益後，宣佈勝利。——這是日本軍國主義當局對中國推行武力征服與戰爭恐怖威懾的侵略政策所取得的又一次成功。

　　日本軍國主義當局越來越迷信他們的對華武力征服與恐怖威懾政策必將給他們帶來更多更大的成功與勝利，必能使他們有計劃、有步驟地侵略、瓜分、佔領、控制中國的「大陸政策」逐步成為現實。

　　因此，日本當局在 1937 年 7 月發動全面侵華戰爭，並以強大的武力攻佔中國首都南京後，得意非常，滿以為他們對中國推行的武力征服與戰爭恐怖威懾的侵略政策將再次取得成功。這是日本自明治維新以來，第二次出兵攻佔中國首都。日本最高當局希望 1895 年與 1900 年的歷史在 1937 年 12 月的南京重演。

　　因此，日本當局在日軍攻佔南京後僅四天，在 12 月 17 日，在日軍正對南京進行屠城的高潮中，就急不可耐地組織了一場盛大的日軍佔領南京的「入城式」，如前所述，其意在進一步向中國政府與中國人民炫耀武力與進行戰爭恐怖威懾。12 月 18 日下午 4 時，松井石根在南京特地召見了「華中方面軍」掌管對外宣傳的報導部部長，講述了他指揮所部攻佔南京的「觀感」，並要求將他的這番講話「作為司令官之談話予以發表」。松井石根在講話中首先炫耀日軍攻佔南京的巨大勝利，說：「現在太陽旗在南京上空飄揚，皇道在揚子江南閃耀著光輝。復興的曙光即將來臨。」[1]接著，他一方面繼續對中國人民與中國政府進行威脅，宣稱今後皇軍的行動將永遠不會後退，即在中國政府沒有徹底屈服求和乞降答允日本提出的一切條件之前，日軍將不會停止進攻；另一方面又假惺惺地對蒙受戰爭災難與恐怖威懾的中國人民表示「同情」說：「本人對於遭受戰禍的數百萬江浙地方無辜民眾的損失，實不勝其同情之念。」而其最終目的，就是要中國人民與中國政府「重新考慮」是否應繼續堅持對日抗戰。他說：「在這樣的時候，特別期望中國四萬萬人民加以反省。」[2]

　　第二天，1937 年 12 月 19 日，日本新聞傳媒迅速報導了松井石根 12 月 18 日在南京發表的「司令官之談話」。東京《讀賣新聞》刊登了題為〈在此準備新戰役，期望四億中國人反省——松井司令官重大聲明〉的報導，一開頭寫道：

　　　　[南京本社特急電報]（18 日發）：繼 17 日舉行威風凜凜、盛況空前的南京入城式後，18 日我上海方面軍最高指揮官松井主持了陣亡官兵慰靈祭。當天下午 4 時，作為南京入城後的第一次講話，司令官特地發表講話，表明南京淪陷後皇軍堅定態度的同

---

[1]　[美]約翰·托蘭著，李偉亮譯：《日本帝國夢》，四川人民出版社 1997 年版，第 60 頁。

[2]　張效林譯：《遠東國際軍事法庭判決書》，群眾出版社 1986 年版，第 486 頁。

時，期望國民政府及支那朝野反省，並重申如下恩威兼顧、情理兼具的重大聲明。

接著，這篇報導刊登了松井石根「司令官之談話」的全文，顯然，這是經過日方最高當局審閱並同意的「重大聲明」：

我軍佔領了南京，並於 17 日舉行盛大的入城式。18 日舉行了慰靈祭。為迅速適應今後的作戰，將進行新的部署。部分隊伍直奔江北，另一部直下浙江、安徽地區連續作戰。……今後軍隊如何作戰，則要看蔣介石及國民政府的態度。

雖然現在還無法定論，不過，我認為江南地區軍民通過過去的戰鬥，感受到皇軍的震懾力。而且，我相信這自然也讓國民政府進行了真正的反省。

當然，此次征戰讓支那軍民蒙受重大損失，我本人也深表同情。因此，希望國民政府迅速反省，希望支那軍民信賴皇軍，希望友好事業早日實現。但是，如果國民政府仍無反省之意，軍隊任務就是決意前進，直至國民政府逐漸認輸。……今天我們追悼我軍陣亡官兵，這是為了慰藉陣亡官兵，但這絕不是僅僅對於日本官兵，對導致東洋局勢如此的國民政府所虐待的不幸的支那軍民也是一樣的。尤其對身陷戰爭的幾百萬江浙地區無辜人民所受到的傷害，我也痛心不已。如今，太陽旗飄揚在南京城內，江南地區皇道復興如曙光即將來臨。值此之際，特別期望中國四萬萬人民加以反省。[3]

松井石根要中國政府與中國人民「反省」什麼呢？

3　報導：〈在此準備新戰役，期望四億中國人反省——松井司令官重大聲明〉，刊《讀賣新聞》1937 年 12 月 19 日；前引《南京大屠殺史料集》(6)，第 246～247 頁；譯文略有改動。

　　無非是要中國人民與中國政府從南京保衛戰的慘痛失敗與這可怕的南京大屠殺事件中認識到：中國是無法抵抗與戰勝強大的日本軍的進攻的！順之者昌，逆之者亡！中國對日本的種種政治、經濟、軍事、領土等等的侵略要求，乃至對日本的武力征服政策，等等，只有迅速地、全部地接受，即停止抵抗、求和乞降，心甘情願地做日本的殖民地與附屬國，心甘情願地做日本的臣民與亡國奴，聽憑其宰割、霸佔、掠奪與欺凌，才能求得一線生機，才能避免可怕的屠殺與毀滅。──這就是松井石根講話的「真諦」。

　　與南京的松井石根相呼應，東京的日本最高當局也作了充分的表演。這可以從日本政府在日軍佔領南京後向中國政府提出的新議和條件中找到答案。

　　在日軍佔領南京前，日本當局在以強大軍力向中國軍隊猛烈進攻的同時，曾於 1937 年 11 月 2 日通過納粹德國駐華大使陶德曼，向中國政府提出議和條件，即日方關於中日停戰談和、中方必須接受的條件。其主要內容是：

（1）承認「滿洲國」；

（2）內蒙自治；

（3）華北沿滿洲國邊界至平津以南一帶設立非武裝區，區內治安由中國員警維持之，如和議即刻成立，則華北全部行政仍屬於南京政府，但須遴選與日本友善之官吏一人，主持最高行政職務。如和議目前不能成立，而華北有產生新行政機構之必要，則該行政機構於和議成立後，仍將繼續存在，截至現在止，日本政府並無在華北設立自治政府之舉動；

（4）上海設立非武裝區較現有者略大，由國際員警管理之；

（5）停止排日政策；

（6）共同反共；

（7）減低日貨進口之關稅；

（8）尊重外國人權利。

日方威脅中國政府說，「如戰爭延長則將來條件必較此苛刻數倍。」[4]

中國政府經過一番周折，為拖延日軍對南京的攻勢，以爭取到更多一點的時間作好軍事上與撤退上的工作，在 12 月 2 日，通過德國駐華大使陶德曼向日方作出了答覆，表示同意以日方在 11 月 2 日提出的和談條件為基礎進行中日停戰談判。但中國政府又提出了要求日軍首先停止對南京的軍事進攻等幾項具體要求。中國政府並不承認自己戰敗，也不是無可變更地全部接受日方的要求，而是要進行談判。──這顯然是南京國民政府的緩兵之計。

陶德曼大使於當日晚即乘船離南京返回武漢，迅速向德國政府作了情況報告。1937 年 12 月 7 日，德國駐日本大使狄克遜根據德國政府指示，向日本政府提交「調停史記」（英文稿），內容是德國政府分別與中、日政府關於調停日、中戰爭的會談記錄，包括陶德曼在 11 月 5 日與 12 月 2 日與蔣介石會談的詳細備忘錄，並轉告中國國民政府最近關於中、日議和的意見。狄克遜要求日本政府儘快就中國政府意見作出答覆。

但這時戰場形勢發展很快。各路日軍攻勢凌厲，連連攻城拔地，迅速向南京逼近，在 12 月 4 日已推進至南京週邊陣地前。日「華中方面軍」司令部於 12 月 4 日下達進攻南京週邊陣地的命令。在這大兵壓境、四面合圍、兵臨城下、南京已如囊中之物的情況下，日本最高當局已不再滿足在 11 月 2 日自己所提的議和條件作為與中國政府和談的基礎，更不願在這時下令前線部隊停止進攻南京。廣田外相對德國駐日大使狄克遜表示：「能否在最近取得偉大的軍事上的勝利以前所起草的基礎上進行談判，頗有疑問。」1937 年 12 月 10 日，日本內閣舉行會議，商討對華政策與日中議和問題，外相廣田說：「作出了許多犧牲的今天，

[4] 秦孝儀主編：《中華民國重要史料初編──對日抗戰時期，第六編・傀儡組織（三）》，[臺北]中國國民黨中央黨史委員會 1981 年出版，第 112～113 頁。

以這樣輕易的條件去謀求和平是困難的。」首相近衛、陸相杉山與更為強硬的內相末次信正也都表示，在這時與中國政府和談，就是「對失敗者問侯，實在是荒唐的。」[5]因此，日本政府決定，對蔣介石代表中國政府所表示的中日議和意見暫不回答，等到日軍攻佔南京、充分顯示日本的強大軍事力量、並對堅持抗戰的南京軍民實施嚴厲的「膺懲」即大屠殺以後，再作答覆，並提出新的更為苛刻的議和條件。日本當局堅信，到那時，被殲滅了軍隊主力又丟失了首都南京的中國國民政府必將接受「教訓」，深刻「反省」，徹底屈服，向日本求和乞降，並答應日方所提出的一切條件。

果然，在1937年12月13日日軍佔領南京並實施了兇殘的大屠殺期間，東京的日本最高當局與松井石根發出的「期望中國四萬萬人民加以反省」相呼應，進一步加大了對中國政府「以戰迫和」、「以戰迫降」的壓力，提出了對中國侵略權益更加露骨、更加貪婪與狂妄的要求。

12月21日，即在日軍攻取南京後八天，日本內閣終於通過了由外務省制訂的新的對華和談條件，並於當日上奏裕仁天皇，得到同意。然後，在第二天，即1937年12月22日，由外相廣田遞交給德國駐日大使狄克遜，請他轉交中國政府。在這份名為《為日華和平談判事項給德國駐日大使的覆文》中，向中國政府提出了關於日中和平談判的四項基本條件以及九項條件細目。

四項基本條件是：

（1）中國應放棄容共和抗日、滿政策，對日、滿兩國的防共政策給以協助。

（2）在必要地區設置非武裝地帶，並在該地區內各個地方，設置特殊機構。

（3）在日、滿、華三國間，簽訂密切的經濟協定。

5　[日]今岡豐：《石原莞二之悲劇》，[日]芙蓉書房1981年5月20日發行，第469～470頁。

（4）中國應向帝國作必要的賠款。

九項條件細目是：

（1）中國正式承認滿洲國。

（2）中國放棄排日與反滿政策。

（3）在華北和內蒙設置非武裝地帶。

（4）華北在中國的主權下，為實現日、滿、華三國的共存共榮，
　　　應設置適當的機構，賦予廣泛許可權，特別應實現日、滿、
　　　華的經濟合作。

（5）在內蒙古應設立防共自治政府，其國際地位與現在的外蒙
　　　古相似。

（6）中國須確立防共政策，對日、滿兩國的防共政策予以協助。

（7）在華中佔領地區，設置非武裝地帶；在上海市地區，日華
　　　合作負責維持治安和發展經濟。

（8）日、滿、華三國在資源開發、關稅、貿易、航空、通訊等
　　　方面，應簽訂必要的協定。

（9）中國應向帝國作必要的賠款。[6]

　　只要分析與對照一下，日本當局在日軍攻佔南京前於 11 月 2 日提
出的議和條件，與在日軍攻佔南京後於 12 月 21 日提出的議和條件，在
內容上已有很大的不同。十分顯然，後者的條件不僅範圍更廣泛，要求
更多，而且條件更為苛刻。這已不是什麼議和條件，而是向中國政府提
出的選擇是滅亡還是投降的最後通牒。

　　日本當局當時之所以提出如此苛刻的、實際是滅亡中國的議和條
件，表現出如此強硬、狂妄、囂張的態度與氣焰，與他們在日軍攻佔南
京後對日中戰爭形勢的判斷有關。他們認為，日軍攻佔中國首都南京，

---

[6]　日本防衛廳防衛研究所戰史室編，田祺之、齊福霖譯：《中國事變陸軍作戰
　　史》第 1 卷第 2 分冊，商務印書館 1983 年版，第 139～140 頁、第 147 頁。

並且幾乎全殲中國守軍，給中國軍民以嚴厲的懲罰與毀滅性的打擊，就標誌著中國戰敗了。失去首都與失去精銳主力部隊的中國政府將不得不向日本政府屈服求和，就像當年慈禧太后的清政府在甲午中日戰爭中失敗與八國聯軍佔領北京後不得不連連派遣使節向外國政府求和一樣。這是日本對中國進行戰爭訛詐的最好時機。日本挾戰勝之威，向中國提出各種議和條件——即中國政府求降必須應諾的條件，無論如何苛刻，中國政府都必須答應。日本最高當局認為，在日軍攻佔南京以後，「被打敗了不得不求和的是中國，不是日本」。[7]

日本政府所提四項條件與九項條件細目表現的極端強硬、狂妄的態度與充分顯露的瓜分、佔領、滅亡中國的勃勃野心，甚至連德國駐日大使狄克遜也感到十分為難。他認為：日本新提出的這四項條件，「遠遠超過十一月二日他告訴我的那些」，「要中國政府接受這些條件是極端不可能的」，因此，狄克遜表示只願「以遞信員的身份將日本的答覆」轉交給中國政府，而「對於條件不表示任何意見」。但因傳遞信件要通過外交途徑，須費時日，狄克遜提議，把限定中國政府答覆的時間推遲到1938 年 1 月 5、6 日。[8]

日本新聞傳媒對日本最高當局的對華武力征服與恐怖威懾政策心領神會，作了極密切的配合。

1937 年 12 月 27 日，上海日軍報導部創辦的中文《新申報》為了配合日本政府對華提出的議和條件，加大對中國政府的壓力，發表文章，大肆吹噓日軍迅速攻佔南京的重大勝利。1937 年 12 月 30 日，日本各報刊登上海 12 月 29 日發的特電，題為：〈敵人棄屍八萬四——我方死傷四千八，精密籌畫的南京進攻戰〉，報導上海日本「華中方面軍」司令部公佈的日軍進攻南京戰役的「最終戰果」與巨大的繳獲。這些內

---

[7]　施子愉譯：〈抗戰初期德日法西斯誘降的陰謀〉，中國科學院近代史研究所編：《近代史資料》1957 年第 3 期，第 104 頁。

[8]　施子愉譯：《抗戰初期德日法西斯誘降的陰謀》，中國科學院近代史研究所編：《近代史資料》1957 年第 3 期，第 105 頁。

容已在本書第三章第三節已有敘述。日本當局的戰爭訛詐與恐怖威懾果然一度在部分不明真相的中國民眾中產生了恐慌。當時在上海開設診所的著名中醫陳存仁回憶說：

> 這張數目單，在電臺上公佈出來，報告的時間，達半小時之久，日本人辦的《新申報》還出了號外。這段新聞公佈之後，有識之士就想到這些數字不甚可靠，但普通人不懂得軍事，算不出軍隊應該有多少武器，只知這大批軍器被日軍擄去，抗戰的希望更渺小了。日本人這種宣傳，打擊了中國人的人心，大家細細一研究，覺得戰事再也打不下去了。
>
> 向來日本人在租界上的宣傳，大家總是不理不睬、充耳不聞，唯有這段新聞公佈之後，無不奔相走告，沒有一個人不沮喪到心灰意懶。這時節租界上還有船隻來往香港上海，因而逃出上海的人更多。[9]

接著，在 1937 年 12 月 28 日下午 2 時，松井石根在上海舉行佔領南京後的第一次記者招待會，就此後日軍第二輪作戰指導精神，發表軍方意見。第二天，12 月 29 日，東京《讀賣新聞》以〈期待成立華中親日政權，打破列強美夢，松井司令官表決心〉為題，對松井石根在上海舉行佔領南京後的第一次記者招待會作了報導，並配發了松井在記者招待會上講話的照片。報導開頭寫道：

> [上海本社特急電報]（28 日發）：支那中部第一輪作戰，因南京淪陷而大獲全勝。眼下皇軍正穩步地進行第二輪作戰準備。此時，松井司令官於 28 日下午 2 時舉行南京淪陷後第一次記者招待會，就第二輪作戰指導精神，發表如下軍方意見。

接著，該報導刊載了松井石根在上海記者招待會上發表的意見主要內容：

---

[9]　陳存仁：《抗戰時代生活史》，廣西師範大學出版社 2007 年版，第 89～90 頁。

　　南京淪陷後，軍隊一刻都沒有停止作戰行動。這點通過在江北及杭州方面開展的戰鬥已很清楚。但是，攻打南京以前進行的戰鬥，是一場遠勝奉天會戰的大會戰。所以，為了裝備參加此戰的軍隊，化了相當長的時間。作為我來說，希望利用那段時間，讓認清支那形勢的分子，讓蔣介石政權從抗日政策迷夢中醒來，表明以東亞和平精神為基礎的親日態度。就我所見，那種對親日政權的期望逐漸高漲，在支那成立強有力的親日政權也為時不遠。而且，不成立真正的親日政權，我斷然不會離開這片土地。今天可以明顯看出，國民政府不可能成為我們與支那交涉的對象。我國政府也有必要儘快聲明此點。現在，列強中有人想依靠國民政府，並企圖通過它擴大在支權益。這種迷夢遲早被打破。軍隊今後也將以獨自的行動，打破列強現在對國民政府存在的期待，嚴懲抗日政權。我們的行動絕不是出自對領土的野心，而是為確立真正的東洋和平。[10]

　　松井石根的講話內容與目的十分明顯，就是配合日本政府對華提出的議和條件，以其攻佔南京的強大軍事力量，對中國政府與中國人民進行更加露骨的威脅，「從抗日政策迷夢中醒來」，「認清支那形勢」，「表明親日態度」，否則，他「斷然不會離開」中國，即日本的侵華目的沒有達到，日軍對中國的軍事侵略行動就不會停止，「嚴懲抗日政權」。引人注目的是，松井石根面對不肯屈服的中國國民政府，威脅要徹底拋開它，另砌爐灶，「成立真正的親日政權」，即扶植偽政權。松井石根並要求日本政府儘快對此表明態度。果然不久，約十多天後，日本政府就表明了與松井石根一樣、甚至更為強硬的的態度。

　　但是，中國政府與中國人民並沒有因首都南京的淪陷就屈服，更沒有因日軍佔領南京後實施的殘絕人寰的大屠殺就害怕，反而更激起了同仇敵愾、抗戰到底的決心與全民抗戰的熱潮。

---

[10] 報導：〈期待成立華中親日政權，打破列強美夢，松井司令官表決心〉，刊《讀賣新聞》1937 年 12 月 29 日；前引《南京大屠殺史料集》(6)，第 247～248 頁。

　　當德國駐華大使陶德曼於 1937 年 12 月 26 日在武漢將日本政府對日中和談所提各項條件轉告中國政府時，主持行政院的孔祥熙表示：「沒有人能夠接受這樣的條件。」宋美齡說：「難怪德國政府不發表任何意見。」蔣介石也從中更加看清日本以武力征服中國、脅迫中國政府投降、以「征服與滅亡我國」的野心與目的，更加堅定了抗戰的決心，表示「今日除投降外無和平，舍抗戰外無生存」，「與其屈服而亡，不如戰敗而亡」，「以中華民族四億人的鮮血來捍衛國家」。[11]

　　但中國國民政府為抗戰戰略計，即為延緩日軍的進攻速度、贏得較多的時間作戰爭準備，因而對日方提出的最後通牒式的與無所不包的條件繼續採取拖延策略，直拖到 1938 年 1 月 13 日，才擬出一個答覆，由外交部長王寵惠召見陶德曼，請其轉交給日本政府，其內容是：「經過適當考慮之後，我們覺得：改變了的條件太廣泛了。因此，中國政府希望知道這些新提出的條件的性質和內容，以便仔細研究，再作確切的決定。」[12]

　　然而，這時的日本最高當局卻等不得了。在尚未得到中國政府的正式答覆之前，在 1938 年 1 月 11 日，日本最高當局就召開了決定對華基本國策的最高級別的會議——御前會議，由天皇主持，幾乎所有日本軍政上層人物都到場。這是自 1905 年日俄戰爭結束 30 多年以來日本首次召開的最高國策會議。這次會議充分表現了日軍攻佔南京後，日本最高當局對華極端強硬、狂妄的態度與對華武力征服、屠殺威懾的殖民侵略政策。這次會議通過了《處理中國事變的根本方針》，決定：「如現中國中央政府此時重新考慮而悔悟過來，誠意求和」，即中國國民政府因日本攻佔南京的武力征服與屠殺威懾而屈服，則根據日政府 12 月 21 日閣議通過的各項條件進行談判；「如中國現中央政府不來求和，則今後帝國政府不以此政府為解決事變對手，將扶助建立新的中國政權。」「對

11　[日]古屋奎二主筆：《蔣介石秘錄》，湖南人民出版社 1988 年版，第四卷，第 58～60 頁。

12　[日]古屋奎二主筆：《蔣介石秘錄》，湖南人民出版社 1988 年版，第四卷，第 61～62 頁。

於中國現中央政府，帝國採取的政策是設法使其崩潰，或使它歸併於新的中央政權。」[13]

中國政府 1 月 13 日的答覆由德國政府於 1 月 14 日電告日本當局。中國政府沒有宣佈是否接受日本最後通牒式的議和條件，而只是要求日本政府對所提條件的性質與內容再加以解釋，從而將這只外交皮球又踢回日方。這顯然是拖延。正處在激動與狂妄情緒中的日本當局立即被激怒了。廣田弘毅外相在內閣會議上宣讀了中國政府的答覆，認為「被打敗了不得不求和的是中國，不是日本，而中國卻不斷要求日本提供說明」，這「簡直是遁詞」，[14]「只能說明中國方面沒有誠意，是在採取拖延政策。」[15]

1938 年 1 月 15 日，是日本限定中國答覆的最後時限。中國政府卻再沒有反映，即對日本政府的「最後通牒」不加理睬。日本大本營與內閣再次舉行聯席會議，商討與決定對中國的根本政策。因為事關重大，以近衛內閣為代表的強硬派，如廣田外相、杉山陸相、米內海相以及近衛首相，同主張慎重與儘快媾和的多田駿參謀次長發生激烈爭論，會議竟從上午 8 時一直開到晚 8 時。結果，持強硬態度的主流派擊敗了反對意見，通過了政府聲明，即貫徹 1 月 11 日御前會議上制訂的《處理中國事變的根本方針》，終止與中國國民政府的談判，不再承認國民政府為談判對手，即不再承認國民政府是代表中國的合法政府。強硬派的意見得到了裕仁天皇的支持，成為日本此時的國策。

第二天，1938 年 1 月 16 日，上午，日本外相廣田弘毅擬定一份英文聲明，請狄克遜立即轉告在漢口的陶德曼，宣稱日本決定終止經德

[13] 復旦大學歷史系編：《日本帝國主義對外侵略史料選編》，上海人民出版社 1975 年版，第 258 頁。

[14] 施子愉譯：〈抗戰初期德日法西斯誘降的陰謀〉，中國科學院近代史研究所編：《近代史資料》1957 年第 3 期，第 104 頁。

[15] 日本防衛廳防衛研究所戰史室編，田祺之、齊福霖譯：《中國事變陸軍作戰史》第 1 卷第 2 分冊，第 147 頁。

國調停的日中秘密談判。下午，近衛內閣正式發表聲明，把日本在攻佔南京後而高漲起來的對華強硬、狂妄的政策，公開地向中國與世界公佈：

> 攻陷南京後，帝國政府為給予中國國民政府最後反省機會已及今日。然而，國民政府不解帝國之真意，竟策動抗戰，內不體察人民塗炭之苦，外不顧東亞全局之和平。因此，帝國政府今後不以國民政府為對手，而期望真能與日本提攜之新政府成立與發展，並將與此新政權調整兩國邦交，協助建設復興的新中國。[16]

這就是近衛第一次對華聲明。日本各新聞傳媒迅速刊載播報，在全世界造成了很大的影響。中國人民，世界人民，包括日本人民，都從這則聲明中瞭解到，日本當局已決定將侵華戰爭繼續進行與擴大。

兩天後，1938 年 1 月 18 日，近衛首相在接見記者時，又發表了一個補充聲明，強調「所謂今後不以國民政府為對手，較之否認該政權更為強硬。」並赤裸裸地表示「今後仍必須採取一切手段進行軍事行動，促使國民政府崩潰，」「將以現在的華北（偽）政權為中心，逐漸把各地政權合併發展為統一的政府。」[17]

1938 年 1 月 18 日，日外務省招回駐華大使川樾茂，斷絕了對華外交關係。

在這一時期，日本首相近衛文麿成為日本強硬派的代表人物之一，與日本軍方中好戰的軍國主義分子松井石根、杉山元、東條英機等意見一致。他在此期間曾手書一份《關於媾和的信念》，表露了他在日軍攻佔南京後對華的態度：「政府這次為了不使『禍患根源』留給將來，『期

---

[16] 天津市政協編譯委員會譯：《日本軍國主義侵華資料長編》（日本防衛廳防衛研究所戰史室：《大本營陸軍部》摘譯），四川人民出版社 1986 年版，上冊，第 411 頁。

[17] 天津市政協編譯委員會譯：《日本軍國主義侵華資料長編》（日本防衛廳防衛研究所戰史室：《大本營陸軍部》摘譯），四川人民出版社 1986 年版，上冊，第 411 頁。

望徹底解決。為此，必須樹立即使戰爭延續相當長的時間，也在所不辭的決心與準備。」儘管蔣介石政權因南京陷落而陷入困境，但日本方面仍不能放手，要『再加一把勁』。」他甚至認為，在這時，日本對蔣介石的國民政府「可以說一推就垮了。」[18]

這就是日本最高當局在日軍攻佔南京後的狂妄心態與對中日關係的判斷，是日本當時對華政策的由來。日本歷史學家井上清評論說：「在攻克南京之後，天皇和近衛內閣比軍部更加積極地把日本推進戰爭的泥潭中去。」[19]

總之，日本當局在日軍佔領南京後實施的血腥大屠殺，其意在炫耀日軍的強大武力，推行武力征服與恐怖威懾政策，迫使中國政府與中國軍民害怕、屈服、求和、乞降，同時以此來鼓舞日軍的士氣。日本的新聞傳媒大力報導與讚揚日軍官兵的「勇武」、「兵威」與攻佔南京的「巨大勝利」，正是忠實而積極地為日本當局的法西斯國策服務。

第二節　「任何報導絕不允許有絲毫損害皇軍威信之處」
——戰時日本新聞政策與新聞宣傳的用心之二

但歷史的發展與日本當局的願望相反。日軍佔領中國首都南京的「巨大勝利」與對不肯屈服的中國軍民實施大屠殺的暴行，不僅沒有嚇倒中國政府與中國軍民，反而激起了中國政府與中國軍民更頑強的鬥志。

日方大本營參謀本部的對華情報負責人今井武夫說：

---

[18] [日]井上清著，吉林大學日本研究所譯：《天皇的戰爭責任》，[北京]商務印書館1983年版，第88頁。

[19] [日]井上清著，吉林大學日本研究所譯：《天皇的戰爭責任》，[北京]商務印書館1983年版，第90頁。

> 日本軍攻下南京，當然在精神上給了敵人很大的衝擊，然而敵人從一開頭就以持久戰法作為戰爭的策略，所以攻下南京終於不能成為敵人的致命傷，國民政府按照預定計劃，毅然遷都，分散到漢口和重慶……。[20]

日本歷史學家藤原彰指出，日本當局以強大軍事力量攻佔中國首都南京與對敢於抵抗的中國軍民實施野蠻的大屠殺，並沒有實現他們對中國武力征服與屠殺威懾的目的。他說：

> 雖然佔領了南京，並沒有取得挫傷中國抗日鬥志的效果。在佔領南京時，日軍掀起了大規模屠殺事件。日軍的這種暴行，更加堅定了中國民眾的抗日鬥志。[21]

日本當局的武力征服與恐怖威懾政策，從他們佔領南京那一天就開始破產了。日本當局不得不繼續派遣重兵向中國內地深入，進攻武漢、廣州、長沙，轟炸重慶、昆明，不得不陷入他們所極不情願的對中國的長期戰爭這個泥潭中而不能自拔。

更令日本最高當局不安的是，日軍南京大屠殺的暴行，經過西方新聞傳媒的報導與揭露，經過中國許多大屠殺倖存者的血淚控訴，迅速傳遍世界，引起了中國民眾的極大義憤和國際輿論的廣泛譴責。日本陷入了國際孤立狀態，甚至可能引起日本國內民眾的不滿。而日本企圖在中國佔領區建立殖民主義統治與扶植傀儡政府也面臨著極大的困境。因為時代畢竟不同了。人類社會進入 20 世紀的 30 年代，由於社會的進步與全人類的努力，確立了關於國家間戰爭的國際公法，有了保護戰爭中戰俘與平民百姓生命、財產等的各種國際法規。國際公法與人道主義思想

---

[20] [日]今井武夫著，本書翻譯組譯：《今井武夫回憶錄》，上海譯文出版社 1978 年 5 月版，第 70 頁。

[21] [日]藤原彰著，伊文成等譯：《日本近現代史》，第三卷，[北京]商務印書館 1983 年版，第 61 頁。

已深入人心。任何國家的軍隊在 20 世紀的 30 年代，已不再能像野蠻的中世紀那樣，可以在戰爭中對和平居民瘋狂屠城而不受國際社會的約束、譴責和制裁。

1937 年 12 月 15 日，美國《芝加哥每日新聞》刊登駐華記者司迪爾的報導〈日軍殺人盈萬〉，指出日軍南京大屠殺的結果是：

> 由於日本軍人在南京對當地居民進行極為殘暴的屠殺，他們已經失去自稱要爭取對方「同情」的機會。事實上，迄今為止，他們已完全失去了爭取中國當地居民同情的良機。[22]

美國《紐約時報》記者德丁在 1937 年 12 月 17 日從上海拍發的新聞稿「專電」〈所有俘虜均遭屠殺〉，副題為〈日軍在南京製造恐怖，平民亦遭屠戮，美國大使館遭襲擊，蔣介石戰術錯誤以及領導人逃離導致首都淪陷〉中，指出：

> 當第一支日軍隊伍從南門沿中山路向城裏鼓樓廣場進發時，一小批中國百姓為日軍的到來爆發出稀稀落落的歡呼聲。圍城的結束使他們如釋重負，；他們原本以為的是日本人到來會恢復和平與秩序。但此刻南京再也沒有人為日軍歡呼了。
>
> 劫掠南京，殺害民眾，日軍的所作所為在中國人民的心裏深深埋下了仇恨的種子。這種仇恨的種子日積月累，將長成為各種形式的抗日意志，也許將繼續若干年。然而，東京卻公然聲稱，正是為了消滅中國這種抗日意志而戰的。[23]

---

[22] [美]司迪爾 1937 年 12 月 15 日電：〈日軍殺人盈萬〉，刊《芝加哥每日新聞報》1937 年 12 月 15 日；朱成山主編：《侵華日軍外籍人士南京大屠殺證言集》，江蘇人民出版社 1998 年版，第 317 頁。

[23] [美]德丁 1937 年 12 月 17 日「專電」：〈所有俘虜均遭屠殺〉，刊《紐約時報》1937 年 12 月 18 日；前引《南京大屠殺史料集》(29)，江蘇人民出版社 2007 年版，第 478 頁，譯文略有改動。

1937 年 12 月 19 日，美國《紐約時報》就前一天該報發表的駐華記者德丁關於日軍在南京大屠殺的報導，刊登短評〈日本人在南京〉，譴責日軍的暴行就像中世紀的野蠻軍隊，而其結果將激起中國人民對日本侵略者的經久不衰的仇恨：

> 新聞報導，尤其是《紐約時報》昨天發表日軍入城時留在南京的記者 F。蒂爾曼·德丁的報導，讀起來就像發生在幾百年前的戰爭故事——在格勞秀斯[24]制訂戰爭與和平的國際法基本準則之前——當時獲勝的士兵自然地期望，被征服的城市及其無助的居民應該讓勝利者享受 24 小時肆無忌憚的放縱。顯然，在這起事件中，日軍指揮官不是無能力約束下屬，就是與一個文明民族的行為不相配。
>
> 這樣野蠻對待中國人，能夠救中國於共產主義之水火中，能夠增強（中國人）對日本人的友誼，甚至為東亞的穩定做出貢獻嗎？德丁先生的報導表達了一個現場觀察家的觀點，「通過掠奪這座城市及其居民，日本人已經加深了中國人被壓抑的仇恨，這種仇恨將以各種反日形式在中國人的胸中慢慢燃燒，經久不衰，而這正是東京宣稱正在為之戰鬥以便連根剷除的東西」。[25]

同日，《紐約時報》還刊登駐華記者哈立德·阿本德從上海發出的報導〈日本人約束南京暴行〉，指出日軍南京大屠殺的暴行已「演變成了（日本）一個國家的恥辱」，將在國際上喪失信譽：

> 記者哈立德·阿本德致《紐約時報》專訊
>
> [1937 年 12 月 19 日星期日上海訊]：日軍在南京掠奪、強姦和屠殺的醜行已經將佔領南京演變成了一個國家的恥辱。……不

---

[24] 雨果·格勞秀斯（1583-1645）荷蘭法官、政治家及神學家，其主要著作《戰爭與和平法》（1625 年），被認為是有關國際法的第一部綜合性論著。

[25] 短評：〈日本人在南京〉，刊《紐約時報》1937 年 12 月 19 日；前引《南京大屠殺史料集》（29），江蘇人民出版社 2007 年版，第 481～482 頁。

論作為一個國家的日本還是作為個體的日本人，長期以來一直都以軍隊的勇猛和武士道精神為榮。但現在，日本的國家自豪感因其士兵醜行的曝光而毀掉。……

……當全部證據經過了仔細的查證後，這裏的人們就會覺得，這場奪取南京的輝煌戰役不會成為光榮的記錄載入日本軍隊的史冊，相反，由於日軍駭人聽聞的暴行，它將在日本國家的歷史上留下令其永遠悔恨的一頁。

阿本德進一步指出，日軍的暴行使日本國家與日本軍隊的形象在國際輿論中變成了魔鬼後，將「使日本眾多的希望和對華計畫遇到挫折」，使日本當局的侵華計畫與對中國人民的偽善的誘和、誘降活動及建立偽政權的打算將難以實施與獲得成功：

南京所發生的暴行當然會使日本眾多的希望和對華計畫遇到挫折。因為，當日軍的這種罪行蔓延到內地，這必將使得中國政府開啟和平談判比以前任何時候更加不可能。可以想像，南京的恐怖也將使日佔區最優秀的中國人士，因為害怕而退隱，而這些人之前一直想與日本扶持下的新政權合作的。其結果是日本將不可避免地與那些聲望和性格都不那麼地道的中國人打交道。……今後若干年內都不可能獲得中國人的友誼。[26]

美國《紐約時報》記者德丁於 1937 年 12 月 22 日從上海發出的長篇航空通訊〈中國指揮官逃走，日軍暴行標誌著南京的陷落〉，刊登在《紐約時報》1938 年 1 月 9 日第 38 版上。他在更詳細地記述了日軍進攻南京與大屠殺的情況的同時，再次指出：

26　[美]阿本德 1937 年 12 月 19 日報導：《日本人約束南京暴行》，刊《紐約時報》1937 年 12 月 19 日；前引《南京大屠殺史料集》(29)，江蘇人民出版社 2007 年版，第 486～488 頁。

　　日軍在中國人心中播種下對日本的深仇大恨的種子，也使他
們宣稱對華作戰期望得到中國人「合作」成為遙遠的將來。[27]

　　日軍總參謀部高級參謀、曾參與制訂侵華政策的堀場一雄也不得不
承認：

> 攻佔南京的結果，造成了多年的仇恨，敗壞了日本軍隊的
> 威信。[28]

　　因此，日本當局面對如此局勢，不得不改變一些在華的侵略手法。
美國《生活》雜誌著名記者大衛・貝爾加米尼在《日本天皇的陰謀》一
書中，揭露了日本最高當局在南京實施的大屠殺──武力征服與恐怖威
懾政策，並沒有使中國人民與中國政府屈服投降。在這一政策失敗以
後，日本最高當局不得不改用新的「懷柔」政策：

> 近衛的無限期繼續戰爭的威脅（本書著者按：指日本近衛首相
> 於 1938 年 1 月 16 日發表的第一次對華聲明）就是滅亡中國的威脅；
> 南京浩劫就是初試淫威，旨在以此使中國人相信並懾服於這一威
> 脅。威脅手段對個別中國人說來往往奏效；但是，對作為一個整體
> 的中華民族卻不起作用。近衛聲明沒有引起任何反應，而蔣介石政
> 府卻從來沒有像目前在漢口處於逃亡狀態中這麼得人心。
>
> 　　於是，這種不成功的政策便逐漸被放棄。南京街頭和水塘中
> 的屍體被清除了，有組織的縱火停止了。安全區委員會為之提出
> 抗議的最後一次暴行──強姦一名十二歲的小姑娘──發生在 2
> 月 7 日，即日軍徹底佔領南京並壓服了一切抵抗五十七天之後。[29]

---

[27] [美]德丁 1937 年 12 月 22 日上海航空通訊：《中國指揮官逃走，日軍暴行標
誌著南京的陷落》，刊《紐約時報》1938 年 1 月 9 日第 38 版；前引《南京
大屠殺史料集》（29），江蘇人民出版社 2007 年版，第 518 頁。

[28] [日]堀場一雄：《日本對華戰爭指導史》，[北京]軍事科學出版社 1988 年翻譯
出版，內部發行，第 81 頁。

[29] [美]大衛・貝爾加米尼著，張震久等譯：《日本天皇的陰謀》，商務印書館 1984

　　1937 年 12 月 19 日，美國《紐約時報》駐華首席記者阿本德在電訊報導〈日軍控制在南京的過火行為〉中，指出日軍當局在國際輿論的譴責下，被迫採取補救措施：

　　　　日軍在南京的掠奪、屠殺、強暴已將攻陷南京演變成日本的國家恥辱。為迅速終止這種情況，日本陸軍高層開始採取亡羊補牢式的嚴厲懲戒措施。[30]

　　日本當局被迫改變一些在華的侵略手法，首先要掩蓋與抵賴那些最容易引起社會公憤與國際輿論譴責的日軍暴行。於是，他們一方面不得不開始約束日軍的軍紀，掩蓋日軍的暴行，甚至製造一些日軍對中國軍民「友好」的假像；另一方面，則嚴令日本的新聞傳媒忠實而積極地為他們的法西斯國策服務，「任何報導絕不允許有絲毫損害皇軍威信之處」[31]，「應宣傳帝國軍隊有紀律的行動、武士道的態度以及在佔領地的仁慈行為。」[32] 即只能大力報導「日軍對中國民眾友好、恩德」的假消息，甚至捏造假新聞，掩蓋與抹殺南京大屠殺的真相。這成為日本新聞傳媒在南京大屠殺期間報導的第二個特點。這方面的內容在本書前面已有詳盡的記述。

　　但是，日本最高當局只是改變了一些侵華手法。他們對中國的武力征服與恐怖威懾政策並沒有真正放棄，而是和他們虛偽造假的新聞宣傳與輿論導向並行不悖，互相配合。這成為日本當局在南京大屠殺前後，乃至在整個侵華戰爭期間，始終並行的兩手政策與措施，也成為日本當局戰時新聞政策與新聞宣傳的基礎與不可克服的矛盾。

年版，上冊，第 95 頁。

[30] [美]哈立德‧阿本德報導：〈日本人約束南京暴行〉，刊《紐約時報》1937 年 12 月 19 日；前引《南京大屠殺史料集》(6)，江蘇人民出版社 2005 年版，第 121 頁。

[31] [日]曾根一夫：〈我所記錄的南京屠殺〉，前引《南京大屠殺史料集》(10)，江蘇人民出版社 2005 年版，第 254 頁。

[32] [日]山中恒：《戰時國家情報機構史》，東京，小學館 2001 年 1 月 1 日第一版，第 283 頁；前引程兆奇：《南京大屠殺研究》，上海辭書出版社 2002 年版，第 30 頁。

　　日本最高當局在南京大屠殺前後並行的兩手政策與措施，日本最高當局戰時新聞政策與新聞宣傳的基礎與不可克服的矛盾，還突出地表現在：他們一方面為了應付國際輿論的譴責，不得不招回南京大屠殺的罪魁禍首松井石根、朝香宮鳩彥與柳川平助等人；但同時他們又繼續給予這些罪魁禍首以種種榮譽。

　　1938 年 2 月下旬，松井石根、朝香宮鳩彥與柳川平助等被日本當局召回日本，他們受到凱旋英雄般的歡迎。2 月 21 日，松井石根與「華中方面軍」參謀長塚田攻等人離上海。2 月 25 日晨，「途經姬路、神戶，大阪、京都等地，歡迎者眾多。於名古屋受到眾多同志及牧野小學校學生等歡迎。豐橋、浜松、靜岡等地亦有眾人出迎。沿途小車站亦然。」「午後 3 時半抵東京站，受到三長官代理、次官、次長及其他官員百姓等眾人之歡迎。立即前往參謀本部，於門前受到秩父宮殿下、各皇族禦史及大臣和全體成員之歡迎。隨即拜謁閒院宮總長殿下，殿下賜酒歡迎並予鼓勵。……車站市民之歡呼較軍部之接待更為熱烈，更具感激之情。」第二天，即 2 月 26 日，朝香宮鳩彥與柳川平助也回到東京。然後，松井石根率塚田攻等前往葉山離宮，拜見裕仁天皇，上奏率軍出征中國、佔領上海、南京之情形。裕仁天皇特地賜給松井石根「以優渥之敕語」，「又賜銀制花瓶一對，賜金七千日元，並由宮內大臣、內大臣賜餐。」正在服喪期中的皇后雖未出見，也「由皇后宮大夫賜予激勵之御旨，並賜銀制大杯及千日元賞金。」2 月 28 日，年邁的皇太后也對松井石根「熱誠鼓勵，並賜銀制煙盒及賞金五百日元，賜餐」。——這一切特別隆重的禮遇與賞賜使松井石根「不勝感激，誠惶誠恐」，深感「皇恩浩蕩」。2 月 28 日，松井石根在赴參謀本部報告出征上海、南京的情況並就今後戰事提出自己的建議後，又到明治神宮、靖國神社參拜，並特地「向靖國神社奉獻入南京城當日插於國民政府門上之大國旗」——再次炫耀其攻佔中國首都南京的武功與軍威。[33]

---

[33] [日]松井石根：《陣中日記》，轉引自[日]田中正明著，軍事科學院外國軍事研究

1938 年 3 月 5 日，松井石根被日本最高當局任命為內閣參議。

直到 1940 年 4 月 29 日，日本最高當局還因松井石根在攻略上海、南京中的戰功，為其敘勳。

在這同時，日本當局一直不忘他們攻克南京的「軍威」與「赫赫戰功」，並時時加以炫耀。

為了讓南京人民與中國人民永遠記住因抗拒日本軍事征服而在南京城下所遭到的慘敗與恥辱，永遠記住若進行抗日救亡鬥爭就要遭受屠城與付出沉重的代價，日本當局指示南京偽政府，對南京戰役中戰況最為慘烈的光華門附近被炸塌的城樓與城牆，作為「戰績保留，不必修理」，[34]並在此處書寫「和平」兩個大字，作為「紀念」。日本當局借此警告中國人民，中國任何堅固的堡壘與中國軍民任何堅強的反抗都擋不住日本武力征服的戰車與鐵蹄，只有歸順與投降，日本當局才能給你以「和平」。南京光華門的這段被日本當局別有用心保存的坍毀城牆與滴血的「和平」兩字，在日本統治南京的八年期間，一直存在，成為壓在南京人民心上永遠的創傷與濃重的陰影。

1938 年 12 月 13 日是日軍攻佔南京一周年。日本駐南京的「華中派遣軍」總司令部不忘炫耀其攻略南京的「武威」，特地在南京舉行所謂「攻佔南京周年紀念」。日「華中派遣軍」總司令部在南京原金陵兵工廠內，利用搜尋來的銅料，精心鑄造了一隻大鼎，命名為「南京大鼎」。這是一隻巨大的三足銅鼎，高近 2 米，重達 1000 多公斤。鼎的腹部禱有簡單的紋飾，鼎前鼎後正中位置各鑄有一段文字，文字四周裝飾著幾朵日本的國花櫻花圖案。大鼎前部的禱字大意是：「此鼎原鑄造於南京兵工廠，於昭和十三年十二月十三日攻略南京後一周年，奉納於靖國神社者……華中派遣軍」。大鼎後部的鑄字是一支陣亡日軍的安魂曲：「始終守護者，在戰場上倒下去的英靈及其功勳。」大鼎鑄成後，於 1938

部譯：《「南京大屠殺」之虛構》，世界知識出版社 1985 年版，第 221～222 頁。
[34] 偽「督辦南京市政公署」檔案，藏南京市檔案館，全宗號：1002-1。

年 12 月 13 日在南京舉行隆重儀式，然後裝船運回日本，安放在東京靖
國神社中，向世人炫耀了近八年之久。[35]

1940 年 10 月，日駐南京的「中國派遣軍」總司令部報導部又特地
精心編撰出版了一本《出征華中》的大型戰地攝影畫冊。該畫冊「收集
了隨軍的作家、畫家們提供的珍貴作品」，有挑選出的照片 400 餘幅，
配以日軍歷屆司令官的講話，以及文字資料與作戰地圖多幅，全面反映
從 1937 年 8 月到 1940 年 10 月期間日軍在華中各地作戰的歷史，其中
重點宣揚所謂「南京戰」的巨大戰績。日方當局將攻略南京與南京大屠
殺作為侵華戰爭的典範之作。松井石根親自為此畫冊題寫書名。日陸軍
省情報部為之推薦。日「中國派遣軍」總司令部報導部部長馬淵逸雄大
佐在為該畫冊寫的序言中說：

> 作為出征華中的記錄，這是具體的最好的作品，其目的不僅
> 是在於清晰地記錄了華中作戰的經過大要，而且通過藝術的形
> 式，把國民付出的努力的偉大精神和形象留給後世。[36]

第三節　日本傳媒對日本軍民的煽動與矇騙取得很大的成功

日本軍國主義當局實施的嚴厲控制與充分利用新聞傳媒的法西斯
政策，日本新聞傳媒進行的欺騙宣傳活動與輿論導向，在日軍進攻南京
戰役與南京大屠殺中，對日本軍民的矇騙與法西斯鼓動，取得了很大的
成功，發揮了重要作用。

日本軍國主義當局十分重視新聞宣傳的作用，日軍打到哪裡，記者
就跟到哪裡，日本的各種報紙也迅速送到哪裡，向日軍官兵廣為散發。

---

[35] 堯生：〈浸滿血淚歷史的南京大鼎〉，刊《南京黨史》（內刊）1996 年第 2 期。
[36] 日本「中國派遣軍」總司令部報導部編：《出征華中》，該部 1940 年 10 月南
京出版，第 3 頁。

在日軍攻擊南京與大屠殺的日子裏，日本當局組織專門機構，將那些刊滿了關於日軍攻城掠地、發揚武威、戰功赫赫的真真假假報導的日本各大小報紙迅速送往南京前線，送到日軍各部隊中，以鼓舞士氣。同盟社特派記者前田雄二回憶他在被日軍佔領後的南京，曾看到從日本國內各地送來的各種各樣的報紙：

> 回去的途中，我順便去了警備司令部的報導室，這裏盡是來自國內的報紙。除了東京的報紙外，還積存了來自大阪、名古屋、九州的報紙。這些都是佔領南京前後的報紙。
>
> 我在報紙當中找到了署有自己名字的報導，這在第一版或社會版發現的。我抱著自信發過去的報導完整無誤地刊登了出來。特別是在地方報紙上，更是以大字標題刊登了出來，從攻擊紫金山到佔領中山門；從來自城內的第一篇報導到掃蕩殘敵的激烈情景等都被刊登了。
>
> 我貪婪地反覆閱讀著。在這一刻，我忘卻了所有的艱辛，看著自己寫的報導被刊登出來，我心潮澎湃。稻津在我之後也看到了拍攝的照片。[37]

這些刊滿了關於日軍攻佔南京、發揚武威、戰功赫赫的報導的日本各大小報紙在日軍各部隊的官兵中廣泛傳閱，立即發揮了重大的作用，進一步煽動起官兵的法西斯戰爭狂熱。

擔任進攻南京主力之一的日軍第16師團步兵第19旅團第9聯隊第2中隊長赤尾純藏大尉在其回憶錄《火化的青煙——悼念殉國之士》中，就寫到日本新聞傳媒關於日軍攻佔南京、發揚武威的報導，曾感動與鼓舞了南京前線官兵的士氣：

> 12月14日上午9時左右，我們中隊的岡崎準尉帶著幾張國內的報紙來探望我。每份報紙的頭版頭條都用很大的字體滿滿地

---

[37] [日]前田雄二：《在戰爭的激流中》，東京善本社1982年8月1日版；前引《南京大屠殺史料集》（33），江蘇人民出版社2007年版，第455頁。

刊登著南京攻略戰的報導，還有後方的日本國民們列隊在東京都
禦所前和宮城前慶祝南京攻略戰勝利的照片。此外在《朝日新聞》
的第一版，刊載著我們中隊在敵人陣地中孤軍奮戰的報導和我的
照片。看到這些，我熱淚盈眶，忍不住流下了眼淚。[38]

另一個隸屬於日上海派遣軍獨立工兵第 1 聯隊的上等兵岩崎昌
治，在 1937 年 12 月 17 日致親友的一封信中，寫道：

11 月 26 日前後的《讀賣新聞》報導了我們中隊的情況，請
你看一下，就會知道我們拼命到何種程度了。大家拼了命地在戰
鬥。男人一生中才有這麼一次大顯身手的舞臺和以命相搏的表現。

岩崎昌治在同一天致親友的另一封信中，寫道：

在南京看了 12 月 14 日的報紙新聞。在國內，人們現在正舉
著旗子排著隊伍遊行，熱鬧得不得了吧。[39]

正是日本軍國主義當局的新聞政策與日本新聞傳媒的宣傳煽動，對
日軍南京大屠殺起了煽風點火與推波助瀾的作用。

而日本軍國主義當局的新聞政策與日本新聞傳媒對日軍南京大屠
殺暴行的嚴密新聞封鎖，又使得廣大日本民眾一直對這一驚天血案一無
所知，一直蒙在鼓裏。

在日本當局對新聞宣傳頒佈種種法規政策與採取種種措施的嚴厲
控制下，日本的報刊雜誌不敢也不可能刊登任何有關日軍在南京真實
情況的報導，充斥的是連篇累牘的歌頌日軍「聖戰」與「仁慈」的報
導與文章；日本民間也很少有關南京大屠殺的議論。這種情況一直延

---

[38] [日]赤尾純藏：《火化的青煙──悼念殉國之士》；前引《南京大屠殺史料集》
（33），江蘇人民出版社 2007 年版，第 87～88 頁。
[39] [日]岩崎昌治：《陣中書信》；前引《南京大屠殺史料集》（32），江蘇人民出
版社 2007 年版，第 443～446 頁。

續到日本戰敗投降。日本當局對新聞宣傳的嚴厲控制政策取得了很大的成功。

日本著名的右翼人士、曾擔任過松井石根秘書的田中正明在 1984 年出版的《「南京大屠殺」之虛構》一書中，得意地說：

> 我，為了寫此書（本書著者按：指《「南京大屠殺」之虛構》一書），專門將《朝日新聞》、《每日新聞》（當時稱《東京日日新聞》）、《讀賣新聞》三家報紙 1937 年 12 月至翌年 2 月，即發生所謂「南京大屠殺」那個時期的縮印版複製下來，對當時的新聞報導，進行了詳細查閱。雖說當時須謹言慎行並有新聞檢查，但翻遍這三家報紙的所有版面，卻不見有關殺人、強姦的片言隻語。[40]

而日本正直的學者菊地昌典在 1973 年 11 月由東京河出書房新社出版的著作《南京事件與日本的新聞報導》中，憤慨地說：

> 要從當時的日本報紙瞭解南京大屠殺，近乎不可能。赫赫戰果，日本軍的人道主義，後方日本國民的無保留聲援，這樣的新聞充斥了報紙……
>
> 讀南京事件前後的報紙，首先痛感的是，在這時大報已完全成了天皇制法西斯走狗的嚴酷事實……
>
> 要從這樣的報紙力透紙背地認清「皇軍」的殘虐和侵略性格，是至難的。[41]

日本進步史學家洞富雄在 1982 年出版的《南京大屠殺》定本一書中指出：

---

[40] 中譯文引自[日]田中正明著，軍事科學院外國軍事研究部譯：《「南京大屠殺」之虛構》，世界知識出版社 1985 年版，第 12 頁。

[41] [日]菊地昌典：《南京事件與日本的新聞報導》，東京河出書房新社 1973 年 11 月出版；中譯文引自程兆奇：《南京大屠殺研究》，上海辭書出版社 2002 年版，第 30～31 頁。

其實，南京大屠殺事件在當時早已為世人所知，完全被蒙在鼓裏，並歌頌聖戰的那只有日本人了。[42]

曾參加進攻南京與大屠殺的日軍士兵曾根一夫則指出：

眾所周知，日軍從開始向南京進軍，到進攻南京城，直到佔領南京期間，實施了那場世界戰爭史上史無前例的大屠殺，事情發生在昭和 12 年 12 月。

但是，當時的大部分日本國民是不知情的。瞭解情況的那一部分人，卻始終佯裝不知。而在歐美，一批當時在南京的記者對此進行了報導。日本國內始終作為絕密情報處理。直到盟軍在遠東軍事法庭審判時，才將此事揭露出來，日本國民被蒙蔽了整整十年。

國民之所以不知道日軍在南京的所作所為，是因為政府的保密態度。……政府盡其手段來美化戰爭，欺騙國民。[43]

同時我們要指出，在日本侵華期間，特別是在戰爭初期，日本民眾中的大多數人，由於長期受到日本軍國主義的教育與戰爭宣傳煽動的影響，對中國軍隊與中國人民有很大的偏見，沉醉於日軍武運長久、所向無敵、戰功赫赫、「攻佔敵國首都」的狂熱與興奮之中，盲目相信日本報刊的排山倒海般的虛假報導宣傳，而對日軍在中國的暴行根本不願過問。曾根一夫說：

對於（日本報刊的）這些報導，雖說國民不見得全信，但是由於早已習慣了虛假報導，也沒有人想知道真相。沒有人在乎我方究竟有多少傷亡，這場戰爭有多艱難。更何況是那些投降的俘虜了，有誰過問如何處置俘虜之類的事呢？

---

42 中譯文引自[日]洞富雄著，毛良鴻、朱阿根譯：《南京大屠殺》，上海譯文出版社 1987 年版，第 10 頁。

43 [日]曾根一夫：《我所記錄的南京屠殺──戰史中沒有記載的戰爭故事》，前引《南京大屠殺史料集》（10），江蘇人民出版社 2005 年版，第 253～254 頁。

這時的國民，正沉醉於打勝仗的興奮之中，白天舉旗遊行，晚上提燈籠遊行，一派節日氣氛。當時這被稱作士氣高昂。[44]

曾根一夫指出日本軍國主義當局長期封鎖南京大屠殺真相在戰後所產生的不良影響，說：

「南京事件」就是這樣被封存了。直至昭和二十年（本書著者按：指 1945 年）8 月 15 日，日本無條件投降並且皇軍解散的八年期間，大部分國民一直被蒙在鼓裏。

……

而完全蒙在鼓裏的普通日本國民，一直到此事在聯合國遠東軍事法庭被披露後才得知，因此有些人甚至誤認為是捏造的。

戰時的日本國民就是這樣，任憑權勢階層按照自己的需要隱瞞很多大事。[45]

第四節　日本傳媒洩露的南京大屠殺的蛛絲馬跡

但世界上沒有不透風的牆。日本當局再嚴密的政策與措施，也不可能完全遮蔽天空。在日本當時的報紙上，有一些新聞報導與有關文章論著，由於各種原因，竟洩露出一些日軍在南京暴行的蛛絲馬跡。正如日本歷史學家秦郁彥所說：「如果深加探索，關於南京事件的蛛絲馬跡，並不是不能找到的。」[46]

---

[44] [日]曾根一夫：《我所記錄的南京屠殺——戰史中沒有記載的戰爭故事》，前引《南京大屠殺史料集》（10），江蘇人民出版社 2005 年版，第 255 頁。

[45] [日]曾根一夫：〈我所記錄的南京屠殺——戰史中沒有記載的戰爭故事〉，前引《南京大屠殺史料集》（10），江蘇人民出版社 2005 年版，第 255 頁。

[46] [日]秦郁彥：《南京事件——虐殺的構造》，[東京]中央公論新社 1999 年 8 月 20 日第 20 版第 17 頁；中譯文轉引自程兆奇：《南京大屠殺研究》，上海辭書出版社 2002 年版，第 43 頁。

　　首先，許多日本隨軍記者在日軍佔領南京的最初幾天，發出了多篇關於日軍抓獲大批中國戰俘的報導，數位達六、七萬之多；然而後來卻不再報導這些戰俘的下落。

　　例如，在 1937 年 12 月 13 日《東京朝日新聞》號外就刊登了同盟社隨軍記者 12 月 13 日從南京中山東路發出的一則電訊，報導日軍第 13 師團（仙台師團）第 103 旅團——山田支隊的第 65 聯隊（因聯隊長是兩角業作大佐，因而稱「兩角部隊」，號稱「白虎部隊」），在從鎮江向南京進擊中，在南京城外紫金山麓俘獲大批中國戰俘：

> 　　城外的殘兵敗將為了不讓皇軍發現，隱藏在附近的山裏。可是很快就被發現，約有三千人被俘；在城牆外最後一戰中失敗的中央軍精銳部隊，避開了皇軍的視線，潛入紫金山後山裏，但我軍採取火攻手段，向殘兵敗卒四周放火我士兵僅五十人等待著從煙熏中逃出來的約五百名中國兵，終於俘虜了他們。[47]

　　這是日本報紙首次刊登日軍在南京抓獲大批中國戰俘的報導。從這則電訊中可見中國守軍被俘之多。

　　接著，在以後幾天的日本報紙上，幾次刊登關於日軍在南京抓獲大批中國戰俘的報導。

　　例如，1937 年 12 月 15 日，《東京朝日新聞》社記者平松和藤本從南京拍發出電訊稿，刊登在 1937 年 12 月 16 日《東京朝日新聞》上，大字標題是〈仍有二萬五千人潛伏，繼續追捕敗殘兵，特別保護外國權益〉。報導寫道：

> 　　據推測，有 25,000 人之多的殘敵換成便衣，潛伏（南京）市內。所以我軍一面努力掃蕩搜捕，一面調查有殘敵嫌疑的人。」[48]

---

[47]　前引[日]洞富雄著，毛良鴻等譯：《南京大屠殺》，上海譯文出版社 1987 年版，第 4～5 頁。

[48]　[日]平松、藤本：《仍有二萬五千人潛伏，繼續追捕敗殘兵，特別保護外國權

12 月 15 日出版發行的《東京朝日新聞》16 日晚刊，刊登報導，題為〈南京一帶掃蕩的戰果〉，副題為〈捕獲敵軍六萬俘虜，皇軍繼續清查掃蕩〉。日本的其他各報也都刊登了同盟社 15 日從上海發出的這則報導：

> 據同盟社上海十五日電，我軍攻佔南京後，在城內外，僅從大野、野田、助川、片桐等由右翼北面進攻的各部隊來看，被俘或被殲的中國軍隊也不下一萬名，總人數估計至少有六、七萬名，另外，還繳獲了無數戰利品。[49]

這裏說的「攻佔南京後」，是指在 12 月 13 日至 14 日這兩天的時間內。日方宣佈，在這僅僅兩天的時間內，日軍就俘獲了中國戰俘「至少有六、七萬」。那麼，在此後連續多日，日軍又捕獲了多少中國戰俘呢？

在日軍中抓獲俘虜最多的，無疑是第 13 師團山田支隊的第 65 聯隊，即「兩角部隊」。該部隊在從鎮江沿長江南岸向南京東北部的棲霞山、烏龍山炮台、幕府山炮台一線進攻時，在紫金山麓與長江邊，先後捕獲了從南京城內外潰退下來的「喪失了鬥志」的數萬中國戰俘。

1937 年 12 月 16 日，《東京朝日新聞》號外，刊登特派記者橫田 12 月 15 日當日發自南京的電訊報導，大字標題是：〈兩角部隊巨大功勳，捕獲一萬五千敵軍俘虜〉，首次報導日軍兩角部隊在長江邊捕獲了從南京城潰退下來的 14777 名中國戰俘的消息：

> [橫田特派記者南京 15 日電]：從鎮江沿揚子江岸猛烈攻擊的兩角部隊，在 13 日佔領烏龍山炮台、14 日佔領幕府山炮台。當時，中國第十八師、第八十八師及軍官學校教導總隊等軍隊，

益〉，刊《東京朝日新聞》1937 年 12 月 16 日；前引《南京大屠殺史料集》（6），江蘇人民出版社 2005 年版，第 240 頁。

[49] 報導：〈南京一帶掃蕩的戰果〉，刊《東京朝日新聞》1937 年 12 月 16 日晚刊；中譯文引自[日]洞富雄著，毛良鴻、朱阿根譯：《南京大屠殺》，上海譯文出版社 1987 年版，第 8 頁。

> 總數一萬四千七百七十七名，土崩瓦解，從南京城內潰退下來，舉白旗投降。兩角部隊以少數兵力，將一萬四千七百七十七名敵兵全部捕獲，建立了巨大功勳。[50]

同日，兩角部隊在南京長江邊捕獲 14777 名中國戰俘的消息更成了這支部隊家鄉——仙台福島縣報紙《福島民友新聞》的重要新聞。該報於此日刊登報導，標題是〈兩角部隊巨大功勳，捕獲一萬五千敵軍戰俘，壯觀！佔領幕府山炮台〉，還配發刊登了一張兩角部隊在一個村莊關押大批中國戰俘的照片。[51]這張照片後來又刊登在朝日新聞社 1938 年 1 月 5 日出版的《朝日畫報：日華事變畫報》第 11 輯上，說明是：「被兩角部隊拘押在南京城外一村落的部分俘虜[上野特派記者 12 月 16 日攝]」[52]。當時兩角部隊將大批中國戰俘集中在一起，關押在幕府山下、長江岸邊的一個村莊——上元門的一家兵營裏。日本學者洞富雄推測，這幅照片恐怕就是這些中國戰俘被屠殺的前一天拍攝下來的。[53]

問題是，被日軍兩角部隊捕獲的這「14,777 名中國戰俘」，後來怎樣了呢？對此，日本各報都再沒有後續報導。實際上，這支「被捕獲的 14,777 名中國戰俘」的龐大隊伍，後來人數不斷增加，2 萬人，3 萬人，最後達到 4 萬人以上。他們在哪裡消失了呢？——事實證明，他們後來都在 12 月 16 日夜被日軍第 65 聯隊野蠻地集體屠殺了，成為日軍南京大屠殺中一次殺人最多的血案。這在兩角部隊許多官兵後來的回憶與日本記者秦賢助的調查中，可以找到十分詳盡、可靠的答案。這在本書前面已有論述。

---

[50] [日]本多勝一著，筆者譯：《南京大屠殺始末採訪錄》，北岳文藝出版社 2001 年版，第 365 頁。

[51] [日]本多勝一著，筆者譯：《南京大屠殺始末採訪錄》，北岳文藝出版社 2001 年版，第 365～366 頁。

[52] [日]本多勝一著，劉春明等譯：《南京大屠殺始末採訪錄》，北岳文藝出版社 2001 年版，第 366、368～369 頁。

[53] [日]洞富雄著，毛良鴻、朱阿根譯：《南京大屠殺》，上海譯文出版社 1987 年版，第 36 頁。

　　雖然日本各新聞傳媒在日本當局的嚴厲管制下，沒有刊登這次血案的一個字，但我們還是可以從中找到這次集體大屠殺的一些蛛絲馬跡。

　　例如 1937 年 12 月 17 日，《東京朝日新聞》早報刊登記者橫田 12 月 16 日發自南京的電訊報導，大字標題是：〈大批俘虜令人棘手，二十二棟房舍擁擠不堪，糧荒可能招來麻煩〉，報導日軍山田支隊兩角部隊在長江邊捕獲 14,777 名中國戰俘後，稱因無法提供俘虜的給養，已對這支龐大的戰俘隊伍感到棘手與厭煩。內容如下：

　　　[橫田特派記者南京 16 日電]：在烏龍山、幕府山炮台附近的山地裏，兩角部隊俘虜了一萬四千七百七十七名從南京城潰退下來的敵兵。總之，那是前所未聞的大批俘虜，因而抓獲的部隊似有點吃驚與厭煩。因為我方人數少得不能與之相比，無法應付如此之眾的大批俘虜。所以先是叫他們丟掉槍支，然後暫時把他們押進營房。雖說是一個師以上的軍隊，就是擠得緊緊的，也塞滿了二十二棟大營房，情況空前……最感到困難的是伙食，現在連自己的部隊也都不得不在當地想辦法，突然再來這麼多俘虜，僅為他們解決吃飯問題也實在太困難了。因為就連弄到一萬五千隻飯碗也根本不可能，因而頭一天晚上也就不可能給他們吃到飯。部隊只得儘快集中全部馱馬，四出搜羅吃的東西。……[54]

　　這其實是日軍為實施大屠殺製造藉口。日本學者洞富雄指出：

　　　據前面提到的 16 日南京發佈的消息記載，橫田記者告訴一個俘虜——教導總隊參謀沈博施說：「聽說今晚能供應伙食。」當時沈參謀回答，「深表感謝。只要能給我配備汽車和警衛員，

---

[54] [日]橫田特派記者南京 12 月 16 日電：〈大批俘虜令人棘手，二十二棟房舍擁擠不堪，糧荒可能招來麻煩〉，刊《東京朝日新聞》1937 年 12 月 17 日早報；中譯文引自[日]本多勝一著，劉春華等譯：《南京大屠殺始末採訪錄》，第 364 頁；參閱[日]洞富雄著，毛良鴻、朱阿根譯：《南京大屠殺》，上海譯文出版社 1987 年版，第 6 頁；譯文略有改動。

我陪你們去富貴山炮台的地下室儲藏幾百袋大米的地方。如果搞來大米，不消說這裏所有的人當然都能解決問題，而且還能夠提供給日本軍。」但是，儲藏在南京城內這座富貴山炮台內的幾百袋大米，最後連一粒也沒有裝進沈參謀以及一萬四千七百七十七名俘虜的肚子裏。可悲的是，日本軍還藉口無法提供給養，把俘虜全部槍殺了。[55]

因此，認為是因為南京城內缺少糧食，日軍才屠殺戰俘的——這是上了日本新聞傳媒的當。姑且不論當時南京城內各公、私存糧是否能滿足全城人口數月之用，也不論從近在左右的上海、無錫、蕪湖等日軍佔領的著名產糧地調運糧食來南京是多麼方便，即便糧食不夠供應，日軍可以釋放戰俘，或設立戰俘營，讓其餓斃，而不需急著大開殺戒；更何況，日軍殺得更多的是無辜的平民呢！

再例如兩角部隊家鄉——仙台福島縣報紙《東京朝日新聞》福島縣版則公開赤裸裸地鼓吹「一個不剩地斬盡殺絕」全部戰俘。這家報紙在12月17日刊登的報導的標題是〈捕獲一萬五千中國戰俘，何等壯觀的武勳，福島縣同鄉喜不自禁〉，在報導兩角部隊的戰果在其家鄉福島縣引起的巨大喜慶時，竟有這樣的話：

……（對這些中國戰俘）乾脆一個不剩地斬盡殺絕算了，還……。[56]

日本報紙的這些報導與評論透露了一個重要的資訊——日軍南京大屠殺的資訊。儘管日本當局嚴厲查禁日本報刊透露一點日軍在南京大屠殺暴行的消息，但還是在不經意間露出了破綻。

---

[55] [日]洞富雄著，毛良鴻、朱阿根譯：《南京大屠殺》，上海譯文出版社 1987年版，第 36 頁。

[56] 中譯文引自[日]本多勝一著，劉春明等譯：《南京大屠殺始末採訪錄》，北嶽文藝出版社 2001 年版，第 365 頁。

　　為了掩蓋日軍大規模屠殺數萬中國戰俘的暴行，日本「華中方面軍」司令部在 12 月 18 日發表關於攻佔南京的戰果時，就改口了，不再提日軍俘獲中國戰俘「至少有六、七萬名」，而改稱日軍在南京俘虜了中國官兵僅僅「達數千」：

　　　　當攻打南京時，敵軍遺棄屍體不少於八、九萬，俘虜達數千。繳獲武器和軍需物資甚多，包括二十四英寸口徑的榴彈炮等等，並有步槍、彈藥及其他。[57]

　　這則消息立即被刊登在日本各報上。顯然，日軍當局有意大大縮小中國戰俘的人數。這個數字是不真實的。日軍當局的目的，是為了掩蓋被他們大量屠殺而「消失」的中國戰俘。日本史學家洞富雄指出，當他看到「俘虜達數千」這個數字時，就「不寒而慄地感覺到，當時可能已對俘虜進行了大屠殺」。他說：

　　　　暫且不提遺棄的屍體有多少，但俘虜的實際數字，上海軍（本書著者按：指日本「華中方面軍」）理應大體上掌握。可是，它為何含糊其詞地發表說「達數千」呢。我不寒而慄地感覺到，當時可能已對俘虜進行了大屠殺。……俘虜的實際數字不會少到這種程度，這是不言而喻的。

　　洞富雄還推測，日軍當局公佈的「俘虜達數千」的這一數字，表明「俘虜沒有全部被斬盡殺絕，可能有五千名左右倖免於難。」[58]

　　其次，關於日軍在南京城內連續多日大規模搜查與捕殺中國官兵，日方的許多新聞報導與報告文學也有透露。

　　擔任進攻南京的日軍戰車（坦克）隊隊長的陸軍少佐藤田實彥，寫了一本回憶錄《戰車戰記》，在 1940 年出版，記述他親自率領日軍最精

---

[57]　中譯文引自[日]洞富雄著，毛良鴻、朱阿根譯：《南京大屠殺》，上海譯文出版社 1987 年版，第 9 頁。

[58]　[日]洞富雄著，毛良鴻、朱阿根譯：《南京大屠殺》，上海譯文出版社 1987 年版，第 9～10 頁。

銳的戰車部隊，從華北戰場向南京進發，最後參與攻克南京戰役的情況。──該書是日本方面正面記述與描繪日軍進攻南京戰事的重要作品之一，作者的身份又不同凡響，因而有「經典」的意義。全書處處流露著日本軍國主義對中國武力征服、恐怖威懾政策的霸氣與殺氣。其中，南京戰事是主要內容。他大力吹噓他的戰車部隊所向披靡、無堅不摧、不可阻擋。中國軍隊在南京週邊為了阻擋日軍的進攻，破壞橋樑、道路等交通設施，還修築了多種防禦工事，但在日軍先進的武器與強大的攻勢面前，一切都無濟於事，中國軍隊只能撤退逃跑，以至修築的碉堡一次也沒有使用，還留下了兩千多罐汽油來不及運走而成為日軍的戰利品。在日軍進攻南京城時，藤田實彥率領精銳的戰車部隊擔任進攻南京中華門的任務。中國軍隊頑強抵抗。藤田實彥的戰車部隊發揮了強大的威力，奮勇攻入南京城內。在全書的結尾，寫到日軍佔領南京後，中國兵在失敗後無法逃離南京，只得換上便裝混在老百姓中，裝作「良民」。但在日軍清查時，「每天都有數千名穿著平民衣服、裝扮成平民模樣的支那兵被甄別出來」。[59]那麼，按此計算，在幾十天中，就有數萬、十數萬人被當作中國戰俘，被日軍抓捕。這些被日軍清查出來、被日軍抓捕的十數萬中國戰俘們以後的命運如何呢？藤田實彥沒有明確交代，但卻引起了讀者的關注。這是藤田實彥可能沒有想到的必然結果。印證無數的材料，這些被日軍清查出來、被日軍抓捕的十數萬中國戰俘們很快就被日軍野蠻地殺害了。藤田實彥在吹噓、炫耀日軍的威力與戰績時，卻無意中帶出了一點南京大屠殺的真相。

在 1937 年 12 月 15、16 日，南京各部日軍為了舉行一場規模盛大的「入城式」，加緊對中國軍民的屠殺，將大屠殺推向高潮。這在日方的許多新聞報導與紀實文學中也有透露。

例如詩人西條八十受《讀賣新聞》社派遣，於 1937 年 12 月 17 日趕到南京，專事參觀與採訪日軍的「南京入城式」。他寫的題為〈盛大

---

[59] [日]藤田實彥：《戰車戰記》，大阪每日新聞社 1940 年 10 月 25 日發行；前引《南京大屠殺史料集》(33)，江蘇人民出版社年版，第 297 頁。

的南京入城式〉一文，刊登在 1938 年 7 月出版的《談話》臨時增刊《支那事變一年史》上。其中有一節敘述如下：

> 我們乘的驅逐艦「H——」駛抵南京下關碼頭時，已是深夜了。至翌晨 9 時，我們才獲准上岸。很早起床的人都說是聽到對岸激烈的槍聲，遙見火焰沖天。看來，在舉行盛大的入城式前，為了清除馬路上的屍體和掃蕩殘敵，士兵們好像忙了一個通宵。
>
> 我們乘小艦先來到傍靠在棧橋邊的軍艦「A——」（中略）。
>
> 我邊想著邊舉杯喝茶，一面透過船窗望著早晨的長江。寬闊的江面，江水像隅田川那樣混濁，但沒有看到浮屍。不過，一片油膩的東西漂浮在江面上，閃閃發光。從未見過的黑色水鳥在軍艦附近江面上，時而浮起，時而沉下水。
>
> 我順著舷梯下了軍艦，上岸（中略）。
>
> 我出去一看，見碼頭斜對面有一座高高的板牆。牆內中國兵的屍體堆積如山。我心想「已漸漸開始啦。」
>
> 我一直往前跑去，來到寬闊的中山北路。那是白楊樹覆蓋的林蔭道，參加閱兵式的軍隊在不斷地行進著。他們首先要穿過陰暗的挹江門。那裏，在厚得令人吃驚的鐵門背後，沙袋集中在一起。從這一帶開始，一路上，看到橫躺著很多穿著當地居民衣服的中國兵屍體以及死去的軍馬。[60]

　　西條八十所寫的這段見聞，透露出日軍已佔領南京近五天、中國軍隊早就停止戰鬥後，南京城裏竟還有「激烈的槍聲」、「火焰沖天」。這顯然不是正常的兩軍激戰，也不是什麼「掃蕩殘敵」等，而是地地道道的瘋狂屠殺中國軍民。這段見聞還描述了日軍大屠殺後遺留下來的血腥場面：「中國兵的屍體堆積如山」，「一路上，看到橫躺著很多穿著當地

---

[60] [日]西條八十：〈盛大的南京入城式〉，刊《談話》1938 年 7 月臨時增刊《支那事變一年史》；轉引自洞富雄著，毛良鴻、朱阿根譯：《南京大屠殺》，上海譯文出版社 1987 年版，第 56～57 頁。

居民衣服的中國兵屍體以及死去的軍馬」等。對於文中所說「已漸漸開始啦」這句話，日本戰後第一個研究戰爭文學的高崎隆治發表在日本未來社機關雜誌《未來》1976 年 12 月號上的一篇文章，題目是〈一九三七年十二月十三日——南京大屠殺〉，解釋說，西條八十看到「屍體堆積如山」後慨然地說「已漸漸開始啦」，這無疑意味著屠殺俘虜。這只能認為是西條八十根據自己的判斷，預料到將會發生這種事情，或是西條八十從誰那裏聽說到即將會發生這種事情。如果是這樣的話，屠殺決非偶然發生的事件，所謂「不幸」的事件，似乎只能說是出自於日本軍隊本質的有計劃、有意識的殘忍的屠殺。[61]

一些來到南京戰場的日本人寫的歌頌日軍「戰績」的詩歌中，也透露了日軍大屠殺的暴行點滴。例如一位名叫三田零人的，目擊了枕藉在南京城內外的二萬餘具屍體，寫下如下詩句：

眼前屍體堆積如山，二萬生命遭難，毛骨悚然。[62]

另一位名叫堀川靜夫的日軍憲兵描繪南京戰場的詩句是：

棄屍八萬，令人驚歎，有口難言。[63]

日本學者洞富雄在介紹與評述這些詩句時，寫道：這大量的屍體，「他們是在日本裝甲部隊——曾痛擊丟下武器後潰逃的大兵團——的機槍掃射下被殲滅的呢，還是日本軍對毫無抵抗的俘虜和殘兵敗卒進行大屠殺？……不管死於什麼情況，它可以看作為大屠殺的一個例子。」[64]

---

[61] [日]高崎隆治：〈一九三七年十二月十三日——南京大屠殺〉，刊《未來》1976 年 12 月號；轉引自洞富雄著，毛良鴻、朱阿根譯：《南京大屠殺》，上海譯文出版社 1987 年版，第 57 頁。

[62] 該詩原載於《短歌研究》1938 年 6 月號第 78 頁；轉引自[日]洞富雄著，毛良鴻、朱阿根譯：《南京大屠殺》，上海譯文出版社 1987 年版，第 65 頁。

[63] 該詩原載於昭和十五年（1940 年）出版的《南京》詩集第 79 頁；轉引自[日]洞富雄著，毛良鴻、朱阿根譯：《南京大屠殺》，上海譯文出版社 1987 年版，第 65 頁。

[64] [日]洞富雄著，毛良鴻、朱阿根譯：《南京大屠殺》，上海譯文出版社 1987

　　由日本「東寶映畫株式會社」的攝影師白井茂等人在 1937 年 12 月中旬到 1938 年 1 月上旬，在南京拍攝的日軍佔領南京的電影新聞紀錄片《南京》，雖礙於日軍的新聞檢查條例，未敢直接拍攝日軍大屠殺的景況，但從該影片中仍可看到南京曾遭到搶劫、破壞、火燒的明顯痕跡，看到南京難民疲憊無力的表情，反映出日軍大屠殺給南京人民帶來的災難。[65]

　　第三，1938 年春夏間，日本新聞傳媒在報導南京日偽當局組織各機構連續多日掩埋南京城內外無數的屍體時，透露出日軍在南京大屠殺中，殺害中國軍民的人數之多與規模之大。

　　例如 1938 年 4 月 16 日北京的《大阪朝日新聞》（華北版）刊登特派記者林田寫的〈南京通訊第五章衛生之卷〉，報導南京掩埋屍體的情況，內稱：

> 　　南京消息，戰後的南京首先必須清理的是敵人的棄屍。數以萬計的屍體有的填滿壕溝，有的在小河裏堆積如山，如果撒手不管的話，無論從衛生方面來講，還是從穩定人心來講，均有百害而無一利。
>
> 　　為此，紅卍字會和自治委員會及日本山妙法寺的僧侶們聯合進行清理工作。他們把腐爛的屍體裝上卡車，運往固定的場所埋掉。他們忍著令人作嘔的惡臭，日以繼夜地工作，到目前為止，在城內清理屍體 1,793 具，在城外清理屍體 30,311 具。此舉頗費人力、物力，共花費金額約 11,000 元，勞工 56,000 人。儘管如此，城外山後的背陰處目前仍留有相當數量的屍體，因此，要在盛夏之前清理完畢，還需提供資金 8,000 元。[66]

年版，第 65 頁。

[65] [日]笠原十九司：《南京大屠殺不是偽造照片的寶庫》，[日]「南京事件調查研究會」：《南京大屠殺否定論的十三個謊言》，柏書房 1999 年版；易青譯，未刊。

[66] 中央檔案館、中國第二歷史檔案館、吉林省社科院合編：《日本帝國主義侵

　　人們讀了這些報導，會產生疑問：這些成千上萬的屍體，難道都是
在戰場上戰死的中國官兵嗎？

　　直到 1939 年 4 月 27 日，《朝日新聞》社在上海召開座談會。南京
偽組織「大民會」總部組織部部長王鴻恩在發言中，講到日軍攻佔南京
後，南京人民「所受的痛苦情形」與南京人口的急劇減少：

> 　　現在先就南京市民眾在事變的當時所受的痛苦情形，作一個
> 簡單的報告。南京市人口在事變以前，即黨政府的全盛時代，計
> 有人口一百零七萬之多，及至事變後，人口驟減至十七萬之數，
> 相差幾達九十萬。此中原因，固然是一部分的民眾受了蔣介石的
> 惡意宣傳，相率逃避，而其中的一部分則因誤會或種種不可避免
> 的關係而罹難散失與犧牲。……後來日本軍隊進城了，因為肅清
> 殘敵又殺死了好幾萬人，而中間最悲慘的一件事，就是一般無辜
> 的善良民眾，因為當時沒有顯明的識別，日本軍隊不能認識他
> 們，聽說也死亡了幾萬人。這些情形，雖然是在戰爭的過程中所
> 不能避免的事實，然而在民眾的本身上所受到的戰爭給予的慘
> 痛，是懷有深刻不可磨滅的印象的。[67]

　　這位漢奸在講話中也不得不承認，日軍進攻南京，使得許多民眾「因
誤會或種種不可避免的關係而罹難散失與犧牲」；日軍進入南京後，「因
為肅清殘敵」，又殺死了好幾萬南京民眾；因為不能「顯明的識別」，又
殺死了幾萬「一般無辜的善良民眾」。這三者相加，被日軍殺死的南京
民眾就有十萬人左右。僅以《朝日新聞》報導的這位漢奸所承認的數字，
儘管是被大大地縮小了，日軍佔領南京前後殺死無辜民眾如此之多之
慘，難道還不是大屠殺麼？

華檔案選編──南京大屠殺》，中華書局 1995 年版，第 1014 頁。

[67] 中央檔案館、中國第二歷史檔案館、吉林省社科院合編：《日本帝國主義侵
華檔案資料選編──南京大屠殺》，中華書局 1995 年版，第 1084-1085 頁。

　　第四，1939年底，有一家日本雜誌刊登了一篇文章，明確指責松井石根在指揮日軍攻佔南京後「犯了一個巨大錯誤」。這就是東京的一家基督教刊物《嘉信》。該雜誌第三卷第一號刊登了日本著名知識界人士矢內原忠雄於1939年11月26日的一次講演，直斥擔任「南京事件當時的最高指揮官」的「陸軍大將」，即松井石根，在指揮日軍攻佔南京期間，「他對美國教團建立的基督教女校（按：指「金陵女子文理學院」）犯了一個巨大錯誤。此事經報導後，對外國，尤其是美國的排日感情無異於火上澆油。」因而，他要求松井石根「必須在基督教會前低頭認罪」。如前所述，矢內原忠雄原是日本東京帝國大學教授，著名的經濟學家。因為他在1937年9月號的《中央公論》上發表了〈國家的理想〉一文，被日本內務省警保局視為無視國家的危險思想，勒令刪除；接著，他在1936年6月由岩波書店出版的《民族與和平》一書也被內務省警保局審出有「反戰」思想，擾亂安寧秩序，不僅加以禁止，而且要求文部省加以處罰。矢內原忠雄憤而辭去東京帝國大學的教職。他在1939年11月26日的這次講演中，說：

　　　　去年11月3日，在東京青山召開了基督教徒大會，上午有基督教講演，下午聽文部省宗教局局長講演，某陸軍大將也致了詞。在這位陸軍大將致詞前，司會者說，陸軍大將蒞臨，我們感到非常光榮，要求大家起立，迎接大將走上講臺。因此大家一同起立。

　　　　這位局長和大將是作為現代社會基督徒的政治解放者的身份來此與會的。否則，他們絕不會參加這次會議。這位陸軍大將是南京事件當時的最高指揮官。南京陷落時，他對美國教團建立的基督教女子學校犯了一個巨大錯誤。此事經報導後，對外國，尤其是美國的排日感情無異於火上澆油。如果此事不為基督教徒大會主辦者所知，那可以說是怠慢之至。如果知道，那就是厚顏無恥。這件事件的負責人，必須在基督教會前低頭認罪。基督教徒大會難道不應該以日本基督教徒的名義要求謝罪麼？[68]

---

[68] ［日］矢內原忠雄：〈1939年11月的一次講演〉，刊《嘉信》雜誌第三卷第一

　　矢內原忠雄在 1939 年 11 月的這次講演，向日本人民透露了一個被日本當局長期隱瞞的事實：松井石根指揮的日軍在進攻南京期間，曾對美國教團建立的金陵女子文理學院「犯了一個巨大錯誤」，並經國際新聞界報導揭露，引起了美國與國際輿論對日本的譴責與抗議。儘管矢內原忠雄沒有挑明日軍「巨大錯誤」的具體內容，但必然引起關心此事的讀者的思索。

　　第五，有一些參與進攻南京與大屠殺的日軍官兵，出於軍國主義的狂熱與「征服者」的榮耀，以自帶的照相機，自拍了很多關於南京戰事的照片，其中有許多日軍以刀砍、活埋、槍刺等方式殘酷殺害中國戰俘與平民以及侮辱中國婦女的照片，鮮活逼真，令人恐怖，是日軍南京大屠殺暴行的現場實錄。這些日軍自拍的照片，不須像日本隨軍記者拍攝的照片要送日本當局審查，而是由他們自行送往上海或南京等地的一些照相館沖印。這些日軍官兵認為這些恐怖的殺人照片是他們卓越的戰功的集中表現，是他們向人炫耀的資本，並不感到羞恥與有保密的需要。他們常常將這些照片設法寄回或贈送給在日本國內的親友，或攜帶在身邊。因而，這些照片中的一部分，就以各種原因流傳到社會上，被中外人士發現與截獲，刊載在世界各國新聞傳媒上，成為日軍南京大屠殺暴行的最強有力證據。

　　例如在戰時擔任日軍上海兵站醫院婦產科醫生的麻生徹男在其所著回憶錄《從上海到上海——兵站醫院的婦產科醫生》中談到，在日軍佔領下的上海，有很多從南京戰場歸來的日軍官兵帶來了「印證戰場的殘酷」、「殘忍得都不敢正視」的照片，並將這些照片的膠捲拿到照相館要求沖印。[69]

　　號；中譯文引自程兆奇：《南京大屠殺研究》，上海辭書出版社 2002 年版，第 48 頁；譯文略有改動。

[69]　[日]笠原十九司：《南京大屠殺不是偽造照片的寶庫》，[日]「南京事件調查研究會」：《南京大屠殺否定論的十三個謊言》，柏書房 1999 年版；易青譯，未刊。

在 1938 年擔任日「華中派遣軍」第 11 軍司令官的岡村寧次，在這年 9 月 26 日的陣中日記中寫道：「更有甚者，屢屢有人將那些殘酷行為拍照寄回家鄉，實在是瘋狂之極，只能說是對神武精神的褻瀆。最近來前線的中村軍務局長說，最近國內郵局根據郵件法沒收的這類照片已達數百張之多。喜歡炫耀他人不知之事，也是國民根性之一，是好奇心的一種。」[70]

日軍上層人士的擔心表明了日軍官兵拍攝「殘酷行為」即暴行照片的眾多與嚴重。

在日軍官兵眾多的攝影者中，日軍汽車第 17 中隊非正式照片攝影班的村瀨守保是典型的一員。他親自拍攝了本中隊官兵的許多張照片，並親自將沖洗出來的這些照片，分別寄給官兵的家屬。由於他不是在作戰部隊，而是在運輸部隊，沒有直接參加戰鬥，因此攝影相對比較自由，有可能不受制於檢查制度而能保住底片。在 1987 年，由日本機關紙中心出版了一本《村瀨守保攝影集——一個士兵拍攝的戰場記錄——我的中國從軍戰線》，其中有好幾張真實生動地反映南京大屠殺的照片。村瀨守保還為這些照片附了解說。例如他為三張日軍對南京軍民集體大屠殺的照片作了這樣的解說：「堆滿木材、澆上汽油、燒毀的屍體，實際上全是平民」，反映了日軍在集體大屠殺時，對手無寸鐵的中國軍民先是射殺，然後刺殺，為了防止生還者再次刺殺，之後澆上汽油、木材，燒毀屍體，這樣極其殘暴的手段。村瀨守保拍攝的這些照片很快廣為流傳。[71]

上海租界的《密勒氏評倫報》美籍主編 J·B·鮑威爾（John B· Powell, ? -1947）在南京大屠殺期間及其前後一段時間，就在上海「看

---

[70] [日]岡村寧次：《岡村寧次陣中感想錄》，前引《南京大屠殺史料集》(8)，第10 頁。

[71] [日]笠原十九司：《南京大屠殺不是偽造照片的寶庫》，[日]「南京事件調查研究會」：《南京大屠殺否定論的十三個謊言》，柏書房 1999 年版；易青譯，未刊。

到過許多張日本兵自己搶拍的照片，大都是在砍去中國人的頭顱的瞬間拍攝的。」有一次他在上海一家朝鮮人照相館看到了一張令人髮指的照片：「照片上的中國女人顯然是被姦淫後殺死的，而兩個日本兵竟然昂首挺胸地站在她身邊留影。」鮑威爾為此感慨道：「日本人有相互拍照的癖好，甚至是他們自己的野蠻暴行，也樂於被人拍攝！我是從上海一家朝鮮人所開的照相館中得到這張照片的——因為底片被送到這兒來沖印。由此可見，日本兵希望把這些照片都洗印出來，寄回日本，讓家鄉的朋友們觀看。對於他們不人道的暴行，這些日本兵似乎一點也沒有覺得那是一種違反現代戰爭的規則，違背人類起碼的道德的行為。」[72]

1938 年年初，一個日軍少尉軍官將他拍攝的兩卷 120「櫻花牌」膠捲送到南京一家剛剛恢復營業的「華東照相館」裏沖洗。該照相館年方 16 歲的小學徒羅瑾發現其中有多張是日軍在南京大屠殺中砍殺中國軍民與姦污中國婦女的照片。他十分激憤，就偷偷多加印了一套，作為日軍屠城的罪證保存起來，經過一番曲折，一直到戰後作為罪證提供給審判日本罪犯的中國軍事法庭。此事將在本書後面詳述。

日軍官兵自拍的恐怖殺人照片有些還被中國國民政府的國際宣傳處人員設法截獲。1938 年 5 月 6 日，中國國民黨中央宣傳部副部長兼國際宣傳處處長董顯光在給蔣介石的報告中，寫道：「隨呈附上此種照片一套，此為日軍人在戰區所攝，送至上海洗印，由職部轉輾覓得者。日人自攝暴行，測其用意，迨欲表示其威武歟？孟郤斯德導報記者田伯烈，搜集戰地第三國人所記錄之日方暴行數十篇，約十餘萬言，刊印專書，將於本月中旬在倫敦、紐約同時出版，此項照片已儘量刊載此書中。」[73]國際宣傳處將這些日軍官兵自拍的恐怖殺人的多幅照片刊載到即將出版的田伯烈英文著作《戰爭意味什麼：日軍在華暴行》及其中

---

[72] [美]鮑威爾著，邢建榕、薛明揚、徐躍譯：《鮑威爾對華回憶錄》，知識出版社 1994 年版，第 308 頁。

[73] 董顯光：《1938 年 5 月 6 日致蔣介石密呈》，中國國民黨中央宣傳部檔案，藏[南京]中國第二歷史檔案館；刊《民國檔案》2000 年第四期。

譯本《外人目睹中之日軍暴行》一書中，與文字記錄相互印證；還將這些照片發送到中外各報刊刊登，發揮了極大的宣傳作用。

日軍官兵自拍的恐怖殺人照片被中外人士刊載在世界各國許多家新聞傳媒上。例如美國著名的《瞭望》（Look）雜誌是加德納・考爾斯於 1937 年創辦的。該雜誌在 1938 年刊登了一張顯然由日軍自行拍攝的南京暴行照片，內容是幾個日軍端著步槍刺刀，正用中國俘虜做活靶子，進行刺殺訓練。已有幾個中國戰俘被日軍刺倒在血泊中，另幾個日軍正端著雪亮的刺刀向其他的中國戰俘的胸膛刺去，周邊是眾多圍觀的日本兵。日方當局指責這張照片是中國有關部門讓中國士兵穿上日軍軍服拍攝偽造的。《瞭望》雜誌加以駁斥，在照片的說明詞中寫道：「照片的真實性是毋庸置疑的，它由漢口的 W・A・Farmer 送到《瞭望》雜誌。W・A・Farmer 說，這張照片是日本人自己拍攝的。膠捲送到上海沖洗時，在一家日本人開的照片館工作的中國人多洗了一套，然後偷偷帶了出來。」[74]這張血腥恐怖的照片震驚了西方世界，任何對日軍南京大屠殺暴行尚存疑慮或不信的人都無話可說了。

再例如 1938 年 7 月，中國國民政府有關部門出版了一本《日寇暴行實錄》畫冊，其中有一張題為「活埋」的照片，記錄了日軍正在活埋幾個被逼跪在土坑裏的中國人，坑邊有一群圍觀的日軍官兵。這顯然又是一張由日軍自拍的照片，被中國政府有關部門截獲，作為南京大屠殺的罪證公佈。後來這張照片廣為流傳，有力地揭露了日軍在南京的暴行。

但由於這張題為「活埋」的照片沒有具體的拍攝時間和地點，更不知攝影者是何人，因而日方當局稱這張照片是中國宣傳部門假造的合成照片。這一直成為一個南京大屠殺歷史照片之「謎」。直到 2008 年 9月 14 日，《朝日新聞》報導，家住神戶市灘區的已 78 歲的居民吉本映

---

[74] 尹集鈞、史泳：《南京大屠殺——歷史照片中的見證》，英文版，Chicago: Lnnovative Publishing Group, 1995，第 40 頁；又見朱成山主編：《南京大屠殺與國際大救援圖集》，江蘇古籍出版社 2002 年版，第 159 頁。

三發現了一張家藏約 70 年的照片，是他父親吉本千代治戰時從南京帶回去的，照片內容是記錄日軍活埋中國人，其場景竟與當年《日寇暴行實錄》那張廣為流傳的「活埋」照片十分相同，顯然是從不同角度拍攝的同一場景。吉本映三說，他最早看到這張照片是在 1939 年至 1940 年間，與這張照片在一起的還有五六張記錄路上屍體等場面的其他照片，底片也都有。父親吉本千代治曾告訴他，坑是被活埋的人自己挖的。當時，吉本千代治在神戶市內經營一家計程車公司，他服兵役時代的上司請他到中國的日軍佔領區經營計程車，於是他去了剛剛被日軍佔領的南京考察。吉本映三不知道其父親去南京的具體時間與怎麼得到這些照片的。吉本映三在幾年前整理父親遺物時，在一本照相冊裏第二次看到了這張「活埋」的照片，但其他幾張照片與底片都不見了。日本二戰日軍史研究專家秦郁彥說，這張新發現的照片中有不止一名日本士兵可以在中方照片上找到，可以判斷兩張照片是在較為接近的時間裏從不同角度拍攝的同一場景，認為其中一張是合成照片的說法是不成立的。對日軍裝備有研究的軍事評論家辻田文雄也證實，照片中日軍士兵的軍服是「昭五式軍服」，帽子也是日軍用到 1940 年前後的軍帽，武器是「三八式步槍」，與攻佔南京及大屠殺時的日軍裝備一致。日本相機博物館的專家白山真理認為，沒有明顯跡象表明這張照片是由多張照片拼接而成的。《朝日新聞》報導的最後結論是，雖然無從得知吉本千代治如何得到這張照片和為什麼要單單留下這張照片，但可以肯定的是，一個多年來圍繞南京大屠殺歷史照片之「謎」已經解開。[75]

　　中外報刊上刊登的許多由日軍官兵自拍的關於南京日軍以刀砍、活埋、槍刺等方式殘酷殺害中國戰俘與平民以及侮辱中國婦女的照片，成為日本方面自行暴露的關於南京大屠殺的鐵證，成為揭穿日本新聞傳媒虛假宣傳報導的有力的反證。

---

[75] 報導：〈南京大屠殺歷史照片之「謎」已經解開〉，刊[日]《朝日新聞》2008年 9 月 14 日；新華社 2008 年 9 月 14 日電訊：《新照片佐證南京大屠殺活埋暴行》，刊《南京晨報》2008 年 9 月 15 日。

應該指出，由於日本軍國主義多年對廣大民眾的思想灌輸，由於日本當局對新聞傳媒的嚴厲控制與強大的宣傳主流的衝擊與掩蓋，因而上述日本新聞傳媒中洩露出來的一些日軍在南京暴行的蛛絲馬跡，是十分的微弱、灰暗、絲毫不引人注目與稍縱即逝的。事實上它們只有在戰後才作為學者們研究日軍暴行的資料，在當時日本國內並沒有產生什麼明顯的影響。至於當時日本社會上出現的一些與日本軍國主義主流媒體「異常」的聲音，也只是「閃過的一絲光亮、響起的一點雷聲」。它們很快就被當時日本軍國主義法西斯統治的無邊的黑暗與震耳欲聾的戰爭叫囂淹沒與吞噬了。

第五節　國際輿論對日方新聞傳媒的揭露與譴責

墨寫的謊言絕掩蓋不住血寫的事實。

日方當局在日軍佔領南京後，縱兵燒殺淫掠，製造了慘絕人寰的南京大屠殺；同時又千方百計控制輿論、製造假新聞，以掩蓋、粉飾日軍南京大屠殺暴行的真相。日本當局的這種法西斯屠殺政策與法西斯新聞政策，首先激起了當時在南京的許多中立國人士——西方記者與西方僑民的極大憤慨與鄙視。開始，這些善良的西方僑民被日軍瘋狂、殘暴的血腥大屠殺驚呆了。拉貝說：「我們歐洲人簡直被驚呆了！到處都是處決的場所。」[76]福斯特在日記中寫道：「但我從未夢想到，竟有這樣的人面獸心者存在於世界上，而我們必須與之打交道！」[77]這些西方記者與西方僑民基於西方傳統的人道主義精神與人類正義感，堅守國際法準則與新聞自由和正義原則，冒著生命危險，在奮不顧身救護成千上萬的

---

[76]　前引[德]拉貝著，本書翻譯組譯：《拉貝日記》，江蘇人民出版社1997年版，第190頁。

[77]　章開沅編譯：《天理難容——美國傳教士眼中的南京大屠殺（1937-1938）》，南京大學出版社1999年版，第137頁。

中國難民，與日軍的殘暴行為進行英勇鬥爭的同時，還以極大的勇氣與智慧，用多種方式向全世界揭露與報導，將被日本當局與日本新聞傳媒拼命掩蓋的南京大屠殺暴行暴露在光天化日之下。

首先是堅持留在南京危城中進行採訪的五位美、英新聞記者德丁、司迪爾、門肯、史密斯、麥克丹尼爾。他們親身經歷與親眼目睹了日軍攻入南京時的猖狂與對手無寸鐵的中國居民、放下武器的中國戰俘瘋狂屠殺的慘烈景象。這五名記者憑著記者的職業本能，立即記錄下這些他們目睹的事實，並急於要把這些南京的真相報導出去。

1937 年 12 月 14 日，美國《芝加哥每日新聞報》記者司迪爾在南京寫下了他關於日軍南京大屠殺暴行的第一篇報導，題為〈屠殺與搶劫籠罩著南京〉。文中一開頭就寫道：

> [南京 12 月 14 日]：日軍興高采烈地報導了攻佔南京、軍隊勝利入城的情況，然而，他們卻絕少提及首都淪陷前後城牆內上演的人間悲劇。
>
> 無數激情、悲愴、恐慌、野蠻擁塞在那數天之內，以至於難以用數百字，或即使用上幾千字也無法將它們恰當地表述出來。只希望通過這幾個故事來敘述我親見親聞的幾件事，由此能傳遞出這座城市經歷劫掠的一些印象。

第一段的標題是「對城市實施可怖的狂轟亂炸」，寫道：

> 我目睹了對南京城防系統兩天驚心動魄的轟炸，最終動搖並摧毀了中國軍隊的抵抗。
>
> 我耳聞隱約的隆隆炮聲、機槍聲伴隨著日軍對抵抗頑強的南門進行最後的強攻，南門那兒沖天的火焰把戰場照耀得雪亮。
>
> 此後，映入我眼簾的是南門外一片肆意屠殺的場景，有至少上千具以各種可能的姿態戰死的軍人的軀體，斷落的電話、電燈線雜亂無章地散落在周圍，到處是燒焦的殘骸，顯然，他們為緊閉的城門所困。

　　我見到日軍不但在商店裏搶，而且在居民家裏掠奪，還在醫院、難民營中洗劫。

第二段的標題是「孤苦無助的平民遭刺殺」，寫道：

　　我見過這樣的場面：一個驚懼的士兵蜷縮在一面德國旗下面；上百名傷兵匍匐爬行、跛行在街頭，乞求每一個過路人伸出援手；日軍強迫苦力、毛驢為他們馱運搶來的物品；月光下日軍的槍手在街頭遊蕩，槍殺奔跑者，也打死不跑的人；日軍有計劃地逐屋搜索，抓走身著便衣的嫌疑分子，把他們幾十個人綁成一團，一個個拉出去槍斃，其他命運相同的夥伴則木然地坐在一邊，等待輪到他們被槍斃的時刻。

　　我眼見日軍拳打腳踢孤苦無助的老百姓，在醫院見到許多刺刀刺傷的平民。

　　我眼見每條街上都橫陳著屍體，其中包括一些不可能對他人造成傷害的老人，還見到成堆成堆遭處決而死的屍體。

　　在北門，我看見可怖、雜亂的一堆，那曾是 200 人的軀體，現在是一攤焦爛的骨肉。

　　城門外，我觀察到繩梯，布條、毯子繫成的帶子從城牆上掛下去，許多人發現城門堵塞時，從這兒逃出城，只是又陷入更加致命的陷阱。[78]

　　這是西方記者寫下的關於侵華日軍南京大屠殺暴行的第一篇新聞報導，也是全世界關於侵華日軍南京大屠殺暴行的第一篇新聞報導。德丁等其他西方記者也一定寫下了類似的新聞報導。西方記者們就生活在血腥的南京城裏。他們寫的都是他們親眼看到、親耳聽到的剛剛發生的日

---

[78] [美]司迪爾：〈「帕奈」號遭日軍襲擊長達半小時，屠殺與搶劫籠罩著南京〉，刊《芝加哥每日新聞報》1937 年 12 月 17 日；前引《南京大屠殺史料集》(6)，江蘇人民出版社 2005 年版，第 95～96 頁。

軍暴行，特別具體，特別貼近現實，也特別生動，特別震撼人心。但是當時的南京已沒有任何可以利用的電傳機構與設備。南京與外界的一切聯繫都已被日軍切斷。司迪爾沒有也根本不可能將他寫的關於日軍南京大屠殺暴行的第一篇新聞報導從南京發出去。其他西方記者也是如此。

這五名西方記者要將他們親眼目睹或採訪記述的日軍暴行迅速報導出去，只能前往上海。

1937 年 12 月 14 日，《紐約時報》記者德丁驅車離開南京前往上海。但是日軍當局要封鎖南京的一切真相，特別是要掩蓋日軍的戰爭暴行真相，因而下令阻止一切人員，包括西方人士離開南京。德丁的車到了句容即被當地日軍擋了回來。

後經交涉，日方出於某種考慮，允許德丁、司迪爾、門肯、史密斯等四名西方記者於 12 月 15 日乘美國「瓦胡」號炮艦離開南京前往上海。麥克丹尼爾則是在 12 月 16 日乘日軍的驅逐艦「津賀號」離開南京前往上海。他是最後一個離開南京的西方記者。

1937 年 12 月 15 日，德丁、司迪爾、門肯、史密斯四名西方記者登上美國軍艦「瓦胡號」後，司迪爾立即將他親眼目睹的日軍南京大屠殺的消息，以〈日軍殺人盈萬〉為題，搶先通過艦上的電訊設備，拍發給《芝加哥每日新聞報》。

由於時差的原因，《芝加哥每日新聞報》在當日第 1 版，就以顯著位置，刊出司迪爾的這篇電訊報導，題目是：〈日軍殺人盈萬〉，副題為：〈目擊者敘述剛剛陷落的南京城「四天地獄般的日子」，馬路上積屍高達五英尺〉。——這是第一篇公開刊登發表的揭露日軍南京大屠殺的報導。報導寫道：

　　「地獄般的四天」，是對南京城「圍城」與「陷落」的最合適的形容與寫照。

　　我本人是在南京城的「攻城戰」開始以後，隨同第一批撤離這座首都城市的外國人，登上美國炮艦「瓦胡」號的。我們撤離

這座城市時所看到的最後一個景象，是在南京下關江邊，沿著城牆，有一群約 300 個中國人，正在被集體槍決，而江邊早已「積屍過膝」。這種瘋狂的場面，在南京陷落後的這幾天，已成為這個城市特有的景象。

……

積屍高達五英尺

當時所發生的情況，竟如同宰羊一樣，究竟有多少軍隊被俘和有多少人被殺掉，難以說得清楚。估計，約在 5000 人到 2 萬人之間。

由於陸路交通已被切斷，中國人蜂擁地通過下關城門湧向江邊，城門很快被堵塞。當今天我們從下關「挹江門」衝出來的時候，我發現我們一行人不得不從堆積高達 5 英尺厚的屍體上走過去。而這些屍體早已被經過城門的日軍的卡車和炮車碾過多遍了。

在整個城區和市區的馬路上，到處都可以看到有平民的屍體橫陳，……[79]

由於司迪爾同時兼任美國《太陽報》（The Sun）、《每日郵報》（The Daily Mail）的特約記者，因此，他的這篇報導也同時刊登在這兩家報紙上。《太陽報》的標題是：〈地獄般的南京淪陷記者離開時看到殘酷的大屠殺〉，《每日郵報》的標題是：〈我目擊三百人被處死〉，內容與《芝加哥每日新聞報》所刊報導基本相同。

1937 年 12 月 17 日「瓦胡號」到達上海後，司迪爾又在艦上拍發出他於 1937 年 12 月 14 日在南京城內寫下而無法拍發出去的報導〈屠殺與搶劫籠罩著南京〉，只是在報導的時間上加上「稿件被耽擱」，以作說明。這篇報導刊登在當日的《芝加哥每日新聞報》（The Chicago Daily News）上，內容見前。該報編輯部特地在報導前加了一段「編者的話」：

---

[79] [美]司迪爾：〈日軍殺人盈萬〉，刊《芝加哥每日新聞報》1937 年 12 月 15 日；朱成山主編：《侵華日軍南京大屠殺外籍人士證言集》，江蘇人民出版社 1998 年版，第 317～319 頁。

《芝加哥每日新聞報》記者司迪爾冒著生命危險，忍受困苦，不畏恐怖，從而能夠向美國讀者講述日軍進攻中國首都並造成浩劫的悲慘經歷。幸虧一艘美國軍艦，他現已平安抵達上海。這些電訊表達了司迪爾親眼所見，或通過其他目睹者得知，在日軍進入南京之際生死攸關的幾個小時發生的事，及其企圖將外國船隻趕出中國水域的情形。[80]

與司迪爾同時登上美國軍艦「瓦胡號」的《紐約時報》記者德丁等人因故未能及時在艦上拍發出日軍南京大屠殺的消息。直到 1937 年 12 月 17 日「瓦胡號」到達上海後，德丁才將他的新聞專電拍發給《紐約時報》。該報在第二天，即 1937 年 12 月 18 日刊登了德丁寫的這篇報導，題為〈所有俘虜均遭屠殺〉，副題為〈日軍在南京製造恐怖，平民也遭殺害，美國大使館遭侵襲；蔣介石戰術錯誤以及領導人逃離導致首都陷落〉。由於《紐約時報》影響遠比《芝加哥每日新聞報》要大得多，而且德丁的報導第一次使用了觸目驚心的「南京大屠殺」一詞，因此，這篇關於日軍南京大屠殺的報導引起了世界輿論更強烈、更巨大的震動與反響。

德丁在這篇報導一開頭寫了一小段概括性的、觸目驚心的提示：

記者德丁發往《紐約時報》專電

12 月 17 日，發自上海美國軍艦「瓦胡號」電：由於在南京實施大規模的暴行以及惡意破壞的行為，日軍錯失了在當地中國居民及外國人中贏得尊敬和信賴的一次絕佳機會。

……人們覺得日軍的統治可能會嚴厲些，至少，在戰事結束之前是這樣。但日軍佔領南京兩天之後，人們完全改變了這一看法。大規模的搶劫，強姦婦女，屠殺平民，將中國人趕出家園，集體屠殺戰俘與身體強壯的男子，把南京變成了一座恐怖之城。

---

[80] [美]司迪爾：〈屠殺與搶劫籠罩著南京〉，刊《芝加哥每日新聞報》1937 年 12 月 17 日；前引《南京大屠殺史料集》（6），第 95 頁。

然後，報導詳細記述了日軍佔領南京後，對成千上萬放下武器的戰俘與無數手無寸鐵的普通平民進行大規模的、慘絕人寰的大屠殺以及燒殺淫掠等暴行：

很多平民遭屠殺

屠殺平民的暴行廣泛存在。週三，走遍全城的外國人發現每一條大街上都有死難的平民。他們中間有老年人，有婦女，還有兒童。員警和消防隊員成了日軍專門襲擊的目標。

很多人都是被刺刀捅死的，從傷口處可以看出，有的死者是被極其野蠻、極端殘忍地殺害的。

任何因害怕或受刺激而跑開的人都可能會被當場殺害，任何人天黑後在大街上被日本巡邏兵抓到也會遭到同樣的下場。外國人目睹了多起這樣的殺戮。

日軍的搶奪幾乎將整個南京城洗劫一空。日軍幾乎侵入到每棟房屋，經常是在自己長官的眼皮底下搶走一切想要的東西。日本兵還常常強迫中國人搬運搶來的東西。

食物顯然成了搶奪的首要目標，接下來就是其他一切有用或值錢的東西。最可恥的是那些大規模搜查難民營的日本兵，他們搶劫難民的錢物，而這往往是這些受害者的全部家當。

美國教會大學醫院（鼓樓醫院）的員工被搶去現金和手錶。護士宿舍的物品也被搶走。金陵女子文理學院教工宿舍也遭日本兵侵入，食物和值錢的東西被搶。

鼓樓醫院和金陵女子文理學院的樓上都飄揚著美國國旗，門上貼著美國大使館用中文寫的官方告示，指明財產係美國人所有。

美國大使館邸遭侵襲

甚至連美國大使的官邸也遭侵犯。在得到情緒激動的大使館門役有關大使館邸遭侵犯的報告後，派拉蒙新聞電影社的攝影師門肯和筆者在大使的廚房裏遭遇5名日本兵，並要求他們離開。

日本兵面露怯色，心有不甘地離開了，只帶走了搶來的一隻手電筒。

許多中國人向外國人報告自己的妻子和女兒被劫走，遭強姦。他們乞求幫助，但外國人通常對此愛莫能助。

集體屠殺戰俘更加深了日軍在南京製造的恐怖。在屠殺放下武器投降的中國士兵後，日軍又在全城對那些被懷疑當過兵的男子展開仔細搜查。

在難民區一棟樓裏有 400 個男子被抓。他們每 50 個人一組被捆在一起，手持步槍和機槍的日本兵走在隊伍兩邊，將這些人押往刑場。

在登船去上海之前，記者看到 200 人在江邊被處決。這場屠殺用了 10 分鐘，這些人靠牆排成一行被槍殺。接著，一些拿著手槍的日本兵若無其事地從蜷縮在一起的屍體旁走過，對還在動彈的遇難者再補上一槍。

這些劊子手還邀請停在江邊軍艦上的海軍欣賞屠殺場面。顯然這種場面給那些海軍觀賞者帶來極大的愉悅。

……

成千上萬的中國俘虜被屠殺，大多數留在安全區的中國軍人遭集體屠殺。日軍在全城有計劃地挨家挨戶仔細搜索那些肩膀上有背包印痕，或其他當兵留下痕跡的人。這些人被一起押走槍決。

很多人被抓後當場被殺，其中包括與軍隊沒有任何牽連的無辜者、眾多傷兵及平民。星期三這天，在數小時之內，我親眼目睹三起集體屠殺。其中一次，日軍坦克機槍在交通部防彈掩體附近對 100 多名中國士兵開槍掃射。

日軍最喜歡的屠殺方式是將十幾個人趕到防空洞口將他們射殺，這樣屍體就會倒入洞中，便於鏟土將其掩埋。

……

南京街頭死屍橫陳。有時要把屍體移開才能開車通過。

　　　　日軍攻佔把江門的同時就開始大肆屠殺中國守軍，他們的屍
　　體堆積在沙包之間，達六英尺之高。就在星期三，日軍還沒有將
　　屍體搬走。兩天之內，重型軍車穿行於此，碾壓在人、狗、馬的
　　屍骸之上。
　　　　……[81]

　　1937 年 12 月 17 日，美國派拉蒙新聞電影社的攝影記者亞瑟・B・
門肯、英國路透社特派記者萊斯利・史密斯到達上海後，也立即向各自
的新聞機構拍發出他們親見親歷的日軍南京大屠殺的新聞報導。門肯寫
的報導題為〈目擊者描述中國軍隊潰退時南京的恐怖景象〉，以美聯社
電訊發出，當日（因時差原因）刊登在美國《芝加哥每日論壇報》（The
Chicago Tribune Daily）上。1937 年 12 月 19 日，北京英文《北京時報》
（The Peking Chronicle）刊登英國路透社 12 月 18 日的消息〈目擊者敘
說南京的陷落〉，報導剛剛來到上海的英國路透社記者史密斯
（L.C.Smith）的目擊談話，記述日軍南京大屠殺的暴行。

　　1937 年 12 月 17 日，最後一個離開南京的美聯社特派記者麥克丹
尼爾乘日軍的驅逐艦「津賀號」也到達上海。他立即發出專電〈戰地記
者在南京的日記，描繪恐怖的南京〉，第二日刊登於《芝加哥每日論壇
報》第 8 版。文中寫道：「目睹日軍洗劫全城。」「我對南京的最後的記
憶是──垂死的中國人，垂死的中國人，垂死的中國人。」[82]

　　德丁、司迪爾則繼續寫出與發出他們關於日軍南京大屠殺暴行的電
訊報導。

---

[81]　[美]德丁專電：〈所有俘虜均遭屠殺〉，刊《紐約時報》1937 年 12 月 18 日；
　　前引《南京大屠殺史料集》（29），江蘇人民出版社 2007 年版，第 476～481
　　頁；譯文略有改動。
[82]　[美]麥克丹尼爾：〈戰地記者的日記描繪恐怖的南京〉，刊《芝加哥每日論壇
　　報》1937 年 12 月 18 日第 8 版；前引《南京大屠殺史料集》（6），江蘇人民
　　出版社 2005 年版，第 117 頁；譯文略有改動。

　　1938 年 1 月 9 日，《紐約時報》第 38 版，以小號字體，佔滿整整一個版面，刊登該報記者德丁於 1937 年 12 月 22 日發自上海的長篇航空通訊，題曰：〈中國指揮官逃走，日軍暴行標誌著南京的陷落〉，副題為〈侵略者處死 20,000 人，日軍對被包圍的平民實施集體屠殺──中國人死亡總數達 33,000 人，征服者撒野，野蠻種下深仇大恨──中國軍人放火造成巨大損失〉，除了詳細地記述了日軍進攻南京的經過，分析與批評了中國守軍在防守南京上的種種錯誤外，還記述了日軍佔領南京後對中國戰俘與平民大屠殺的情況。

　　這五位美、英記者除了用筆寫下關於日軍南京大屠殺暴行的文字報導外，還用照相機拍攝了關於日軍南京大屠殺暴行的圖片報導，陸續刊登在西方的各種報刊與畫報上，與文字報導相配合，發揮了更為廣泛、深刻的影響。1938 年 1 月 10 日，美國紐約《生活（The Life）》雜誌刊登〈關於攻掠南京的紀事和照片〉，副題是〈海外攝影──征服者日本軍在中國國民政府首都南京「地獄般的一周」〉，刊登兩組關於日軍進攻南京與大屠殺的新聞照片，並配發文字說明。這是西方報紙第一次刊登有關日軍南京大屠殺的圖片，具有單純文字新聞報導所難以達到的作用。其重一張照片，題為〈士兵與市民〉，反映的是在日軍攻佔南京後實施大屠殺，挹江門前屍體橫陳的恐怖情景。還有一張照片，題為〈中國人的頭顱〉，反映的是一個被日軍殺害的中國人的人頭，豎立著，嘴裏還被塞進了一枝香煙，被日軍放置在帶刺的鐵絲路障上。[83]這幾張照片的拍攝人顯然是當時在南京採訪的西方新聞記者。經有關專家考證，其中〈士兵與市民〉照片的拍攝者是美國《芝加哥每日新聞報》記者司迪爾。[84]而〈中國人的頭顱〉照片，據筆者考證，很可能拍攝者則是美

---

[83]　〈海外攝影──征服者日本軍在中國國民政府首都南京「地獄般的一周」〉，刊[紐約]《生活（The Life）》畫報 1938 年 1 月 10 日；前引《南京大屠殺史料集》（6），江蘇人民出版社 2005 年版，第 137～140 頁。

[84]　尹集鈞、史泳：《南京大屠殺──歷史照片中的見證》，英文版，Chicago: Innovative Publishing Group, 1995: P40。

聯社記者麥克丹尼爾。因為麥克丹尼爾於 12 月 17 日從南京抵達上海後發出的第一篇電訊報導〈戰地記者的日記描繪恐怖的南京〉中，就寫道：「12 月 13 日，……見到日軍的惡作劇——被砍下的頭顱平放在路障上，嘴裏放了塊餅乾，另一個嘴裏插了支長長的中國煙斗。」[85]

五位留駐南京的美、英記者以自己親見、親聞、親身經歷的事實揭露日軍佔領南京後實施血腥大屠殺的的報導，迅速為西方各國與上海租界、香港等地的報紙轉載，在世界上引起了強烈的反響。日軍在南京的戰爭暴行引起了世界輿論的震動與強烈譴責。

在 1937 年 12 月 15、16 日，留駐南京的五位英、美記者相繼撤離南京以後，「南京市內的局勢明顯進一步惡化」。[86]特別是因為日本大本營與日「華中方面軍」決定在攻佔南京後僅四天，在 12 月 17 日，舉行一場規模盛大的「入城式」，結果，為了準備這「入城式」，各部日軍加緊對中國軍民的屠殺，將大屠殺推向高潮。但因為五名英、美記者的離開，因而日軍的「所有暴虐行為的報導就逐漸減少」。[87]在這時，留駐南京的西方僑民們勇敢地承擔起向西方新聞傳媒提供有關日軍在南京暴行真實消息的重任。德國西門子公司駐南京代表拉貝說：「對這種殘酷的暴行（在城市被佔領 10 天內犯下的）是不能沉默的！」[88]金陵大學歷史系美籍教授貝德士（Bates）說：「我們感到以積極的方式揭露暴行真相乃是一種道德義務。只有我們或者與我們一道工作的人們才能做

---

[85] 美聯社記者麥克丹尼爾：〈戰地記者的日記描繪恐怖的南京〉，刊《芝加哥每日論壇報》1937 年 12 月 18 日第 8 版，陸束屏譯校；前引《南京大屠殺史料集》(6)，江蘇人民出版社 2005 年版，第 116 頁。

[86] [美]阿本德：〈日軍控制在南京的過火行為〉，刊《紐約時報》1937 年 12 月 19 日；前引《南京大屠殺史料集》(6)，江蘇人民出版社 2005 年版，第 120 頁。

[87] [美]阿本德：〈日軍控制在南京的過火行為〉，刊《紐約時報》1937 年 12 月 19 日；前引《南京大屠殺史料集》(6)，江蘇人民出版社 2005 年版，第 120 頁。

[88] [德]拉貝著，本書翻譯組譯：《拉貝日記》，江蘇人民出版社 1997 年版，第 272 頁。

到如此。」[89]西方僑民們每天冒險用他們的筆與照相機乃至電影攝影機，記錄下他們親見親聞的日軍暴行；然後利用他們的特殊身份，衝破日軍的重重嚴密的封鎖，通過各種途徑，將這些被日方嚴密封鎖的、記錄日軍在南京的暴行的材料，送往上海、香港、紐約、芝加哥、倫敦等地，提供給各國新聞媒體，成為各國傳媒報導南京大屠殺的最重要的、甚至是唯一的新聞來源，被西方新聞傳媒記者大量採用，形成各種形式的新聞作品，刊載於上海、香港、美國、英國等的報刊上。他們還在南京城、郊地區進行社會調查，對日軍南京大屠殺的暴行及其嚴重後果進行科學的定量分析與記錄；他們在設法離開南京後，到世界各地舉行演講報告會；等等。西方僑民以鐵的事實向全世界真實可靠、令人信服地再現了他們目睹的恐怖場面，揭露日軍南京大屠殺的真相。

例如，貝德士教授早在日軍佔領南京後不久，就以自己的親身經歷，於 1937 年 12 月 15 日專門寫成了一篇新聞稿〈南京一瞥〉，報導日軍進入南京兩天來實施大屠殺的駭人聽聞的暴行。文章一開始就寫道：

> 日本軍隊在南京的聲譽異常敗壞，失去贏得中國居民和外國輿論尊敬的重要時機。這一地區中國政府的可恥潰敗和華軍的瓦解，使為數眾多的人們期待著日本吹噓的秩序和組織。……
>
> 但整整兩天的頻繁屠殺、大批的周而復始的搶劫與對私人住宅的肆無忌憚的干擾並對婦女安全的危害，改變了整個城市面貌。

接著，文章記述了日軍對中國平民極其殘忍的血腥大屠殺：

> 曾在南京旅行過的外國人報告，許多市民的屍體躺在街道上。昨天在城市中心，他們估計屍體佈滿整整一個街區。死者中

---

[89] ［美］貝德士：〈致朋友的傳閱函〉（1938 年 4 月 12 日於上海）；章開沅編譯：《天理難容——美國傳教士眼中的南京大屠殺（1937-1938）》，南京大學出版社 1999 年版，第 39 頁。

有相當大一部分是 13 日下午和晚上被槍殺或刺刀捅死的。這一天正是日軍進城的日子。任何人由於恐懼或受驚而逃跑，任何人天黑以後在街道或小巷被流動巡邏兵抓住，幾乎都會被就地處決。絕大多數暴行都異常殘酷。暴行在安全區一如在其他地方，許多案件為外國人和有身份的中國人親眼目睹。若干刺刀傷害殘酷絕倫。

　　成群男子被日軍當作以前的華軍抓走，捆綁起來槍殺。這些士兵早已拋棄他們的武器，有些還丟掉軍裝。……日軍保留一些男人，帶到其他地方去充當搶劫物品與裝備的臨時搬運工。日軍迫使當地員警，從安全區一所建築物內挑選 400 個男人，捆綁成 50 人一組，在步兵和機槍手的行列間前進。他們的命運留給目擊者的解釋是毋庸置疑的。

除了大規模的屠殺，日軍官兵還瘋狂地搶劫所有中國人和外國人的一切財物：

　　……日軍在高級軍官眼皮底下逐個鋪面的系統破壞。日本士兵需要各自的挑夫幫助他們搬運大量贓物掙扎前進。食品顯然是第一需要，但也不放過任何有用的或值錢的東西。全城成千上萬私宅，有人住的和空著的，大的和小的，中國人的和外國人的，都遭到一視同仁的搶劫。特別可恥的士兵搶劫案例有如：許多難民營和庇護所內的難民的有限現金和值錢物品在大搜捕時被搶走；大學醫院職工私人金錢和手錶被奪走，還有護士宿舍中的財物遭劫（這是美國人的房屋，與其他許多房屋一樣被洗劫，儘管飄揚著外國國旗，並張貼著他們可敬的使館發給的佈告）。

日軍還大肆姦污中國婦女：

　　有許多姦污婦女的報告，我們還來不及加以核查。但以下案例足以說明情況。在緊靠我們外國朋友的一所房屋內，昨天有四

個少女被士兵糟蹋。在被老百姓遺棄的一塊城區，有外國人在一個新到軍官的軍營內發現八個年輕姑娘。

貝德士在這篇新聞稿的最後，揭露了日本當局的謊言，並總結道：

> 恐怖難以言狀，而文雅的（日本）官員演說卻宣稱：「唯一的宗旨是為中國人民的利益而向暴虐的中國政府宣戰」，簡直令人作嘔。
>
> 南京的恐怖展覽誠然不足以代表日本帝國的最佳成就，必須有負責任的日本軍政官員，為了他們自己國家的利益，將會迅速而有效地彌補日本這些日子在中國造成的傷害。現在已有個別士兵和軍官表現得如同不致玷污其職業與帝國的紳士。但整個行動卻是可恥的自我吹噓。[90]

這是一篇極其重要的歷史文獻，雖然篇幅不長，卻是第一篇對日軍南京大屠殺的現場目擊記錄，內容真實，文字精煉，報導迅速，義正詞嚴，極富震撼力與感染力。貝德士寫〈南京一瞥〉的目的是為了提供給新聞界使用，未署名。1937 年 12 月 15 日，該報告被撤離南京的司迪爾、德丁、史密斯等四名西方記者帶往上海。

其他西方僑民也都不約而同地記錄了日軍南京大屠殺的各種暴行，並設法儘快傳送出去。

再例如，南京德勝教堂美籍牧師約翰·馬吉冒著生命危險，用一台 16 毫米的電影攝影機，在南京「安全區」內的鼓樓醫院中與其他一些地方，偷偷拍攝了記錄日軍暴行的電影紀錄片。該片後被起名為《南京暴行紀實》，經整理後，膠片長達 400 英尺，分為 8 卷，放映時間達 105 分鐘。這部記錄日軍暴行的真實史料，是留存至今的有關南京大屠殺的唯一動態畫面。影片的解說詞很長，現選錄部分內容如下：

---

[90] [美]貝德士：〈南京一瞥〉（1937 年 12 月 15 日於南京）；前引《天理難容——美國傳教士眼中的南京大屠殺（1937-1938）》，第 5～6 頁。

[2 號影片，畫面序號 2]：1937 年 12 月 16 日，上海路。中國婦女下跪請求日本士兵不要殺害她們的兒子或丈夫，他們僅僅是因為被懷疑當過兵而被無情地驅趕在一起。成千上萬的平民也被這樣用繩索捆綁起來，驅趕到下關的揚子江邊、眾多的小池塘邊和空曠的場地上，在那裏他們遭到機關槍掃射、刺刀砍殺、步槍齊射，甚至被用手榴彈處決。

[2 號影片，畫面序號 4]：這個 19 歲的女子在難民區的美國學校裏避難。她懷第一胎已經六個半月。一個日本兵要強姦她，她進行反抗，因此被他用刺刀狠狠刺了一通。她的胸部和臉部被刺傷 19 處，腿上挨了八刀，下身挨的一刀有兩英寸深，因此她被送進鼓樓醫院一天後就流產了。

[2 號影片，畫面序號 7]：這是一個 7 歲男孩的屍體。他被送入大學醫院三天後死去。他身上被刺了五刀，有一刀刺進了肚子。男孩的母親最先被日本人殺死，這個男孩跑向他的父親，他父親也被殺死。

……[91]

　　英國《曼徹斯特衛報》（The Manchester Guardian）駐上海特派記者田伯烈整理、編著出版英文著作《戰爭意味什麼：日軍在華暴行》（What war means: the Japanese terror in China），中譯本名為《外人目睹中之日軍暴行》；燕京大學教授徐淑希編纂出版英文著作《日本人的戰爭行為》（The War Conduct of Japanese）、《日本人戰爭行為要論》（A Digest of Japanese War Conduct）與《南京安全區檔案》（Documents of the Nanking Safety Zone.Limited）。這些著作都搜集了日軍南京大屠殺暴行的詳盡材料，以無數確鑿的血的事實揭穿日本新聞報導的謊言。

---

[91] [美]約翰・馬吉：〈影片《南京暴行紀實》的解說詞〉，章開沅編譯：《天理難容——美國傳教士眼中的南京大屠殺（1937-1938）》，南京大學出版社 1999 年版，第 225～227 頁。

　　由於主持正義的西方記者、西方僑民的揭露，以及後來有一些從南京逃出的中國難民倖存者的血淚控訴，使日軍南京大屠殺的罪行暴露在光天化日之下，激起了全世界的廣泛抗議與譴責。甚至被日本當局嚴密封鎖與種種矇騙的日本民眾，也有一些人得知了南京大屠殺的某些資訊，一些良知未泯的記者與各界人士對日本當局的法西斯侵華政策與南京大屠殺暴行，對日本當局的新聞政策與新聞報導，感到噁心與憤怒。英國記者田伯烈在 1938 年初就指出：

　　　　良善的日本人曾在非常秘密的機會中，承認那些（關於日軍南京大屠殺）報告的真實性，深感慚愧。[92]

　　當時在美國從事反戰活動的著名日本女活動家石垣凌子在看到西方報刊的報導，瞭解了南京大屠殺的真相後，氣憤地說：「南京被佔領，有二十萬中國市民遭到殺害。恣意凌辱婦女、轟炸醫院的日軍，被視為鬼畜，遭到世界上強烈的非難，……我與這些士兵是同一血統，有著共同的祖先，這是回避不了的事實……我不由目不轉睛看著自己的手，感到裏面流著的是骯髒的血。」[93]

　　尤其是，隨著時間的推移，有越來越多的日軍士兵也開始對日本發動的這場不義戰爭產生了懷疑與反抗思想情緒。

　　1938 年 10 月 12 日，南京金陵女子文理學院美籍女教授魏特琳在日記中記載了一位與她有交往的駐南京日軍「普通士兵」向她談的心裏話：「他說，他對外面的世界一無所知，他渴望和平，但不知道和平何時降臨。他過去在東京為一家外國公司工作。他盼望回到妻子和兩個小女兒的身邊。」[94]

---

[92] [英]田伯烈：《外人目睹中之日軍暴行》，前引《侵華日軍南京大屠殺史料》，江蘇古籍出版社 1997 年版，第 202 頁。

[93] [日]石垣凌子：《回家的 Smeedley》，第 113 頁；轉引自《抗日戰爭研究》1993 年第 4 期。

[94] 前引[美]魏特琳著，南京師範大學南京大屠殺研究中心譯：《魏特琳日記》，第 470 頁。

　　1938 年 10 月 17 日，魏特琳又在日記中記載了一位到金陵女子文理學院訪問的日本醫生，在看了該校正為南京一些失去家庭與親人的貧苦婦女所做的工作後，表示「他為日軍所犯下的暴行深感難過。」魏特琳說：「我相信他是真誠的。」[95]

　　日本當局不再能隨心所欲地造謠作假了。他們的侵略野心與戰爭暴行日益暴露在世界人民面前。如全所述，為了掩蓋南京大屠殺的罪惡，日本大本營不得不於 1938 年 2 月 14 日召回「華中方面軍」司令官松井石根大將、「上海派遣軍」司令官朝香宮鳩彥中將與第十軍司令官柳川平助中將等人。1948 年的《遠東國際軍事法庭判決書》指出：

> 　　關於（南京大屠殺）暴行的報導曾散佈到各地。當時擔任朝鮮總督的南（次郎）也承認曾在報紙上看到過這類報導。由於這類不利的報導以及在世界各國所引起的輿論的壓迫，結果使日本政府召回了松井及其部下約八十名，但是對於他們沒有採取任何處罰的措置。松井在 1938 年 3 月 5 日回到日本後，被任命為內閣參議；1940 年 4 月 29 日，由於中日戰爭中的『功勞』，日本政府還給他敘勳。松井解釋他之所以被召還說：他之所以由畑（俊六）接替並不是他的軍隊在南京犯了暴行，而是他認為他的工作到了南京業已終結，於是希望從陸軍中退隱。他至終都沒有受到處罰。[96]

　　確實，日本當局並不想懲處松井石根等人。日本當局將他們從南京召回國，只是迫於國際輿論壓力，企圖以此舉平息世界人民的憤怒。但從中也可看出西方傳媒與國際輿論所產生的巨大作用和重要影響，可看出日本當局在國際輿論壓力下的狼狽、無奈及其法西斯新聞政策的破產。

---

[95] 前引[美]魏特琳著，南京師範大學南京大屠殺研究中心譯：《魏特琳日記》，第 476 頁。

[96] 張效林譯：《遠東國際軍事法庭判決書》，群眾出版社 1986 年版，第 489 頁。

第六節　南京民眾的無聲抗議

　　日本當局企圖以血腥的大屠殺使中國人民懾服，再以編造的新聞謊言欺騙麻痹中國人民，從而在南京建立起穩定的殖民統治。但日本當局沒有想到的是，他們的血腥大屠殺雖然暫時表面上壓服住南京等淪陷區的民眾，但在絕大多數南京市民的內心裏卻深深地埋下了仇恨的火種，這火種總有一天要形成漫天的復仇怒火，燒死這些侵略者。一位南京難民說：「日本人這次在中國上了一次喚起民眾的課程，實在說非如此中國還不會徹底覺悟！」[97]而日本當局編造的新聞謊言欺騙更不可能麻痹中國人民，只能進一步暴露日本侵略者的偽善與無恥，更加迅速地促進中國人民的覺醒與鬥爭。

（一）大屠殺期間南京市民對日軍暴行的奮勇抗爭

　　1937 年 12 月 13 日日軍攻入南京，即對放下武器的中國戰俘與手無寸鐵的南京市民進行慘絕人寰、持續 40 餘日的血腥大屠殺。面對著日軍世所罕見的戰爭暴行，有許多南京軍民在經歷震驚、恐懼以後，終於醒悟，為了維護人格的尊嚴與民族的尊嚴，勇敢地對侵略者進行了拼死的抗爭。

　　當日軍在南京城北下關江邊分批對中國戰俘與南京百姓進行瘋狂的集體屠殺時，中國戰俘與南京難民雖然手無寸鐵，也奮勇地沖向敵人的機槍與刺刀。日第 13 師團山田支隊在烏龍山山麓集體屠殺中國約數萬名戰俘與難民時，就發生了日軍意想不到的猛烈反抗。一位日軍士兵後來回憶道：

---

[97] 郭岐：〈陷都血淚錄〉，刊《西京平報》1938 年 8 月；《侵華日軍南京大屠殺史料》編委會、南京圖書館合編：《侵華日軍南京大屠殺史料》，江蘇古籍出版社 1997 年版，第 14 頁。

　　機槍在黑夜中發出吼鳴聲，積郁在難民們心中的怒火突然爆發出來，他們瞬間意識到機槍噴出火來意味著什麼，便高聲吶喊，像雪崩似地衝向機槍小隊。總之，湧過來的是一大批人群，足以擠滿皇宮前的整個廣場，人們滿腔怒火地沖了過來，因而兩個小隊——機槍隊轉眼間全被擠垮了，汽車隊在稍高的公路上看到了這種情況，不得不隨機應變採取措施。他們丟下了汽車上的汽油桶，把汽油倒在坡地上，點起火柴並向那邊扔去。……這種以瞬間的果斷蜂擁而來的人群，很快被燃燒起來的猛烈的火籬笆壓了下去，逃也逃不出，結果全都被殺害了。[98]

　　許多南京婦女，堅決抗拒日軍的強姦，寧死不從。「城內所有婦女因不願或不堪敵之蹂躪而自殺者，平均日必數百起。」[99]一位 17 歲的婦女李秀英，已有 6 個月身孕，與父親一同避難於設在安全區內、由美國教會創辦的五臺山小學的一間地下室裏。當數名日軍要對其施暴時，這位勇敢的年輕女性進行了殊死的抗爭，九死一生。她後來回憶說：

　　　十二月十九日上午九點鐘，來了六個日本兵，跑到地下室，拉走我和其他十多個年輕婦女，我想寧死也不能受辱，急得沒有辦法，就一頭撞到牆上，撞得頭破血流，昏倒在地。當我醒來時，日軍已經走了。後來我感到這樣做沒有用，我自幼跟父親學過一點武術，可以跟他們拼一拼。這天中午，又來了三個日本兵，他們把男人趕開，把兩個婦女帶到另外一間屋子裏，準備姦污。這時一個日軍上來解我的紐扣，我看到他腰間掛著一把刺刀，我急中生智，決定奪他的刀。我趁機握住刀柄，同日軍拼搏。日軍見

---

[98] 轉引自[日]洞富雄著，毛良鴻、朱阿根譯：《南京大屠殺》，上海譯文出版社1987 年版，第 71～72 頁。

[99] 范式之：〈敵蹂躪下的南京〉，刊《武漢日報》1938 年 3 月 28 日；《侵華日軍南京大屠殺史料》編委會、南京圖書館合編：《侵華日軍南京大屠殺史料》，[南京]江蘇古籍出版社 1997 年版，第 121 頁。

狀大驚，同我爭奪刀柄。我刀不能用，就用牙咬，咬住日軍不放。日軍被咬痛了，哇哇直叫，隔壁屋裏的兩個日軍聽到喊聲，就跑過來幫助這個日軍。我一個人對付這三個人，沒有辦法，但我緊緊抓住這個刀柄不放，和這個日本兵在地上滾來滾去搏鬥，其他兩個日軍就用刺刀向我身上亂戳，我的臉上、腿上都被戳了好幾刀。最後，一個日軍向我肚子刺來，我立即失去了知覺，什麼事情也不知道了。日軍走後，父親見我已死，十分傷心。他找幾個鄰居在五臺山旁挖了一個泥坑，把門板拆下來做成擔架，抬出去準備埋葬。當他們抬出門的時候，由於冷風的刺激，我甦醒了過來，哼了一聲。父親聽見了，知道我還活著，趕忙抬回家，又設法將我送進鼓樓醫院搶救。第二天，我流產了，經醫生檢查，我身上被刺了三十多刀，嘴唇、鼻子、眼皮都被刺破了。經過七個月的醫治，我才恢復了健康。[100]

勇敢地反抗日軍暴行的，絕不僅是李秀英一人，還有些南京民眾憤然打死了強姦中國婦女的日軍士兵。1938 年 4 月 24 日，金陵女子文理學院美籍女教授魏特琳在她的日記中，記載了一位何姓的居民為了保護自己的妻子和女兒不受施暴的日軍士兵的侮辱，毅然而奮勇地殺死了這名日兵：「可能是不久前的一個晚上，一個醉醺醺的士兵來到一個姓何的人家，要找一個年輕姑娘。何先生為了保護自己的愛人和女兒，見那個日本兵醉了，就殺了他，並將他掩埋在防空洞裏。」[101]

許多西方僑民親眼看到在日軍的屠刀下與血泊中，南京人民承受著巨大的痛苦，飽含血淚，仍堅韌不拔、英勇無畏地向侵略者抗爭，維護國家民族的尊嚴與自己人格的尊嚴，都被感動了。擔任「南京安全區國

---

[100] 李秀英證言，殷月萍、陳立志調查記錄，《侵華日軍南京大屠殺史料》編委會、南京圖書館合編：《侵華日軍南京大屠殺史料》，[南京]江蘇古籍出版社1997 年版，第 481 頁。

[101] [美]魏特琳著，南京師範大學南京大屠殺研究中心譯：《魏特琳日記》，江蘇人民出版社 2000 年版，第 357 頁。

際委員會」總幹事的美國基督教南京青年會負責人喬治・費奇在 1938
年 1 月的一封信中寫道：「未來如何？近期的未來決不會是光明的，但
中國人有一種不可征服的忍受痛苦的素質和耐力，還有許多其他的優良
品德，最終必將贏得勝利。」[102]

（二）密藏屠城血證牢記國仇家恨

　　國破山河在！日軍的武力攻佔與殘酷燒殺，不能征服南京的人心。
　　1938 年初日軍當局在南京扶植起偽政權、逐步建立起較穩定的殖
民統治秩序以後，廣大的南京市民對日本的入侵與殘暴的罪行切齒痛
恨，對國土的淪喪與自身亡國奴的身份萬分痛心，但由於沒有足夠的力
量與充足的條件進行有組織的鬥爭，只能強壓住胸中怒火，隱藏著家仇
國恨，以冷漠、沉默、消極、回避、不合作等方法對待日偽當局，對待
太陽旗下的殖民統治──所謂「大東亞新秩序」。金陵女子文理學院的
美籍教授魏特琳女士在日記中多次記錄了南京市民隱藏在內心深處的
對日本侵華戰爭與殖民統治政策的真實看法。例如在 1938 年 5 月 31
日，魏特琳記載了金陵大學的一位教師關於中國必將贏得抗日戰爭勝利
的談話：「金陵大學的一名教員馬博士下午來訪。他深信，在被征服的
土地上，一定有堅強的領導人來拯救中國人民。」[103]
　　在日軍屠城後的恐怖日子裏，南京市民中發生過一件冒死密藏日軍
屠城血證的感人事件：1938 年年初，南京剛剛恢復社會秩序。在中山
東路恢復營業的「華東照相館」裏，年方 16 歲的小學徒羅瑾在為一個
日軍少尉軍官沖洗兩卷 120「櫻花牌」膠捲時，發現其中有多張是日軍
砍殺中國軍民與奸、侮中國婦女的照片。他十分激憤，就偷偷多加印了

[102] 章開沅編譯：《天理難容──美國傳教士眼中的南京大屠殺（1937-1938）》，
　　南京大學出版社 1999 年版，第 117～118 頁。
[103] [美]魏特琳著，南京師範大學南京大屠殺研究中心譯：《魏特琳日記》，江蘇
　　人民出版社 2000 年版，第 392 頁。

一套，作為日軍屠城的罪證保存起來。後來他將這種記錄日軍屠城血證的照片積累到 30 多張。為了保存這些照片，他精心裝訂成一個小相片本子，挑選出 16 張最有典型意義的照片貼上去，並在小相片本的封面上畫了一幅圖：左邊畫了一個深紅色的心臟，中間畫了一把刺進心臟的利刃，滴著鮮血，右邊用紅色寫了一個空心美術體的、正方形的「恥」字，在字下面還畫了一個問號。為了悼念死難的南京同胞，他又特地將心臟、利刃、「恥」字的四周勾上黑邊。他當然知道收藏這些日軍照片是要冒殺頭危險的，但為了將來有一天能以這些屠城血證控告日軍的罪行，為被日軍殺害與侮辱的千千萬萬同胞討回公道，報仇雪恨，他必須這樣做！他小心翼翼地將這小相片本保存了兩年。

1940 年 5 月，18 歲的羅瑾為了謀生，考進了汪偽政府的警衛旅直屬通訊隊，學習電訊技術。通訊隊設在南京市中心的毗盧寺的大殿內。羅瑾以為這兒較安全，就將小相片本藏在自己宿舍的床下。不料到 1941 年初的一天，因同在毗盧寺內培訓學員的偽憲兵二團，為迎接汪精衛來訓話，在檢查中發現了一隻來歷不明的手榴彈，就在全寺進行大清查。羅瑾在緊急中將這小相片本藏到廁所的一個牆洞內。恰巧這個小相片本被羅瑾的同班同學吳連凱（後改名吳旋）無意中發現了。吳連凱不知道這小相片本的來歷，但他立即認識到這小相片本的特殊重要意義，就將它轉藏到寺內一座佛像的底座下。羅瑾發現小相片本丟失，不知實情，為防不測，就立即在家人的幫助下，逃離南京，流亡他鄉。吳連凱則將小相片本密藏到抗戰勝利，才將它上交到南京市臨時參議會轉交中國國防部審判日本戰犯軍事法庭，作為審判日本戰犯谷壽夫的罪證之一。

南京市民中還有另一件冒死密藏日軍屠城血證的事件：英國《曼徹斯特衛報》記者田伯烈在 1938 年 3 月寫成、1938 年 6 月在英國出版發行的揭發日軍南京大屠殺的英文書籍《戰爭意味什麼：日軍在華暴行》，以及在 1938 年 7 月在漢口出版的此書的中譯本《外人目睹中之日軍暴行》，於 1938 年 9 月間就開始在南京秘密流行。南京人民從此書中更全面地瞭解了日軍南京大屠殺的暴行，勾起辛酸的回憶與強烈的國仇家

恨。當這同時，金陵大學社會學系美籍教授、原「南京安全區國際委員會」秘書史邁士率領 20 個學生，對南京地區日本侵略戰爭造成的損失進行了幾個月的調查，在 1938 年 6 月寫成了英文著作《南京戰禍寫真：1937 年 12 月-1938 年 3 月》。為了讓更多的人看到這兩本書，在金陵大學圖書館難民所工作的中國職員邰長仁，冒險將這兩本書全部偷偷地列印成油印稿，歷時數月，在 1938 年 11 月 8 日裝訂成冊。這本油印書稿在南京秘密流傳，一直到抗戰勝利。[104]

（三）識破日報欺騙，熱盼光復南京

日本當局對南京等淪陷區廣大中國人民的新聞封鎖與新聞欺騙，更是從一開始就遭到了失敗。

在日偽統治的苦難日子裏，南京市民過著牛馬不如的亡國奴生活，內心裏始終燃燒著對日本侵略者的仇恨之火。可他們手無寸鐵，沒有力量抗擊野蠻的日軍。他們只能熱切地盼望中國的軍隊打敗日本侵略軍，解救他們於水火之中。因此，他們時時關注著中國抗戰戰局的變化發展。中國軍隊在戰場上的每一點勝利的消息都給他們帶來極大的振奮與希望；而日本軍隊對中國內地的瘋狂進攻與野蠻燒殺又使他們極其不安與悲憤。

南京難民關心戰事，關心祖國的命運，但在日軍嚴密的新聞封鎖下，他們長期得不到外界的任何消息。後來，日軍從上海運來由日軍特務機關創辦與主持的《新申報》，在南京城裏到處張貼。難民們不得不看這南京城裏唯一的報紙，並逐漸學會了從這張日軍特務報紙的字裏行間，反話正看，正話反看，得悉外界的一些消息。南京守軍營長郭歧在南京淪陷時，化裝藏身於難民中多日，僥倖逃過日軍的追捕，直到 1938 年 3 月 11 日才逃出南京。他於 1938 年 8 月在《西安平報》上發表《陷

---

[104] 該油印書稿現在保存在「南京民間抗日戰爭史料陳列館」。

都血淚錄》，回憶了在日軍嚴密封鎖下的南京難民被逼從《新申報》獲取新聞的情況：

> 好報紙更談不到了，只有惡寇的造謠報紙——《新申報》——雖然相隔有兩禮拜之久，但由反面來推摩一切大勢，當可補助一點，每到晚上，派人將壁報撕下拿回來看。因白天在閱報的地方有很多漢奸監視著，萬一說兩句話，恐出大毛病！故出此一著。

郭歧還寫了南京難民從《新申報》獲取新聞的方法，即反話正看，正話反看，以此類推，由此知彼。例如《新申報》上報導吹噓上海、杭州「市面完全恢復」，南京難民卻是這樣分析的：

> 那《新申報》一切都在造謠，謂滬市面完全恢復，謂杭市面亦完全恢復，同時照幾張照片登在上面以作證明，但一般難民皆知完全是為謠言，因以南京來推測即可明白一切。比方南京市面燒後簡直無一間完整的房子了，除了這區區的難民區外，連一點燈火人煙都找不到，絕對連一家賣油條的都沒有了。然而《新申報》盡說南京市面恢復，萬民歡騰，也有一張照片登在上面，那是早上在上海路買菜時（難民區內）所照的。以這樣騙人的方法，來騙我們，那還不明白一切嗎？一個安民的問題鬧了三個月沒有結果，根本他骨子裏也沒有安民的一毫真意，何能表現出來！你講安民吧？他把房子燒光了！把姑娘都姦淫了！把金銀搶去了！這樣的民安不安？明明是貓兒哭老鼠，一肚子的假慈悲！還有什麼可騙人的地方！

再如《新申報》上造謠說中國抗日陣營分裂，南京市民是這樣分析的：

> 因抗戰全國精誠團結，這是世界公認的事實，也可以說是抗戰之收穫，即為統一全國。然而偽《新申報》無恥造謠，雖三尺童子皆少謬妄。它說：「國民黨與共產黨裂痕日深！」又曰：「四

川獨立」、「廣東獨立」。「某將軍被某害死」！種種不堪入耳之謠言，無一人相信。又如「韓複榘一死各將領皆懷戒心」！根本是別懷鬼胎的瞎話。

《新申報》上造謠說「各國對我如何不利」，南京市民是這樣分析的：

> 在此次抗戰中，可以說各國都是中國的朋友。……其為正義人道，以援助中國者，何止英美俄法？可是日本《新申報》不顧事實，說孫科在俄國哭庭呀！英國無現款不賣武器給中國呀！種種造謠蒙蔽群眾手段，十分可笑……[105]

還有一位從南京逃出的倖存者，回憶當時南京城裏的許多難民千方百計瞭解抗戰戰事的消息：先從日方的《新申報》的字裏行間，反話正看，得悉少許消息；後來南京城裏部分地方通了電，他們則從有收音機的西方僑民那兒收聽中國政府的中央電臺或上海外僑的電臺廣播的新聞消息：

> 在京數十萬難民，精神肉體雖慘遭奇辱，但對前方戰事，均極關切，初則不得已由《新申報》得悉一鱗半爪，然多荒謬無稽，現在多設法於外人家中靜聽中央廣播，遇有抗戰捷音，雖在水深火熱之中，亦無不歡欣鼓舞也。[106]

當時化裝成難民隱藏在南京的原中國守軍的軍醫蔣公穀在其逐日所寫的《陷京三月記》中，則寫到南京難民從美國教會辦的鼓樓醫院中得到外電廣播的真實新聞：

---

[105] 郭歧：〈陷都血淚錄〉，刊《西京平報》1938 年 8 月；《侵華日軍南京大屠殺史料》編委會、南京圖書館合編：《侵華日軍南京大屠殺史料》，江蘇古籍出版社 1997 年版，第 46～47 頁。

[106] 中央社訊：〈陷後南京慘像——倭敵失卻人性兇殘絕倫，屠殺市民八萬，婦女半數被污〉，刊《大公報》（漢口版）1938 年 2 月 20、21 日；前引《南京大屠殺史料集》（6），第 487 頁。此文後被《閩政與公餘》雜誌 1938 年第 20 期轉載。

> 敵人所辦的《新申報》，每日張貼，所有消息當然是反宣傳
> 的，一點真相也看不出來，幸有鼓樓醫院的收音機放送的英語
> 戰訊報告，每日經他們的同人編譯為快消息，的確是翔實的報
> 導。先青及祁剛每天秘密的帶來，我們大家相互傳觀，都以先
> 睹為快。[107]

　　但在抗戰初期的數年間，由於日強我弱，日軍多處於戰略攻勢，中國軍隊很少能取得勝利，卻不得不連連退卻。南京人民很少能聽到震奮人心的好消息，可他們又急切地盼望著中國抗日軍隊早日打回南京城，因此，他們只得將他們的這種心情與願望凝聚到他們的口頭傳播的議論中，形成了當時南京城內無可稽考、但卻眾口一詞、言之鑿鑿、傳播廣泛而又迅速的「謠言」。

　　早在 1938 年 1 月 8 日，即南京城淪陷半個月後、日軍大屠殺仍在進行之時，魏特琳在日記中記載了當時南京城內中國居民中迅速傳播的「謠言」：「謠言傳播起來像野火一樣迅速。據說，中國軍隊已臨近南京城，並說，日本軍隊想借老百姓的衣服化裝逃跑等等。」[108]同日，拉貝也記載：「中國人中間又有謠傳，說中國士兵已準備收復這座城市，甚至有人稱在城裏已經看到中國士兵了。其結果首先是，用來裝飾我們安全區內茅舍和房屋的日本小旗不見了，幾乎所有中國人別的日本臂章都不見了。據米爾斯剛才告訴我，許多難民有襲擊日本大使館之類的念頭。」[109]這些「謠言」使正在苦難中煎熬的廣大南京市民似乎看到了希望，分外激動。甚至有一些難民竟信以為真，準備對日軍採取行動。

---

[107] 蔣公穀：《陷京三月記》，《侵華日軍南京大屠殺史料》編連會、南京圖書館合編：《侵華日軍南京大屠殺史料》，江蘇古籍出版社 1997 年版，第 88 頁。

[108] [美]魏特琳著，南京師範大學南京大屠殺研究中心譯：《魏特琳日記》，江蘇人民出版社 2000 年版，第 230 頁。

[109] [德]拉貝著，本書翻譯組譯：《拉貝日記》，江蘇人民出版社 1997 年版，第 375～376 頁。

　　1938 年 3、4 月間，中日軍隊在徐州附近的台兒莊一線進行了一場血戰，中國軍隊最終取得了輝煌的勝利，日軍精銳的第 10 師團與第 5 師團傷亡慘重，被迫退卻。台兒莊大捷不僅暫時阻擋了日軍的攻勢，擊破了日軍從南、北兩路會攻徐州、打通津浦路的戰略企圖，而且沉重地打擊了日軍，擊破了日軍不可戰勝的神話。這是日軍發動侵華戰爭以來遭到的第一次重大軍事失敗。雖然日方當局進行嚴密的新聞封鎖與宣傳欺騙，南京人民還是從不同渠道聽到了這個消息，並在振奮中將這消息在城中迅速傳播。1938 年 4 月 8 日，即台兒莊大戰剛剛結束，魏特琳在日記裏記載了當時南京的情況：「有消息傳來，徐州附近有一場惡戰，日本軍被迫退卻了。中國人在相互談論時，自然覺得振奮不已，人人都想知道戰爭要持續多久。」[110]1938 年 4 月 16 日，魏特琳在日記中寫道：「廣播中和報紙上的消息令所有中國人感到極大的鼓舞，人們都暗自感到歡欣和興奮。」[111]

　　1938 年 12 月，當南京陷落一周年日子快到來的時候，在日軍刺刀下煎熬了一年的南京人民心情更加不平靜，更加盼望中國軍隊的反攻，打擊日本侵略者，收復失地。1938 年 12 月 8 日，魏特琳在日記中記載：「中國人已經聽到了傳言，說中國飛機轟炸了長江上的日本軍艦。」1938 年 12 月 9 日，魏特琳在日記中記載：「謠言滿天飛。一位工人告訴我，廣東和漢口已被中國收復了」。[112]其實，這些都不是事實，因為當時日軍剛剛攻佔武漢與廣州，日軍飛機已取得了制空權。中國抗戰正處在最艱苦危急的時刻。這些傳言只是南京人民的期望。

　　南京市民們就這樣用散播期盼中國抗戰勝利的「謠言」方式，表達自己的心聲，鼓舞同胞的鬥志，抵制日偽的宣傳。他們日日盼望的，是

[110] [美]魏特琳著，南京師範大學南京大屠殺研究中心譯：《魏特琳日記》，江蘇人民出版社 2000 年版，第 340 頁。
[111] [美]魏特琳著，南京師範大學南京大屠殺研究中心譯：《魏特琳日記》，江蘇人民出版社 2000 年版，第 349 頁。
[112] [美]魏特琳著，南京師範大學南京大屠殺研究中心譯：《魏特琳日記》，江蘇人民出版社 2000 年版，第 525 頁。

中國抗日政府與抗日軍隊早日打回南京城，讓他們重見故國旌旗與祖國的麗日藍天。

1939 年 3 月 28 日是偽南京「維新政府」成立一周年的紀念日，南京日偽當局大肆慶祝，又是召開民眾慶祝大會，又是讓學校放假，還出動飛機向全城撒下許多傳單與標語，晚上施放焰火。但廣大南京市民在經歷了一年多日偽的殖民統治後，已越來越認清了日偽的本質，也越來越多地敢於表露他們對日偽統治的真實態度。這天下午，魏特琳騎自行車到南京城西去。她看到「在城市上空盤旋的飛機撒下了許多傳單和標語。我遇到一些工人正在撿地上的傳單，努力想讀懂上面的內容，然後再銷毀它們。他們非常明確、毫不掩飾地告訴我他們對新政府的態度，他們的勇敢令我驚訝。」[113]

魏特琳教授在 1939 年 3 月 23 日的日記中寫道：「的確，正如沃爾澤先生所說，很少能聽到中國人說他們恨日本人，但我相信，他們只是把仇恨埋在心底而已。人們決不能責怪他們，他們經歷了無法形容的苦難。」[114]

金陵大學歷史學系美籍教授貝德士在 1939 年對南京 80 個不同職業、不同年齡和不同教育程度的市民做了一次問卷調查。他得出的結論是：「在未來的 50 年中這個地區的人民決不會相信任何有利於日本的詞語。日軍的所作所為對每個家庭——包括那些為了不致餓死而在傀儡政府工作的人——的生活傷害得太深了。」[115]

1940 年 1 月 12 日、15 日，魏特琳也連續幾次有目的地向南京不同社會階層、不同職業的南京居民進行社會調查，瞭解他們對日本在南京實施的殖民政策與「大東亞新秩序」宣傳的態度。

---

[113] [美]魏特琳著，南京師範大學南京大屠殺研究中心譯：《魏特琳日記》，江蘇人民出版社 2000 年版，第 604 頁。

[114] [美]魏特琳著，南京師範大學南京大屠殺研究中心譯：《魏特琳日記》，江蘇人民出版社 2000 年版，第 600 頁。

[115] 章開沅編譯：《南京大屠殺的歷史見證》，湖北人民出版社 1995 年版，第 155 頁。

1940 年 1 月 12 日魏特琳在日記中記載:「……我心血來潮,想找學校的鄰居家調查些情況……我在胡大媽家坐了一個小時,聽她、她的獨生子和媳婦談她們眼中的『大東亞新秩序』。一聽就知道,她們對此的理解毫不含糊。在她們看來,日本人搞這套新秩序就是要榨乾中國的所有財富,迫使中國人對日本人俯首貼耳,任憑日本人在中國橫行霸道,最終使中國人淪為日本的奴隸。談起現在的生活狀況,她們說,簡直活不下去了。」[116]

1940 年 1 月 15 日,魏特琳在日記裏記載:「今天下午,我向鄰居瞭解了更多的情況,我去了鄰居某某家。她們家族在本地算是家境不錯的,有些地產。他有一個兒子、媳婦和一個小孫子,他常泡茶館,四面八方的消息都能聽到。另一位農民和附近的幾位婦女來了,共來了 9 人,他們的看法只有一個,建立所謂東亞新秩序的目的就是日本人說了算,最終在經濟上、政治上徹底奴役中國。沒有一個人說日本人一句好話。說實在的,他們對日本人恨之入骨。」[117]

(四)「不合作運動」與「消極之抵抗」

在日軍佔領南京後的初期階段,由於種種原因,國民政府在南京佈置的潛伏組織與人員都撤離南京,而中國共產黨也還沒有派遣人員潛入南京,數十萬南京市民在很長一段時間內,失去了中國政府與中國抗日政黨的組織領導,只能以自然的市井形態去面對日本佔領軍。但他們中的絕大多數人始終沒有失掉愛國熱情與民族感情,面對著日本侵略軍,面對著日本當局在南京先後扶植起一個個漢奸傀儡政權與實施的各種殖民主義政策,強壓著家仇國恨,採取「不合作」與「消極抵抗」的態度。

[116] [美]魏特琳著,南京師範大學南京大屠殺研究中心譯:《魏特琳日記》,江蘇人民出版社 2000 年版,第 735 頁。
[117] [美]魏特琳著,南京師範大學南京大屠殺研究中心譯:《魏特琳日記》,江蘇人民出版社 2000 年版,第 737 頁。

　　1937 年年底，當日軍當局在南京拼湊扶植偽政權「南京市自治委員會」時，曾脅迫在南京安全區國際委員會中工作的羅逸民、程調元二人，出任偽「自治委員會」的委員，企圖利用他們在難民中的影響，以給偽政權貼金。但羅、程二人不願做日本當局的傀儡與幫兇，毅然冒險逃離南京。日軍特務機關組織日、偽憲兵員警在南京全城搜查，未能抓獲。日偽當局還曾脅迫許多原南京國民政府中的員警充當偽員警，但這些人一有機會就脫掉警服，化裝逃走，有一些人被日軍抓回槍殺。

　　南京有更多的市民寧可失業挨餓，也絕不到偽政權中去工作。1938 年 8 月 31 日，魏特琳在日記中記載：「不斷地有人來找工作，他們說，寧可領取僅可糊口的薪水，也不願在傀儡政權下工作。」[118] 原中央大學教授王瀣，字伯沆，號冬飲，更是一位在日偽統治時期堅持民族氣節、不向日偽摧眉折腰的有骨氣的文人。他原籍南京遠郊溧水人，1871 年生於南京聚寶門（今中華門）東仁厚裏（今邊營 98 號之一），一直生活在南京，學識淵博，詩文、書畫、篆刻皆精。他對《紅樓夢》與明末阮大誠詩的研究深得章太炎讚賞。國學大師陳寅恪少年時曾受教於他。1927 年以後他在中央大學中文系任教授，為人清高自負，每天從城南家中到城中心四牌樓中央大學上課，相距 10 多華里，無論風雪酷暑，從未遲到過一分鐘，深得學生愛戴尊崇，其受業弟子桃李滿天下。1937 年 12 月日軍屠城時，他以衰病之身，未及撤離南京，避居於「安全區」，目睹國破城毀的悲劇與日寇的暴行，激起他的滿腔義憤。1938 年 2 月，「安全區」被迫解散，他回到城南破敗的家中，閉門度日，寫詩紀實：「叩門唯立壁，觀化盡浮漚。穩臥藜床聽，人嘵雜鬼啾。」由於失去工作，又年老多病，家境日益困難，以至不能舉炊。他只得變賣自己珍藏多年的書畫典籍。1940 年夏汪偽政府籌辦偽中央大學，想利用他的名望與影響，派人脅迫與以高薪誘惑他去任教授。貧病交加的王伯沆老人

---

[118] [美]魏特琳著，南京師範大學南京大屠殺研究中心譯：《魏特琳日記》，江蘇人民出版社 2000 年版，第 433、434 頁。

斷然拒絕，說：「余以行將就木之人，可以捨我矣，實不敢見張邦昌、劉豫喪權辱國之舉。」1944 年 8 月 5 日，王伯沆終於在貧病中去世，時年 74 歲。臨死前他交待家人，說：「我生不願見日寇，死了，棺材也不要見到敵人。我死後，不要發喪，棺材不准出門，就地埋在自家後院裏。」他的家人遵其遺囑，將其遺體在後院草草埋葬，直到抗戰勝利後才重新安葬於其故里。

有一些人，為家庭生活所累，不得不到南京的一些學校中去任教糊口。但他們的心是永遠向著祖國的。1939 年 9 月 24、25 日香港《大公報》第 5 版刊登報導，題為〈南京魔窟實錄——小學生對漢奸的打擊〉，披露南京市一中的一些情況：

> 一位市一中的地理教師，在初中一年級裏講著江蘇省與南京市時，心頭酸痛拭淚，當場學生紛擾的痛哭不止，老師嚴戒禁聲，不語攜書揮手而去。[119]

在南京各大學求學的青年學生，絕大多數人都沒有忘記自己國家的命運。如在日偽控制最嚴密的偽「中央大學」，在 1945 年初出版的《國立中央大學複校第二屆暨醫學院第一屆畢業紀念刊》上，刊登了一位政經系學生寫的文章，其中竟赫然寫道：

> 中日戰火的彌漫，侵及了大半部國土，祖國是受傷了！殘留在淪陷區的莘莘學子們，心境是多麼地酸楚，是多麼地憤慨吧！……現在呢？歐洲的戰事，總算是告一段落了。太平洋的戰局，蒞臨到結束的前夕。中日戰事，也降至最後的關頭。所以我們的級史，固然是平凡的，然而已經是異於平常了。[120]

---

[119] 報導：〈南京魔窟實錄——小學生對漢奸的打擊〉，刊[香港]《大公報》1939年 9 月 24、25 日第 5 版。

[120] 轉引自曹必宏：〈日偽統治下的南京中央大學〉，[南京]《鍾山風雨》2005 年第 5 期。

　　在日偽槍口下的大學裏，敢於寫出這篇文章與敢於刊出這篇文章的學生與教師，是具有何等的膽識與愛國熱情啊！

　　除了「不合作」之外，南京廣大市民還以種種方法與日偽當局鬥爭，進行「消極之抵抗」。

　　1937 年 1 月 1 日，在日軍大屠殺期間，日本《東京日日新聞》在南京建立分社，剛剛開張，其霸佔的房屋後牆就被人掏出一個大洞，足夠人鑽進鑽出。顯然，這是南京民眾給專事造謠的日本新聞傳媒的一次警告與報復。日本記者的工作甚至安全都遭到威脅，急忙調來日軍站崗守衛。日本記者還拍攝了一張日軍哨兵在大洞旁守衛的照片。[121]

　　鐵路運輸對日軍有重要的軍事意義，同時也有著重要的經濟意義。南京地區的鐵路主要是滬寧鐵路、津浦鐵路與寧蕪鐵路。浦鎮機廠則是附屬於鐵路系統的大型工廠。三路一廠的工人自發地開展抗日鬥爭。他們的鬥爭主要是消極怠工。三條鐵路的工人們提出口號：「磨洋工，混飯吃，不給日本人賣命。」浦鎮機廠當時有中國工人 10000 多人。但他們普遍消極怠工，每月只能修理兩台機車和 10 節貨車，而且修理質量差，跑不了多久得重新送回廠修理。該廠的工人編了個順口溜，在全廠廣泛流傳：「一個放哨，車底下睡覺；小便半小時，大便半個工，東摸摸，西混混，糊住鬼子磨洋工。」

　　下關發電所也是日軍直接進行嚴格軍事管理的要害單位，不僅在廠裏駐兵，而且調來日籍管理人員任廠長、工頭，對中國員工進行監督。中國員工們牢記著 45 個工友被日軍槍殺的血淚深仇，在日軍的刺刀與皮鞭下，展開了多種形式的抗爭：一是消極怠工，即在上班時，以一人看管設備，其他人或睡覺，或溜上街打零工，做小生意。他們掌握了日籍人員的管理規律，等到日籍人員來巡視時，就裝得一片繁忙；二是不動聲色地製造人為事故，如降負荷、鍋爐熄火、停機、拉閘等；三是有

---

[121] 秦風輯圖，楊國慶、薛冰撰文：《鐵蹄下的南京》，廣西師範大學出版社 2006 年版，第 107 頁。

意多燒煤炭，不等爐膛裏的煤炭燃盡，就換加新煤，消耗緊張的戰略物資。1943 年 7 月，下關發電所全體中國員工以物價高漲為由，向日籍廠長岡本一誠提出增加工資、改善工人待遇的要求，並推舉章生、曹阿榮等 4 人為代表與日方談判。由於工人堅持條件，不肯讓步，日方惱羞成怒，調來憲兵逮捕了 4 名代表，對他們酷刑致死；又以「煽動罷工」罪，拘捕了工程師徐士英與翻譯張鳳苞，還在徐士英的家裏搜出了重慶揚子電氣公司發給 45 位遇難工人的撫恤金的匯款收據，就給他們加上「重慶諜報員」的罪名，並繼續抓捕了多名員工。但發電所的員工沒有停止鬥爭，而是採取更加隱蔽、更加巧妙的方式，使發電所的各種設備事故不斷發生。日方毫無辦法，只得在 1943 年年底又增派 200 多名日軍到發電所，對員工盯梢、監視、迫害。下關發電所中國員工的鬥爭一直堅持到抗戰勝利。[122]

郵局也是個十分敏感與重要的單位。1942 年春，南京郵局的職工為要求增加工資、改發新幣，進行罷工，經過談判，迫使當局同意按新幣八成、舊幣二成發放工資。

江南水泥廠的廠方與全廠員工在日軍「軍管理」該廠後，採用拖延策略，在德國僑民卡爾·京特的幫助下，始終拒絕開工，更始終拒絕與日軍方「委託」的日商合作，時間長達 6 年之久。當日本軍方在 1943 年 12 月到 1944 年 8 月間分三次強行拆卸該廠機電設備時，該廠員工雖在日軍刺刀監督下，仍設法消極怠工，甚至將大型工具設備投入河裏，導致拆遷工作進展緩慢，使日方以該廠的機電設備投入山東張店工廠、用於生產飛機製造用鋁的打算不能順利實現。

1944 年 11 月 12 日下午 6 時，在日本病死的汪精衛的棺木空運至南京大校場機場，然後由中山東路，繞新街口、鼓樓，經保泰街，送至偽國府大禮堂。儘管偽政府成立「哀典委員會」，但南京民眾卻湧向街

---

[122] 蕭宏書：〈日軍在首都電廠的暴行與工人的反抗鬥爭〉，《南京黨史》（內刊）1995 年第 4 期。

頭，抑止不住的嘻笑沸騰。沿街的牆壁上甚至出現了「飛屍走肉，傀儡奇觀」等諷刺標語。

還有一些南京民眾勇敢而巧妙地進行愛國宣傳活動。

如金陵大學教會醫院年輕的潘牧師，在日偽嚴酷的恐怖統治下，勇敢地進行抗日愛國宣傳。他在談話與佈道中，揭露日本侵華依靠的是武力，是劍的力量；勸告聽眾保持耐心，相信中國會逐步贏得這場戰爭；他還讚揚上海的抗日組織多次刺殺那些與日本合作的漢奸，鼓動南京民眾也應這樣做。日方以此逮捕了他，將他關押了兩個月時間，經教會多方營救，才被釋放。還有一位年輕的女護士，「通過收音機聽重慶的新聞，再告訴學生們」，因而上了日軍憲兵隊的黑名單。[123]

在大多數南京市民對日偽當局的殖民統治採取「不合作運動」與進行「消極之抵抗」時，有少數的南京市民勇敢地選擇了奮起反抗與主動鬥爭的道路。1939 年 6 月 2 日，魏特琳在日記中記述了在南京城市西部的中國居民秘密處決一個日軍士兵的事：「晚上 6 時 30 分。簡·海德家女傭的兒媳婦來找我，她是從城市西南部來的，她說，（日軍）士兵們威脅說要把那個地區燒掉，因為上個星期天晚上（按：指 1939 年 5 月 28 日），有一個（日軍）士兵在那裏被殺害了。」[124]

第七節　中國軍民與中國政府抗戰到底的回應

歷史的發展出乎日本最高當局的預料。日本軍國主義當局的武力征服與恐怖屠殺政策，並設有能使中國軍民與中國政府屈服；日本軍國主

---

[123] 參閱[美]魏特琳著，南京師範大學南京大屠殺研究中心譯：《魏特琳日記》，江蘇人民出版社 2000 年版，第 596 頁、第 619 頁；[美]史德尉：《史德尉日記》，章開沅編譯：《天理難容——美國傳教士眼中的南京大屠殺（1937-1938）》，南京大學出版社 1999 年版，第 359 頁。

[124] [美]魏特琳著，南京師範大學南京大屠殺研究中心譯：《魏特琳日記》，江蘇人民出版社 2000 年版，第 643 頁。

義當局的新聞控制與虛假報導、造謠捏造政策，也設有能使中國軍民與中國政府迷失。在南京失守後，中國軍民繼續以簡陋的武器與自己的血肉之軀與日軍作戰；中國政府也連續發表聲明與講話，表明不因首都南京的失陷而動搖抗日禦侮的決心。

日軍攻佔南京時，國民政府已遷至重慶，軍事委員會則遷至武漢，始終沒有屈服於日本的武力征服與恐怖威懾政策，繼續堅持抗戰。1937年12月13日，在南京失陷的當天，國民政府軍事委員會委員長兼行政院院長蔣介石代表中國政府就此發出通電，表示了中國軍民不以一城一地之得失而動搖抗戰國策與全國一致繼續抗戰的決心：

> 國軍退出南京，絕不致影響我政府始終一貫抵抗日本侵略原則之國策，其唯一意義，實只有更加強全國一致繼續抗戰之決心。蓋政府所在地，既已他遷，南京在政治上、軍事上已無重要性可言。予作戰計畫，本定於敵軍炮火過烈，使我軍作無謂犧牲過甚之時，將陣線向後移動。今已本此計畫，令南京駐軍退守其他陣地，繼續抗戰。[125]

1937年12月17日，蔣介石在武漢又發表了〈我軍退出南京告全國國民書〉，指出：

> 目前形勢無論如何轉變，唯有向前邁進，萬無中途屈服之理。……
> （中國）最後決勝之中心，不但不在南京，抑且不在各大都市，而實寄於全國之鄉村與廣大強固之民心。[126]

中國軍隊在南京失守後，迅速在安徽、江西間迅速部署了第二道防線，隨時準備抗擊日軍的繼續進攻。1937年12月16日，《大阪朝日新

---

[125] 《總統蔣公大事長編初稿》，卷四，上冊，[臺北]近代中國出版社出版，第150頁。
[126] 蔣介石：〈我軍退出南京告全國國民書〉，刊《大公報》（漢口版）1937年12月17日。

聞》刊登關於中國軍隊在南京失陷後，不屈不撓，在安徽、江西、浙江的山丘地帶構築第二線防禦陣地、「顯露出企圖再度交戰的氣勢」的報導：

> 在南京攻防戰鬥中一敗塗地的敵軍主力部隊，打開了一條血路。陸路沿東面津浦線，水路沿楊子江，從兩路陸續集結到了安徽的蚌埠以及安慶。南京陷落後，敵人一方面收容殘兵敗將，一方面以安慶為中心，依託安徽、江西、浙江的山丘地勢構築起大的防禦陣地，形成了第二防線，顯露出企圖再度交戰的氣勢。[127]

1938 年 1 月 18 日，中國國民政府發表〈維護領土主權及行政完整的聲明〉，針鋒相對地駁斥日本近衛內閣 1 月 16 日狂妄的對華政策聲明，並宣告由日本扶植的任何偽政權「絕對無效」。在日本招回其駐華大使後兩天，中國政府也招回了中國駐日大使許世英。中國軍隊在各個戰場上英勇阻擊著日軍的瘋狂進攻。

當日軍佔領南京後對已放下武器的中國戰俘與手無寸鐵的平民實施血腥的大屠殺的時刻，中國政府沒有能及時得到淪陷後南京的詳盡的消息，中國的新聞傳媒也沒有一篇及時的報導與評論。

這首先是由於日軍攻佔南京後，對南京地區實施嚴密的封鎖，對當地的中國新聞傳媒進行血腥的摧殘與徹底的掃蕩，使得在很長一段時間內，南京城內沒有一個中國新聞工作者能夠正常工作，南京城外沒有一家中國新聞傳媒能夠獲得關於南京的任何消息；同時，也由於在南京淪陷前後，中國幾家最有影響的報刊，如上海的《申報》、《大公報》滬版與南京的《中央日報》、《新民報》、《南京人報》等，都因日軍的逼迫與戰火的蔓延而於 1937 年 11 月底到 12 月中旬先後暫時停刊與遷移，一時難以正常地進行採編與出版，因而，當日軍在南京地區對中國軍民實

施大規模的血腥屠殺多天以後，當南京城內城外屍橫遍野、血流成河之時，中國的新聞傳媒卻遲遲得不到準確的、詳細的消息，不能加以及時、準確、詳細的報導。中國的新聞傳媒在南京大屠殺發生約十天以後，在12月22日之前，對日軍南京大屠殺的報導幾乎是一片空白，只有極少幾篇根據傳聞而編寫的零星短文，既不準確，更不詳盡。

直到1937年12月22日，當從南京血域中出走的五位英、美記者，以自己親見親聞親身經歷的事實，寫成關於日軍在南京大屠殺的新聞電訊稿在西方報刊上發表多日並迅速傳遍世界的時候，處在戰線後方、條件極其艱苦的中國各新聞傳媒，才輾轉從上海租界的英、美商家開辦的英文報刊——「洋商報」中，得到關於日軍在南京大屠殺的比較準確而詳盡的消息。中國各新聞傳媒的從業人員基於強烈的民族感情、同胞情誼與神聖的愛國熱情，也基於人類最起碼的共性——人道主義，立即被這空前未有的巨大慘案、被日軍空前未有的的野蠻血腥、被數十萬同胞空前未有的悲慘遭遇震驚了。他們以極大的震驚與悲憤，迅速將這慘案加以報導與揭露、控訴。——這比西方新聞傳媒最早於12月15日報導南京大屠殺，遲了整整七天。

中國新聞傳媒關於南京大屠殺的報導，雖比美、英新聞傳媒遲了整整七天，但卻以強勁的勢頭，後來居上，不僅報導數量日益增多，迅速超過了西方新聞傳媒，而且感情強烈，顯示出它獨有的中國特色。

第一，大量報導與刊登了從南京九死一生逃出的中國難民的親身經歷與血淚控訴。

在1937年12月底以後，有一些中國難民冒著千難萬險，從南京淪陷區逃出，先後來到了中國國民政府統治的地區。他們講述了他們所親身經歷或親見親聞的日軍在南京大屠殺的慘況。這成為中國新聞傳媒記者採訪報導日軍在南京大屠殺暴行的重點。例如：

1938年2月7日，武漢的《大公報》刊登了一位從南京逃出的中國被俘士兵以「佚名」為名寫的〈京敵獸行目擊記〉，記述了他在敵營中所看到的日軍暴行：

……我只好往屋裏送（水）。我方才走進去，便一眼看見了
兩位女同胞掩著一條毯子，躺在那裏。兩個滿臉橫肉的「皇軍」
官佐，一個人穿了一件女衣在對臉獰笑。……後來我見得太多
了，才知道可憐的女孩子們，就是在大白天，也哪能穿衣服呢？
又是一天，……一批女人趕進來了，……黃昏時分，我見兩個裸
體女屍被拖出去。不分白天和夜晚，總是聽到哀嚎和嘻笑。……
這次走到街上，……同胞的屍體可實在多得可怕，特別多添了許
多裸體女屍，有的很可以看出是反抗暴行，才被敵軍順勢來個
剖腹，手臂上都是傷痕。十個總有八個是肚子破著，腸子擠到
外邊來了，還有幾個母親和血污的胎兒躺在一起。她們所以裸
體的原因也很簡單，她們活著的時候，「皇軍」還不讓他們穿衣
服，死了不給她們開刀破肚就是好的，還會把衣裳給她們穿上
嗎？這些女屍的乳部，不是被割了去，便是被刺刀刺得血肉模
糊，這明明是「皇軍」對於已經死了的女人還要再來一番侮
辱！……[128]

　　1938 年 2 月 20、21 日，《大公報》（漢口版）刊中央社長篇電訊〈陷
後南京慘像──倭敵失卻人性兇殘絕倫，屠殺市民八萬，婦女半數被
污〉。其內容是中央社記者採訪在 2 月 5 日從南京逃出來到武漢的難民，
所述日軍在南京的種種暴行。此電訊開頭寫道：

　　[中央社訊]：近百數人於本月五日由南京逃出，經過種種困
難，始安抵武漢。記者往訪，叩詢敵軍在京暴行，承將敵軍屠殺、
縱火、姦淫、擄掠、禁絕糧食，偽組織醜態，敵軍政治軍事佈置
以及市面各情見告，茲分志如次：

---

128 佚名：〈京敵獸行目擊記〉，刊《大公報》（漢口版）1938 年 2 月 7 日；《侵
　　華日軍南京大屠殺史料》編委會、南京圖書館合編：《侵華日軍南京大屠殺
　　史料》，江蘇古籍出版社 1997 年版，第 128～129 頁。

　　然後，此電訊分段寫出，各段的小標題是「兇殘屠殺」、「縱火狂燒」、「姦淫婦女」、「『擄掠一空』、「糧食恐慌」、「偽會醜態」、「敵軍佈防」、「市面情形」。[129]

　　1938 年 3 月 9 日，《大公報》（漢口版）刊「中央社訊」，題為：〈南京陷落後暴敵獸行聞見錄〉，副題為〈燒殺搶掠窮兇極惡，全城婦女幾全被污，敵士氣大衰已失鬥志〉，報導一位南京難民秘密於 2 月 19 日發函寄上海轉香港，最後寄至其在武漢的友人處，詳述日軍在南京的「肆行燒殺奸掠之獸行，窮兇極惡，慘絕人寰，留京國際人士均憤慨切齒，並望我政府抗戰到底，日寇色厲內荏，已成強弩之末，勢必疲憊崩潰」。[130]

　　1938 年 7 月 13 日，《大公報》（漢口版）開始連載發表從南京淪陷區脫險來到武漢的原南京某文化機關職員李克痕回憶自己因病身陷南京、目睹日軍南京大屠殺暴行的長篇記述文章《淪京五月記》，直到 1938 年 7 月 21 日才連載完畢。李克痕於南京城西鄉村躲避兩個多月後，於 1938 年 3 月初入南京城,6 月 3 日逃離南京。李克痕描述其在南京所見：

> 日兵進城後，除搶燒殺，更重要的卻是姦淫婦女，十一歲的幼女，五十余歲的老嫗，都不免被辱，輪姦後，多被殺死。「花姑娘」，整群結隊的「花姑娘」被捉到，有的送往上海皇軍俱樂部，有的專供敵人長官以泄獸欲，一般敵兵，到處搜尋女人，在街上，在弄堂口，許多女同胞被輪姦，慘叫和狂笑突破了死城的空氣……。[131]

---

[129] 中央社訊：〈陷後南京慘像——倭敵失卻人性兇殘絕倫，屠殺市民八萬，婦女半數被污〉，刊《大公報》（漢口版）1938 年 2 月 20、21 日；前引《南京大屠殺史料集》（6），第 482～487 頁。

[130] 中央社訊：〈南京陷落後暴敵獸行聞見錄〉，副題為〈燒殺搶掠窮兇極惡，全城婦女幾被污，敵士氣大衰已失鬥志〉，刊《大公報》（漢口版）1938 年 3 月 9 日；前引《南京大屠殺史料集》（6），第 488 頁。

[131] 李克痕：《淪京五月記》，刊《大公報》（漢口版）1938 年 7 月；《侵華日軍南京大屠殺史料》編委會、南京圖書館合編：《侵華日軍南京大屠殺史料》，

1938 年 8 月，西安的《西京平報》連載南京保衛戰中中國守軍營長郭歧以自己陷身在淪陷後南京的親身經歷，寫成的回憶記述文章〈陷都血淚錄〉。中央軍官學校教導總隊的郭歧營長於南京淪陷後三個月，1938 年 3 月 11 日從南京逃出。郭寫道：

> 獸兵認為可殺的人是中國兵、員警、憲兵、學生、壯丁、小學教員，到無詞可借時就說是機關上的公務人員。一個個由頭上檢查到腳下，由外面翻到裏面，先把鈔票、鋼筆、手錶搶去，就看頭上有無蓄髮，有無鋼盔印子，腰間是否繫過皮帶，右手有無持槍的疤痕，如有一點可疑，馬上就捉去槍斃。可以說，凡有一點人樣子的，有點生氣的，都不免於一死。

> 第一次帶出玄武湖用機槍掃射的至少八千多人。南京所有的池塘裏都堆滿了屍體。……

> 有人說獸兵剛進來頭三天總是放槍姦淫燒殺的……結果過了一禮拜不見停止，過了一個月仍不見停止，過了三個月仍不見停止！[132]

1938 年 8 月，蔣公穀在重慶自費出版了《陷京三月記》。蔣公穀是國民政府軍的軍醫，參加了南京保衛戰，任軍醫處的科長。在城陷後，他與軍醫處處長金誦盤隱身南京「安全區」內約三個月，於 1938 年 2 月 25 日一道化裝成小販，以無錫難民的身份，逃出南京城，經上海，輾轉回到中國抗戰大後方。蔣公穀以自己陷身在淪陷後南京 3 個月的親身經歷，寫成《陷京三月記》一書，逐日記載與揭露控訴了日軍在南京大屠殺的暴行。書中記載，金誦盤、蔣公穀於 1938 年 2 月 15 日搭乘美僑李格斯的汽車，作南京陷後對市區的首次巡示。他們看到的南京情景是：

[南京]江蘇古籍出版社 1997 年出版，第 108 頁。

[132] 郭歧：〈陷都血淚錄〉，刊《西安平報》1938 年 8 月；前引《侵華日軍南京大屠殺史料》，第 2～3、11 頁。

　　出新街口，經太平路、夫子廟，轉中山路，沿途房舍，百不
存一，屋已燒成灰燼……行人除敵兵外，絕對看不到另外的人，
一片荒涼淒慘的景象，令我們不忍再看，那些未燒毀的房屋，都
變成了敵人的店鋪，……。[133]

　　第二，中國新聞傳媒發表了多篇義正詞嚴、聲震寰宇的社評，聲討
日本軍國主義的法西斯暴行，聲援苦難的南京難民，號召全國軍民抗戰
到底，為死難同胞復仇。

　　1937 年 12 月 25 日，《武漢日報》在刊載中央社香港 12 月 24 日電
訊〈倭屠殺我各地平民，留京難民被慘殺者達五萬人，此等暴行全世界
均深為駭異〉的同時，發表了一篇短評，題為〈慘痛的一頁〉。——**這
是中國新聞傳媒第一次就日軍南京大屠殺發表評論**，全文如下：

　　　　倭寇所到之處，姦淫殺擄，無所不為，在首都未逃出的平民，
　　竟遭屠殺至五萬人之多。這種殘暴的禽獸行為，在人類歷史上，
　　實空前未聞。

　　　　我們目睹大量同胞遭受如此屠戮，自然是悲痛萬分，但是要
　　知道，若果現在我們不把全副的力量拿出來，把這萬惡的強盜打
　　倒，我們未來的慘痛，更不止此。

　　　　倭寇在南京屠殺，已成為中華民族史上慘痛的一頁，永久不
　　會忘記的仇恨。無論倭寇怎樣會宣傳，總不會洗滌掉這回的血
　　腥。我們只有抗戰到底，誓死不屈。

　　　　同時我們痛告全國有力有錢的同胞們趕快起來，在最高統帥
　　指揮下，奮勇抗戰，報仇雪恥，因為目前如果有人還打算保存實
　　力，保全財產，前途總是沒有生路的。[134]

---

[133] 蔣公毅：《陷京三月記》，1938 年 8 月武漢出版；前引《侵華日軍南京大屠
　　　殺史料》，第 89 頁。

[134] 短評：〈慘痛的一頁〉，刊《武漢日報》1937 年 12 月 25 日。

這篇社評篇幅雖不長，卻是中華民族對日軍南京大屠殺暴行發出的第一聲怒吼，第一次嚴正的憤怒的聲討，同時也是一篇分析深刻的評論。它既指出了日軍南京大屠殺暴行是「中華民族史上慘痛的一頁，永久不會忘記的仇恨」，又揭示了這次慘案給中國人民的教訓：「若果現在我們不把全副的力量拿出來，把這萬惡的強盜打倒，我們未來的慘痛，更不止此。」結論是：「我們只有抗戰到底，誓死不屈。」這說得是多麼好啊！

接著，在 1937 年 12 月 28 日，《大公報》（漢口版）刊登由該報總編輯張季鸞撰寫的社評：〈為匹夫匹婦復仇〉。──這是中國新聞傳媒又一次就日軍南京大屠殺發出正義的聲討文章，而且由於刊於大報，出自名人之手筆，因而影響更大。社評開頭首先展露了侵華日軍在佔領南京後對手無寸鐵的中國平民與已放下武器的中國戰俘進行大規模血腥屠殺與燒殺淫掠的「窮兇極惡」的暴行，並指出日軍南京大屠殺「已是鐵般的事實」：

> 敵軍佔南京後，屠殺難民，淫污婦女，報告甚多，都是外僑所傳。上海西字報一再揭布，美報訪員，有長電致本國，昨日德國海通社滬電，甚至說敵軍司令也承認有此事，但是一般少壯軍官所為，彼不負責云云。總之，敵軍在南京屠殺姦淫，窮兇極惡，已是鐵般的事實，所不知者，只係被殺遇害者之確數，而最初之報告說被殺平民有五萬人之多。

應該指出，此社評所說的南京被日軍屠殺之中國平民「有五萬人之多」只是「最初之報告」。當此社評寫作與發表時，日軍在南京的大屠殺暴行還在繼續進行中，遠沒有結束，被屠殺之中國平民的人數每天都在繼續增加中。日軍在南京的大屠殺暴行因受到國際輿論的強烈譴責而不得不基本收斂，要等到 1938 年 1 月底 2 月初，即在此文發表一個多月以後。同時，由於日軍對南京的嚴密新聞封鎖，當時南京大屠殺的真相還僅僅被揭露冰山之一角。對於新聞報導條件極其困難的《大公報》

等中國報社，是不能要求他們在當時就對南京大屠殺迅速作出十分準確的報導。據後來中外學者的調查統計與東京「遠東國際軍事法庭」的審判確認，日軍南京大屠殺，共殺害中國軍民達三十萬人以上。但僅從《大公報》這篇社評揭示的南京被屠殺之中國平民「有五萬人之多」，就已是觸目驚心，引起了全中國廣大民眾極大的震驚與憤怒。

接著，社評揭露日本侵略軍不僅在南京，而且在中國南北各地，凡所到之處，都是「凶淫殘殺」，無惡不作。而且，日軍的屠殺罪行仍在中國南北各地繼續與擴大。但僅以日軍在南京的大屠殺暴行，就「已構成日本帝國主義萬惡不赦之罪狀」，應引起人類的共憤與鄙薄：

> 敵軍在河北，在山西各縣，都殺平民，淫婦女，但報告都不詳，而地方偏僻，無從確查。現在南京之事，則外僑所傳，世界所知，僅此一端已構成日本帝國主義萬惡不赦之罪狀，何況南京如此，江南各地實際皆然。現在又攻陷我杭州，在北又正攻濟南，凡敵軍所到，其凶淫殘殺，都是與南京一樣，凡有人道觀念者，對於這土匪不若之獸行敵軍，應當怎樣鄙棄，怎樣憤懣！

社評揭露日軍在攻佔南京後，悍然侵入由西方僑民組織的難民區，對中國的貧苦百姓大施兇暴的極端殘忍野蠻與反人類性：

> 南京難民區，是旅京外僑發起，得敵軍默契而成立的。固然其事並非正式性質，但既是人類，總不應完全無信。南京居民本來多數已走開，其最後留京者，當然是貧民居多，也是因為信任難民區之故。奈何於攻城之後，竟這樣殘忍，這樣凶淫，雖古代野蠻民族也不至如此，日本戴著現代強國之面具，且口稱是反對抗日的中國政府，不是反對中國的人民，現在受這樣殺戮，並且污辱良善女性，不計其數，何況到處皆然，不止南京。從世界文明史的眼光看，這真是赤裸裸的兇殘之獸行，不是人類所應有。

　　社評「大聲疾呼」全世界一切正義善良的人們，不分何洲何國，不分職業與信仰，都要「做人道的勇士」，為南京成千上萬被日軍屠殺的的普通民眾──「匹夫匹婦」復仇，聲討「這現代化裝的萬惡日閥」：

> 我們對這些被害的同胞，不但根據中國人之立場，萬分悲痛，萬分憤懣，並且從人類普通之立場上不得不大聲疾呼，願全世界有正義人道觀念者，起來為匹夫匹婦復仇！全世界的善良人類！不論何洲何國，何黨何業，請大家都做人道的勇士，聲討這現代化裝的萬惡日閥！西洋人特別尊重女性，請看日軍在南京在各處怎樣欺辱良善婦女！報上常看見千百成群的婦女，被敵軍編隊帶走，又最近西人記載，在南京見一日本軍官室中，禁錮婦女有七八人，一般情形，可想而知，歐美人士素有義俠之心，對於這種無人道的匹寇畢竟作何感想呢？

　　社評更號召全中國同胞為南京成千上萬被日軍屠殺的的普通民眾──「千千萬萬的匹夫匹婦」復仇雪恥，並指出這不是「偏狹心理」，而是「為民眾復仇」，「是聖賢遺訓，為中國道德之精華」：

> 我們希望全國同胞者，也是這一句話：「為匹夫匹婦復仇」，在私人問題，復仇本是偏狹心理，但為民眾復仇，則是聖賢遺訓，為中國道德之精華。我們人民此次被暴敵踩躪太殘酷，太悲痛了，明末所謂揚州十日、嘉定屠城之痛史，現在天天演著。就以最近幾天說，看浙江，看山東，真是水深火熱，不可形容，我們政府，我們各界，目擊耳聞，男女同胞們這樣遭難，應當怎樣立志決心，替這千千萬萬的匹夫匹婦復仇呢？敵人這樣，是完全暴露其罪惡，其註定敗亡，乃當然之事。我們大家務須聯合全世界主張正義人道者努力殺敵，以為這些被害人伸冤雪恥。後方各界特別要刻刻不忘！[135]

---

[135] 社評：〈為匹夫匹婦復仇〉，刊《大公報》（漢口版）1937 年 12 月 28 日。

這是中國報刊，也是中國人民對日軍南京大屠殺暴行發出的第一次憤怒的聲討，第一次莊嚴的控訴，第一聲正義的吶喊！聲震環宇，傳遍世界！「為匹夫匹婦復仇」迅速成為中國人民共同的心聲，共同的口號，共同的行動！

中國新聞傳媒的廣泛報導與大力宣傳，使侵華日軍南京大屠殺的暴行得到了更有力的揭露，使日本新聞傳媒費盡心機的種種虛假報導與偽造新聞成為全世界的笑料，更加激起了中國軍民抗戰到底的決心，更加速了世界人民反法西斯統一戰線的形成。

撤出南京的國民政府始終關注著南京的局勢，在得到日軍在南京野蠻屠殺中國戰俘與平民的消息後，立即發表聲明，對日軍的暴行給予強烈的譴責，並呼籲國際社會制止與譴責日本的侵略與戰爭暴行。

1938 年 1 月 22 日，蔣介石在日記中寫道：「倭寇在京之殘殺與姦淫未已，似此獸類暴行。彼固自速其滅亡，而我同胞之痛苦極矣！」[136]

國民政府的許多黨政軍領導人也對日軍南京大屠殺暴行表示了強烈的震驚與義憤。1938 年 8 月，國民政府南京守軍醫蔣公穀所寫的《陷京三月記》在武漢出版。蔣公穀曾參加南京保衛戰。他在此書中，以自己陷身在淪陷後南京三個月的親身經歷，逐日記載與揭露控訴了日軍大屠殺的暴行。白崇禧、程潛、陳布雷、李濟深、張治中等 11 位國民黨政要與高級將領閱讀此書後，親筆題詞。白崇禧為該書的題詞是：「毋忘國仇」；程潛為該書的題詞是：「永矢弗諼」；張治中為該書的題詞是：「這是血的記錄，這是的的確確的事實，這是以概略說明倭寇之殘忍酷虐、沒有理性。……」；……。[137]

國民政府的對外宣傳機構──「國際宣傳處」為了向廣大的中國人民與世界人民揭露日軍南京大屠殺的暴行，進行了多項工作：在 1938 年年初，「轉輾覓得」了日軍自行攝製的記錄其南京大屠殺暴行的照片

---

[136] [日]古屋奎二：《蔣介石秘錄》，第四卷，湖南人民出版社 1988 年版，第 39 頁。
[137] 〈11 位原國民黨政要「親筆書」譴責日軍暴行〉，刊[南京]《揚子晚報》2004年 8 月 18 日。

多套，「此為日軍人在戰區所攝，送至上海洗印」，而由中國政府情報人員獲得，成為日軍南京大屠殺的鐵證；在 1938 年 5 月初，在得知英國《曼徹斯特衛報》記者田伯烈「搜集戰地第三國人所記錄之日方暴行數十篇，約十余萬言，刊印專書，將於本月中旬在倫敦、紐約同時出版」，[138]這就是英文版的《戰爭意味什麼：日軍在華暴行》，立即組織專門人員迅速將此書翻譯成中文，定名為《外人目睹中之日軍暴行》，在 1938 年 7 月由漢口國民出版社出版，成為揭露日軍南京大屠殺暴行最早、影響最大的論著，發揮了極大的宣傳作用。

國際宣傳處在 1938 年 3 月間還進行了一項極為秘密、鮮為人知的對日宣傳工作，這就是秘密組織、派遣四位國際友人赴日本東京等地，用各種宣傳形式，向在東京的日本各界人士與其他各國人士揭露日軍南京大屠殺暴行的真相。這四名國際友人中，有三名是在華基督教會任職的日籍基督徒，還有一位是在華的英國「調查委員會」工作人員莫瑞爾·萊斯特小姐（Murial Lester）。按照國際宣傳處的策劃與安排，三名日籍基督徒分別攜帶英美等外籍僑民與記者所撰寫的關於日軍南京大屠殺暴行的新聞報導、文章、信件、日記等材料，以及多套日軍自行攝製的記錄其南京大屠殺暴行的照片；莫瑞爾·萊斯特小姐則攜帶從傳教士費奇那兒借得的、由馬吉拍攝的記錄日軍南京大屠殺暴行的一套電影拷貝。這四名國際友人從上海出發。到日本東京後，他們分別在各國駐日使領館人員與外國記者中，在日本的一些政黨、社團、工商、宗教等各界人士中，散發上述的文字宣傳品與照片，放映上述的記錄電影，並進行口頭宣講；同時收集日本各方面的反映與動態的情報。他們的工作產生了一定的影響，而且始終未被日本當局察覺。

南京淪陷後，重慶國民政府首先利用空軍，在 1938 年年初，對日軍在南京的機場與軍事設施多次進行空襲。國民政府「軍統局」組織與

---

138 董顯光：〈致蔣介石簽呈〉（1938 年 5 月 6 日），中國國民黨宣傳部檔案，藏[南京]中國第二歷史檔案館；刊《民國檔案》2000 年第 4 期。

領導的「忠義救國軍」等在南京四周的農村地區開展游擊戰爭，給日軍造成一定的威脅。同時，重慶國民黨中央在南京城內佈置「地下市黨部」，展開反日偽的各種活動。國民政府「軍統局」的成員詹長柄、詹長麟兄弟等人，長期以「僕人」的身份，潛伏在日本駐南京公使館裏，經秘密策劃，於 1939 年年 6 月 10 日製造了震驚中外的「日本公使館毒酒案」，斃傷日偽大員多人，而且在事後都安全地撤離南京。日偽當局出動大批憲兵員警特務四出搜捕，毫無所獲。「南京日本公使館毒酒案」是抗戰時期一件影響很大的事件，充分表現了南京淪陷區人民不屈不撓的抗日鬥志。

在南京淪陷後不久，在延安的中共中央立即指示在其領導下的新四軍迅速分兵從皖南向東挺進，在南京四周的廣大農村地區建立抗日根據地，開展抗日游擊戰爭。根據中共中央指示，新四軍在 1938 年 4、5 月間，就派遣第二支隊副司令員粟裕率先遣支隊約 400 人，進入南京近郊高淳、溧水、溧陽、句容、江寧、當塗間廣大農村地區，發動民眾，開展抗日鬥爭，迅速以茅山為中心，建立起蘇南抗日根據地；不久以後，又派兵進入南京長江以北的淮南與蘇中地區，相繼建立淮南與蘇中抗日根據地。各根據地的軍民不斷發展抗日游擊戰爭，襲擊日、偽軍，其聲勢直逼南京城下。1938 年 8 月下旬，蘇南新四軍在反擊日軍八路掃蕩時，避實就虛，派出小股精銳部隊從陶吳鎮以北的徐村直插南京中華門外，佔領雨花臺制高點。南京城內的日偽當局不知虛實，驚慌失措，緊閉城門，拉響警報，向雨花臺盲目射擊。新四軍乘機動員與組織群眾進行大規模的破襲戰，破壞了許多公路與橋樑。

1938 年 12 月 27 日，上海租界的《申報》發表文章，報導在南京，「游擊宣威殺哨兵於不覺」。文章寫道：

> 城外游擊隊，仍能白晝攜械潛入城中，襲擊日軍。一二月前，城內曾有日守崗哨兵二名，於白日被游擊隊擊斃。南京日軍司令

部是日派遣大批日兵，嚴密搜查全城，但結果一無所得。可見京市外郊華軍游擊隊之活動，已使日軍防不勝防矣。[139]

結語　日本法西斯屠殺政策與法西斯新聞政策的失敗

歷史證明，日本軍國主義當局是在武力征服與恐怖威懾政策的指導下，發動對南京的攻略戰與對南京軍民的瘋狂大屠殺的；而日軍在攻略南京與瘋狂大屠殺中取得的巨大「勝利」，更鼓舞了日本當局對中國武力征服與恐怖威懾政策的信心，並把這種中世紀式的野蠻政策推向了高峰。但南京之戰與南京大屠殺，既是日本最高當局對華推行武力征服與恐怖威懾政策的最高峰，也是這政策走向失敗的開始。在中國人民不屈不撓的持久抗戰與全世界人民的支持下，日本當局的法西斯武力征服與屠殺恐怖政策迅速破產了。

在日本侵華與南京大屠殺期間，日本的新聞傳媒完全被日本當局掌握與控制。日本的記者、作家、攝影師、畫家、評論家中的絕大多數人，接受了日本當局的軍國主義思想，充當了惡魔的吹鼓手與辯護士，自覺而積極地為日本的侵華國策服務，為日本的對華武力征服與恐怖威懾政策服務，鼓吹侵華有理，煽動戰爭狂熱，歌頌殺人「英雄」，並千方百計掩蓋與抵賴日軍南京大屠殺的暴行，製造日軍對中國人民「友好」、「恩德」的假新聞，成為日本新聞史上最黑暗、最無恥的一頁。但由於中、外新聞傳媒的廣泛揭露與大屠殺倖存者的血淚控訴，將日軍南京大屠殺的暴行暴露在全世界人民面前，使得日本當局的法西斯屠殺政策及其罪惡暴露無遺，幾無藏匿之處；也使得日本當局的法西斯新聞政策與日本新聞傳媒的種種鬼蜮伎倆，最終都走向了失敗。

---

[139] 報導：〈淪陷一年來之首都——漢奸獻媚借煙妓以繁榮，遊擊宣威殺哨兵於不覺〉，刊[上海]《申報》1938 年 12 月 27 日。

日本當局的這種法西斯屠殺政策與法西斯新聞政策都失敗了！而這正是日本軍國主義全面徹底失敗的前奏！

日本軍國主義當局對中國的侵略戰爭與殖民統治，在遭到中國人民八年英勇、頑強的反抗鬥爭與世界反法西斯戰線的共同打擊下，在天怒人怨中，終於遭到了徹底的失敗，在1945年8月15日不得不宣佈向盟國無條件投降。

1945年8月15日12時，南京各處的收音機裏按時傳來了日本東京的播音：事前錄製的裕仁天皇宣讀的〈終戰詔書〉。這位日本的最高統治者不得不承認日本當時面臨的徹底失敗的處境，因此，「朕深鑒於世界大勢及帝國之現狀，欲採取非常之措施，以收拾時局，茲告爾等臣民，朕已飭令帝國政府通告美、英、中、蘇四國，願接受其聯合公告。」

南京人民一片歡騰。

日本「中國派遣軍」總司令官岡村寧次大將在南京率部收聽了裕仁天皇的「終戰詔書」後，接著又收聽到重慶中國國民政府主席蔣介石通過廣播電臺發給他的命令，主要內容是關於日軍投降事宜的六項原則。日「中國派遣軍」總司令部將日本的無條件投降決定迅速通告偽國民政府。失去了日本靠山的南京偽政府迅速土崩瓦解。1945年8月16日下午，由陳公博主持召開偽中央政治委員會的會議，決議解散偽國民政府，並發表〈國民政府解散宣言〉，立即送電臺廣播與送各報社刊登。

1945年8月27日下午2時40分，以重慶國民政府陸軍總司令部副參謀長冷欣中將為首的「國民政府陸軍總司令部前進指揮所」一行從湖南芷江飛抵南京大校場機場。這是自1937年12月13日南京淪陷後首次出現的中國軍隊。

1945年9月2日，《紐約時報》刊登電訊〈中國人從敵人手中奪回南京〉，報導中國陸軍總司令何應欽將軍派遣副參謀長冷欣中將率領的159名軍官及其部隊作為先遣部隊回到南京，受到「欣喜若狂」的南京民眾熱烈歡迎的情況：

　　昨天，重慶方面通過廣播用英語向美國播出了這份電訊。美國聯邦通訊委員會也監聽到這份電訊。該電訊稱，南京的中國人，對陸軍總司令何應欽將軍的副參謀長冷欣中將率領的 159 名軍官及其部隊的到來「欣喜若狂」。政府軍隊上次離開南京的時間是 1937 年 12 月 12 日晚上，即日軍次日早上入城之前。

　　冷將軍來南京是為了建立前方司令部，並為侵華日軍在南京大戲院的正式投降儀式作準備。政府軍的首批部隊是乘坐 7 架美國空軍飛機抵達的。

　　這份電訊還說，街頭百姓舉行了盛大的歡迎式，甚至連在街上巡邏的日軍部隊也向我們敬禮。與他們以前的行為相反，日軍似乎受到很大的束縛，紀律也不錯。[140]

　　1945 年 8 月 30 日至 9 月 5 日，重慶國民政府空運精銳的、美式裝備的新 6 軍陸續抵達南京及其附近地區，擔任南京及周邊地區的警備。1945 年 9 月初，戰前任南京市市長的馬超俊回到南京，復任南京市市長。1945 年 9 月 8 日，中國國民政府陸軍總司令、盟軍中國戰區受降主官何應欽乘「美齡號」專機從湖南芷江飛抵南京。

　　中國戰區日軍投降簽字儀式的時間，由國民政府主席蔣介石選定為 1945 年 9 月 9 日上午 9 時。「三九」──這是中國傳統的吉利喜慶時刻。

　　1945 年 9 月 9 日上午，南京天氣晴朗，秋陽高照。城內城外，彩旗飄揚；大街上搭起了一座座用青松翠柏裝飾的高大牌樓。中國戰區日軍投降簽字儀式在南京黃埔路原國民政府中央軍校大禮堂舉行。軍校大門口懸掛著「中國陸軍總司令部」的匾額。軍校的廣場四周，旗桿林立，旗桿上高高飄揚著 52 個盟國國家的國旗。軍校大禮堂的正門上，懸掛著中、美、英、蘇四國的國旗。禮堂內，面朝大門的正面牆上掛有孫中

---

[140] 電訊：〈中國人從敵人手中奪回南京〉，刊《紐約時報》1945 年 9 月 2 日；前引《南京大屠殺史料集》（29），第 568 頁。

山的遺像，遺像兩邊分別懸掛中華民國國旗與中國國民黨黨旗。遺像的下邊點綴著紅色的「V」字型符號與「和平」兩字。遺像對面的牆壁上，並列懸掛著中、美、英、蘇四國領袖的肖像。禮堂正中木梁上懸掛著中、美、英、蘇四國的國旗。在掛有孫中山的遺像的正面牆前，放有一張長桌，上鋪白布，為受降席。受降席的對面也有一張長桌，為投降席。在受降席的兩邊分別是中外貴賓觀禮席與記者席。樓上是一般人員觀禮席。在軍校與禮堂的各個入口處與要道口以及各國國旗的旗桿下，在禮堂受降席與投降席每張座位的後面，都有武裝的士兵與憲兵守衛，戒備森嚴，氣氛嚴肅。應邀前來觀禮的外賓及中國官員、中外記者共計405人，其中中國軍官219人，中國文職官員51人，中國記者52人，同盟國代表47人，外國記者36人。中國重要官員有湯恩伯、王懋功、李明揚、鄭洞國、冷欣、廖耀湘、蔡文治、彭孟輯、谷正綱、丁惟芬、顧毓琇、馬超俊等，外國來賓有美國陸軍少將麥克魯、準將柏德若、海軍少將邁思斯、英國海思少將、法國保義上校以及加拿大、蘇聯、荷蘭、澳大利亞等國的軍官多人。

　　上午 8 時 51 分，何應欽率中國受降官四人先行入場，在受降席就座。這四位受降官是：第 3 戰區司令長官顧祝同、陸軍參謀長蕭毅肅、海軍總司令陳紹寬、空軍第 1 路司令張廷孟。

　　接著，日方投降代表由岡村寧次率領魚貫入場。他們是：日本「中國派遣軍」總參謀長小林淺三郎中將、副參謀長今井武夫少將、參謀小笠原清中佐、日駐華海軍艦隊司令官福田良三海軍中將、日第十方面軍（駐臺灣日軍）參謀長諫山春樹中將、日第 38 軍（駐印度支那北部日軍）參謀長三譯昌雄大佐。他們分別代表日本「中國派遣軍」、駐臺灣日軍與駐法屬印度支那北部日軍向盟軍中國戰區投降。

　　9 時正，受降儀式開始。何應欽在驗簽了岡村寧次等人的代表簽降的證明文件後，令將兩份分別以中、日文印製的日軍降書交付岡村寧次閱讀簽字。岡村寧次與其他日軍代表都光著腦袋，神色黯然，在無數的

眼光與照相機的逼視下匆匆閱過降書，隨即在降書上簽字，送呈給何應
欽。受降儀式歷時 20 分鐘結束。

　　然而這卻是歷史
性的20分鐘！它象徵
著日本自19世紀中葉
以來對華近百年的侵
略戰爭終於遭到最後
的可恥失敗！它也象
徵著日軍對南京的八
年殖民統治的最終結
束！象徵著日本軍國
主義在南京建立的殖
民社會的徹底崩潰！

日「中國派遣軍」總參謀長小林淺三郎在南京受降儀式上
向國民政府陸軍總司令何應欽呈遞投降書

　　在日軍投降簽字儀式結束後，何應欽在南京電臺發表了講話。《紐
約時報》報導了何應欽的講話，並簡要回顧了日本從 1931 年 9 月 18
日開始對中國發動的不宣而戰的侵略戰爭，說：

　　　　何將軍在電臺發表講話。

　　投降簽字儀式結束後，何將軍通過電臺向全國人民發表講話。

　　「現在是建設新國家的時機，我們每個人都應該在蔣委員長的領導
下為此而努力。今天將會成為國際永久和平奠基的一天，成為通向真正
的世界睦鄰友好的墊腳石。這就是我的希望。」何將軍這樣說到。

　　日本對中國不宣而戰始於 1931 年 9 月 18 日的滿洲事變，當時日本
侵略了中國的滿洲。

　　盧溝橋事變後，全面抗戰就開始了。1937 年 7 月 7 日晚上，一夥
日軍要求進入該橋對面靠近北平的宛平縣城。日軍的要求被拒絕，侵略
者於是就開火了。

位於華東富庶的農業和商業地區的所有大城市全都落入日本之手，直到珍珠港事變爆發，中國的抗日戰爭納入第二次世界大戰之後，這種情況才得以扭轉。[141]

當日晚 8 時，岡村寧次向全體駐華日軍下達投降命令。

在歡慶中國人民的抗日戰爭與世界人民反法西斯戰爭取得了勝利的時刻，曾經與中國人民共同經歷了艱苦戰爭的西方新聞媒體，特別是一些曾報導過戰爭初期日軍侵華暴行與南京大屠殺的美、英記者，在報導中國人民慶祝勝利的同時，提醒中國人民與中國政府不要忘記歷史，要「牢記南京」，即要「牢記南京大屠殺」。

1945 年 8 月 27 日，《紐約時報》刊登評論〈牢記南京〉，其意是要中國民眾乃至世界民眾不要忘記南京大屠殺慘案及其教訓，其中還引用了該報記者德丁在 1937 年 12 月寫的關於南京大屠殺的報導，寫道：

> 在對日戰爭中，美國使用過不止一條口號。我們被要求「牢記珍珠港」，後來又是「牢記巴丹半島」。中國人的口號可能有 50 條。但他們實際上只需要一條就夠了，那就是「牢記南京」。在攻打珍珠港前的 1937 年，在臭名昭著的松井將軍指揮下，日軍在中國首都上演了一場歷史上最為恐怖的大屠殺。蔣介石委員長選擇南京作為侵華日軍正式簽字投降的地點，是最合適不過了。

1937 年 12 月，日本人在南京樹立了一個征服的模式，他們隨後都是切實地按照這個模式行事的。在大街上看到的任何人都要遭槍殺。每家每戶都遭搶劫。老年人和兒童被日本士兵當作聯繫刺刀的活靶子。中國俘虜幾百人一組依次被槍殺，然後再將他們的屍體焚燒。《紐約時報》記者 F·蒂爾曼·德丁親眼目睹過這場大屠殺，他發回了這樣一條報導：

---

[141] 美聯社 1945 年 9 月 9 日中國南京電：〈南京方面宣佈日本投降〉，刊《紐約時報》1945 年 9 月 10 日；前引《南京大屠殺史料集》（29），第 577 頁。

就在登上艦隻（美國炮艇瓦胡號）前往上海之前，記者親眼看見江邊上正在處決 200 名男子。這次屠殺用了 10 分鐘時間。這些男子排成隊靠在一面牆上，然後被槍殺。隨後，一批手持手槍的日本兵，面無表情地踩著堆在一起的屍體，對準還在動彈的遇害者補上一槍。這些幹著令人毛骨悚然勾當的日本士兵還邀請來自停泊在江邊日本軍艦的海軍士兵來現場觀看。一大批日軍圍觀者顯然對看到的這一幕極為開心。

也許直到現在也不可能準確地瞭解，到底有多少中國人在南京被殺害。估計這一數字高達 6 萬到 10 萬。這些人絕大多數都不是在戰場上被打死的，因為城內實際上很少有戰鬥發生。他們完全是被日軍毫無必要地、野蠻地殺害的。有一種解釋，說日本人希望把這種令人恐懼的情景展現出來，好讓任何其他中國城市不再膽敢阻擋日軍。還有一種說法稱，經過艱苦的淞滬會戰以及長江下游一帶的作戰之後，日軍部隊需要發洩他們被壓抑的情緒。而南京就是讓他們肆意去搶奪、強姦的地方。許多稱職的目擊者報告說，如果說強姦和殺戮不是由軍官挑動的話，那至少可以說這些日本軍官根本不打算制止手下士兵的這類行為。

南京暴行只不過是必須要日軍償還血債的諸多暴行中的一個。但它卻是性質最為惡劣、也是第一宗暴行。在南京暴行之後，人們對日軍隨後的任何暴行不再感到驚訝。這是一種不允許任何活著的日軍士兵忘卻的罪行。因為，如果有日本人對南京暴行提出抗議的話，那就不會有暴行的記錄了。[142]

這是極為意味深長又極為及時、極為必要的提醒！忘記歷史就意味著背叛！中國人民的抗日戰爭與世界人民反法西斯戰爭取得了勝利，這是值得慶賀的。但是，必須清醒地認識到，為了徹底剷除法西斯與軍國

---

[142] 評論：〈牢記南京〉，刊《紐約時報》1945 年 8 月 27 日；前引《南京大屠殺史料集》（29），第 566～567 頁。

主義的毒瘤，使它永遠不能復活，必須清算它的罪行孽債，懲罰它的元兇大惡，以此教育全世界人民，尤其是日本人民。其中，尤其要清算南京大屠殺的罪惡，要嚴懲南京大屠殺的罪魁禍首松井石根等人！因為「南京暴行只不過是必須要日軍償還血債的諸多暴行中的一個。但它卻是性質最為惡劣、也是第一宗暴行。在南京暴行之後，人們對日軍隨後的任何暴行不再感到驚訝。」這篇評論以簡潔而又沉痛的語言，回顧與描述了南京大屠殺的血腥而悲慘的歷史，使讀者又想起了當年南京城內外的血海屍山，使讀者冷靜、警覺、深思！

令人欣慰的是，中國人民，世界反法西斯國家的人民，沒有忘記歷史，沒有忘記南京大屠殺！世界反法西斯國家後來組建了「遠東國際軍事法庭」，在日本東京對日本的甲級戰犯東條英機、松井石根等人等人的戰爭罪行進行了清算與嚴正的審判。松井石根作為南京大屠殺的罪魁禍首被判處絞刑。

同時，在中國各地，對日本的乙級、丙級戰犯進行了清算與嚴正的審判。南京大屠殺的罪犯、日軍第 6 師團長谷壽夫，進行「百人斬」殺人比賽的向井明敏、野田毅等被「國防部審判戰犯軍事法庭」判處槍決。這些審判申張了正義，討回了公道，告慰了無數的死難者，鼓舞了人心。

《紐約時報》的評論〈牢記南京〉說明，世界上一切正直、善良的人們在心靈上永遠是相通的！

令人遺憾的是，在 1946 年至 1948 年期間，設於東京的「遠東國際軍事法庭」雖對松井石根、武藤章等南京大屠殺的戰犯進行了莊嚴的審判，並判決

松井石根被押進「遠東國際軍事法庭」受審

松井石根絞刑；但該法庭對日本戰犯罪行的清算並不徹底，從而導致了戰後數十年來日本右翼勢力的再度興起甚至日益囂張，日本為松井石

根、向井明敏、野田毅等南京大屠殺戰犯翻案的聲音不絕與耳！今日我
們重溫《紐約時報》的評論〈牢記南京〉，感到是多麼深刻啊！

附錄一

戰時日本新聞傳媒與南京大屠殺史事日誌

（以日方資料為主）

1937 年 7 月 7 日

△北平：日軍在盧溝橋發動了對中國全面侵略戰爭，史稱「7‧7」事變。

1937 年 7 月 8 日

△盧山：正在主持會議的蔣介石任命張治中為京滬警備司令，指揮第 87、88 師等部，對上海備戰。

△延安：中共中央發表〈中國共產黨為日軍進攻盧溝橋通電〉，號召全國抗日。

△南京：民辦報紙《新民報》報導盧溝橋事變；發表社論〈九一八之前夕來到矣〉。

1937 年 7 月 9 日

△上海：《大公報》滬版發表社評〈盧溝橋事件〉。

1937 年 7 月 11 日

△東京：日本近衛文麿內閣召開五相會議，決定將「盧溝橋事變」稱為「華北事變」，不稱日中戰爭；發表〈關於派兵華北的聲明〉。

△東京：日本近衛文麿首相召集日本各新聞報刊、通訊社的代表「懇談」，要求各新聞報刊、通訊社「協力」日本對華戰爭。

1937 年 7 月 12 日

△東京：日本「勞動組合總聯合會」（全國總工會）發表聲明，號召日本工人協助日本政府侵華戰爭。

1937 年 7 月 13 日

△東京：日本近衛文麿首相召集日本幾家著名的雜誌社的代表，其中有《中央公論》、《改造》、《日本評論》、《文藝春秋》，進行「懇談」，要求各雜誌社「協力」日本對華戰爭。

△東京：在日本政府的要求與推動下，日本各報刊雜誌社與各新聞通訊社將侵華戰爭放到其採訪報導工作的頭一位：不僅採用戰時編輯，開闢戰爭報導與戰場特寫的專欄，大量刊登有關的文章與圖片，而且組織與派遣大量記者、作家前往中國各戰場採訪。

△東京：日本內閣內務省員警保安局向各廳長官及各府、知縣發出了《處理有關時局報告的文件》，規定在宣傳報導中，對「反戰反軍的演說」、「離間軍民」的報導以及「有將日本對外政策喻為侵略主義之虞的內容」，要注意並加以取締；所有有關在華日軍的紀事、照片，除陸軍省外一概不許發表。

△東京：日本東京銀座的女子開展「千人針」活動，為前線將士「送溫暖」。此後，此運動廣泛開展。

1937 年 7 月 17 日

△南京：日本駐華大使館參事日高信久郎向外交部長王寵惠遞交最後通牒式的備忘錄。

△廬山：蔣介石在廬山談話會上發表談話，申述中國政府解決盧溝橋事變的四項原則立場──「這四點立場，是弱國外交最低限度」；指出中國不求戰，只是應戰；但是，「萬一真到了無可避免的最後關頭，我們當然只有犧牲，只有抗戰！」「全國應戰以後之局勢，就只有犧

牲到底，無絲毫僥倖求免之理。如果戰端一開，那就地無分南北，人
無分老幼，無論何人皆有守土抗戰之責任，皆應抱定犧牲一切之決
心，所以政府必特別謹慎以臨此大事。」

1937 年 7 月 19 日

△南京：《中央日報》發表蔣介石 7 月 17 日在廬山談話會上發表的談話，
　　題為：〈最後關頭〉。

1937 年 7 月 20 日

△南京：蔣介石自廬山返抵南京，指揮全國抗戰。

1937 年 7 月 24 日

△東京：日本陸軍省公佈，自侵華戰爭爆發以來，收到民眾的「恤兵金」
　　達 269 萬餘日元，及約 6 萬元的實物。

1937 年 7 月 25 日

△北平：廊坊事件發生。

1937 年 7 月 26 日

△北平：廣安門事件發生。

1937 年 7 月 29 日

△北平：日軍佔領北平。
△天津：日軍炮轟南開大學。
△通縣：偽「保安隊」反正，全殲該地日軍 200 餘人，俘漢奸殷汝耕，
　　稱「通州事件」。
△南京：蔣介石就平、津局勢驟變，向新聞界發表中、英文談話，闡明
　　中國政府今後的對日方針：絕不「視平、津之事為局部問題，聽任日

軍之宰割，或更製造傀儡組織。⋯⋯惟有發動整個之計畫，領導全國，一致奮鬥，為捍衛國家犧牲到底，此後決無局部解決之可能，⋯⋯亦無妥協與屈服之理。」

1937 年 7 月 30 日

△天津：日軍佔領天津。

1937 年 7 月 31 日

△南京：蔣介石發表〈告抗戰全體將士書〉，說：「現在，和平既已絕望，只有抗戰到底。那就必須不惜犧牲來和倭寇死拼。我們大家都是許身革命的黃帝子孫，只有齊心努力殺賊，驅逐萬惡的倭寇。」

△東京：日本內閣通過了「新聞報刊法第 27 條」，規定陸相、海相、外相有權禁止和限制有關軍事、外交事項新聞報導的發表。

△東京：日本內閣陸軍省根據日本內閣通過的「新聞報刊法第 27 條」的規定，公佈了相應的新聞報導禁止令——「陸軍省令第 24 號」，規定：有關陸軍的新聞報導，應事先準備兩份，一份交給警視廳，一份交給各府縣員警機構，須得到陸軍省的許可後方可公開刊行；同時制訂「新聞揭載禁止事項之標準」，禁止刊登「逮捕中國兵或中國人的問訊記錄照片中讓人感到恐懼」的「殘虐照片」。

1937 年 8 月 1 日

△南京：蔣介石接見《中央日報》記者，指出：「我再次聲明，中國決不尋求戰爭。但和平既然絕望，只有抗戰到底。我們的忍耐是有限度的。」

1937 年 8 月 5 日

△南京：國民政府下令全軍總動員。
△上海：中國國際電臺遭日機轟炸。
△天津：《大公報》津版停刊。

1937 年 8 月 7 日

△南京：國民政府在南京靈谷寺無梁殿召開第一次最高國防會議，討論中國抗戰之戰略。會議「決定中國全面抗戰」；決定中國抗戰「取持久消耗戰略」；議決在上海對日軍主動發動進攻，開闢淞滬戰場，把日軍主力從華北吸引到長江流域；議決封鎖江陰長江江面，截阻俘獲上游日艦，並防備日艦從上海方向進襲南京。何廉向蔣介石請示：「政府遷都何處？」蔣未作回答。

1937 年 8 月 9 日

△上海：下午 5 時，虹橋機場中國守軍擊斃尋釁的日軍大山勇夫。──史稱「虹橋機場事件」。

1937 年 8 月 13 日

△上海：中日軍隊發生衝突，是為「8‧13」事變。
△南京：夜，蔣介石下令上海駐軍於 14 日對日軍發動總攻擊。
△上海：《大公報》滬版增出晚刊，每天下午出半大張，報導戰局，積極宣傳抗日救亡。

1937 年 8 月 14 日

△東京：日本陸軍省制訂《對時局處理綱要》，宣稱「首先根本解決華北問題，並借機與中央政權進行調整，徹底使用武力懲罰南京政府……從而使時局迅速結束。」
△東京：日陸相杉山元電召在富士山的退役大將松井石根回東京。
△南京：國民政府發表〈抗暴自衛聲明書〉，嚴正宣佈：「中國為日本無止境之侵略所逼迫，茲已不得不實行自衛，抵抗暴力！」「中國決不放棄領土之任何部分，遇有侵略，惟有實行天賦之自衛權。」

1937 年 8 月 15 日

△南京：日本關閉其駐南京大使館（位於鼓樓旁）與總領事館（位於白下路）。日本使領館人員與駐南京日僑由中國軍警保護，撤離南京。

△南京：在日本使領館人員與日僑離開南京後，日機首次空襲南京。

△東京：日本政府發表「懲罰」中國政府的〈帝國政府聲明〉，聲稱：「為了懲罰中國軍隊之暴戾，促使南京政府覺醒，於今不得不採取斷然措施」。──這實際上是一份代替對華宣戰詔書的聲明。

△東京：日本閣議，決定向上海派出增援──陸軍「上海派遣軍」：司令官松井石根大將，參謀長飯沼守少將；下轄：第 3 師團、第 11 師團以及特種部隊等。這些部隊後來成為日軍進攻南京的主力部隊。

1937 年 8 月 16 日

△南京：日機先後 5 次空襲南京。

△東京：日本內閣海軍省根據 7 月 31 日日本內閣頒佈的「新聞報刊法第 27 條」的規定，公佈了相應的新聞報導禁止令──「海軍省令第 22 號」，援引 7 月 31 日日本「陸軍省令第 24 號」的有關規定。

△東京：日本《朝日新聞》刊登昨日日機首次空襲南的報導，大字標題為〈長驅急襲南京南昌　粉碎敵空軍主力　我海軍戰機勇猛無比〉、〈震撼中國首都南京　展開壯觀的大空戰　以空前的戰果返回〉。

1937 年 8 月 17 日

△東京：日內閣召開會議。議決：「一、放棄以前所採取的不擴大方針，籌畫戰時形勢下所需要的各種準備對策；二、為了適應事態的經費支出，在 9 月 3 日前後召集臨時會議……」。

△東京：日本「上海派遣軍」司令官松井石根大將在被日皇召見時，表示：「別無他途，只有拿下南京，打垮蔣介石政權，這就是我必須完成的使命。」松井石根還宣稱，如果中國軍民與中國政府在日軍

的武力進攻面前不肯求和乞降，繼續「堅持民族主義」和「排日情緒」，那就必須「付出代價」。所謂代價，就是遭到日軍瘋狂的大屠殺。

1937 年 8 月 18 日

△南京：日機 18 架空襲南京。

1937 年 8 月 19 日

△東京：中午，日本「上海派遣軍」司令官松井石根大將離東京。在東京車站，近衛首相、杉山元陸相、米內海相、寺內總監、大角大將等來送行。松井表露了他攻佔上海並接著要攻佔中國首都南京的計畫：「無論如何要攻打南京，使國民政府屈服，這是膺懲支那的特殊使命決定的」。

△南京：日機兩次空襲南京。

1937 年 8 月 22 日

△東海：日本「上海派遣軍」司令官松井石根率第 3、第 11 師團乘軍艦到達長江口。

1937 年 8 月 23 日

△上海：清晨，日本「上海派遣軍」第 3、第 11 師團的先遣部隊在上海吳淞、川沙口登陸，在上海市北郊寶山、羅店與中國軍隊激戰。其後續部隊在 8 月 28 日～9 月 7 日間陸續到達上海。

△東京：23 日出版發行的《東京朝日新聞》24 日晚報（當時日本晚報以次日日期出版）大量刊登日本「上海派遣軍」昨日在上海吳淞、川沙登陸的報導，大字標題是：〈我陸軍成功登陸上海，開始進擊掃蕩前敵〉、〈海空陸一齊總攻擊，增援部隊到達士氣大振〉等。

1937 年 8 月 24 日

△南京：日機空襲南京，炸毀短波廣播電臺工地。

△東京：日本內閣會議，通過日參謀本部繼續增兵華北的決定，改組「中國駐屯軍」為「華北方面軍」，任命寺內壽一大將為司令官，下轄第一軍、第二軍。

△東京：日本內閣通過了《國民精神總動員實施綱要》，其中關於指導輿論的原則是「統一國家輿論，以收舉國一致之實」。

1937 年 8 月 25 日

△上海：日海軍駐中國的第 3 艦隊司令官長谷川清海軍中將宣佈，封鎖中國上海至汕頭的海岸線。

1937 年 8 月 26 日

△南京：日機 12 架空襲南京。日機被擊落 2 架。

△南京：各國駐華大使多自南京撤往上海。

△南京：英駐華大使許閣森乘坐插有英國國旗的使館汽車，自南京赴上海。途中遭到數架日機掃射襲擊，負重傷。

1937 年 8 月 27 日

△南京：凌晨 1 時至 4 時，日本海軍航空隊分 3 次襲擊南京，轟炸了國民政府衛生署、中央大學實驗中學、省立第 3 醫院、城南居民區、憲兵團駐地與南京東郊衛崗遺族學校等處，燃起多處大火，死傷居民多人。

1937 年 8 月 28 日

△南京：日軍海軍航空隊因忙於支持淞滬作戰，同時，決定等待在上海的陸上機場修建完成，因而暫緩對南京的大規模空襲，約 22 天。至 9 月 19 日恢復空襲。

△南京：晨 7 時，國民政府將日本間諜、原行政院秘書黃濬及其子、外交部科長黃晟與其他漢奸間諜共 18 人在雨花臺刑場處決。

1937 年 8 月 29 日
△南京：歐美 5 國駐南京使節對日本轟炸南京提出抗議，要求停止轟炸。

1937 年 8 月 31 日
△北平：日軍編成「華北方面軍」：司令官寺內壽一大將，參謀長岡部直三郎少將。其中第 6 師團、第 16 師團及第 5 師團的第 9 旅團（國琦支隊）後來奉命南下參加了進攻南京的戰役與南京大屠殺。

1937 年 9 月 1 日
△東京：美國駐日本大使要求日本停止轟炸南京及中國不設防城市。

1937 年 9 月 2 日
△東京：日本內閣決定把「華北事變」改稱「中國事變」，仍然不稱日中戰爭。

1937 年 9 月 9 日
△東京：日本發表「關於國民精神總動員之內閣告喻訓令」，表明將轉向「舉國戰時體制」。
△東京：日本內閣陸軍省新聞報道班發佈〈報紙可否登載事項審訂綱要〉，規定：「凡對我軍不利的通訊、照片」，「對逮捕、審訊中國兵和中國人的通訊，可能給人以虐待感的照片」等，全都「不許可」刊登；「但如果是關於中國兵的慘虐行為的記事則無礙」。

1937 年 9 月 10 日
△南京：《中央日報》發表社評〈日空軍之暴行〉，指出：日本飛機「對非武裝人員的轟炸，對非戰區域的破壞，這種暴行是惡意的大屠殺。」

1937 年 9 月 11 日

△東京：日本召開國民精神總動員大會。近衛首相發表講話，稱：「日本的行動是為了實現國際正義」。

△東京：日本內閣決定再次增兵上海：增派第 9 師團、第 13 師團、第 101 師團及第 3 飛行團等部到上海。至此日軍進攻上海的部隊已有 5 個師團，近 20 萬人。——這些部隊亦是後來進攻南京的部隊（除 101 師團留守上海與進攻杭州）。

1937 年 9 月 16 日

△南京：日本海軍航空隊 50 餘架飛機轟炸南京。

△日內瓦：國聯第十八屆大會接受中國政府就日本全面侵華提出的控告。

1937 年 9 月 18 日

△夜，中國空軍為紀念「9·18 事變」6 周年，空襲上海日軍。

1937 年 9 月 19 日　農曆八月十五　中秋節

△上海：日軍海軍第 3 艦隊司令官長谷川清海軍中將向各國駐滬領事發出通告，宣稱將於 9 月 21 日正午以後，對南京城內及附近的中國軍隊與軍事設施採取轟炸與其他手段，要求各國駐南京使館人員與僑民撤離南京，各國艦船撤離南京江面。

△南京：日本海軍航空隊於當日迫不及待地恢復對南京的空襲。日機 46 架兩次空襲南京，轟炸南京的機場、兵工廠、南京警備司令部與憲兵司令部等處。日機向市中心的中央大學投下 8 顆重磅炸彈，造成重大損失。中國空軍與日機發生激戰。從 9 月 19 日-9 月 25 日一周中，日機連續對南京猛烈轟炸。

1937 年 9 月 21 日

△日內瓦：國聯第十八屆大會討論中國政府就日本全面侵華提出的控告。日本、德國拒絕參加會議。

1937 年 9 月 22 日

△南京：日軍當局不顧英、美、法、等國家的抗議，在其宣佈的開始大規模轟炸南京時間——9 月 21 日正午約 1 天以後，從 22 日上午 10 時 35 分開始，到正午 12 時，先後出動 65 架飛機，兩度空襲南京 30 餘處，歷時近 2 小時，造成很大的財產損失與人員傷亡。

△上海：日本新派之援軍第 101 師團開始在上海登陸，至 9 月 25 日登陸完畢。

1937 年 9 月 23 日

△南京：上午 10 時半左右，日軍 40 多架飛機分兩路襲擊南京；下午 1 時 10 分，日軍 20 多架飛機襲擊南京下關。

1937 年 9 月 25 日

△南京：日機自上午 9 時半至下午 4 時半，先後有 96 架，分 5 次空襲南京，投炸彈 500 枚。日機轟炸的多為南京之文教衛生等機關，如中央大學、中央通訊社、中央醫院、廣東醫院、下關電廠、首都電燈公司、首都自來水公司、下關難民所等，以及江東門、三條巷、邊營、中山東路等居民住宅區。南京居民傷亡達 600 人。是為日機轟炸南京的高峰與最血腥的一天。中國空軍奮起反擊，擊落日機 5 架。

△東京：日本內閣決定，將負責戰爭宣傳的「陸軍情報委員會」升格為「內閣情報部」。

1937 年 9 月 26 日星期日

△上海：為應付國際輿論的譴責，日大使署海軍武官本田海軍少將發表
講話，認為日飛機轟炸非戰鬥員為國際公法所許。

1937 年 9 月 27 日

△南京：上午，日機 11 架襲擊南京下關、八卦洲，與中國空軍激戰；
下午，日機 9 架襲擊南京浦口的鐵路車站、碼頭、學校、街道民宅以
及永利錏廠。

△上海：日本新派之援軍第 9 師團開始在上海登陸。

1937 年 9 月 28 日

△南京：日機空襲南京飛機場；南京郊區發生中日空戰。

△東京：日本海軍發言人聲稱：「各國雖向東京提出抗議，但轟炸南京
之計畫，決不終止。」

1937 年 9 月

△南京：金陵大學社會學系美籍教授史邁士專就外國僑民撤離南京問題
寫了一篇文章，發表在《世界的呼喚》上。他譴責西方傳教士們在這
時撤離南京，無異是「逃跑」。

△東京：東京大學教授矢內原忠雄發表在 1937 年 9 月號《中央公論》
上的〈國家的理想〉一文被內務省警保局勒令刪除。接著，他在 1936
年 6 月由岩波書店出版的《民族與和平》一書被內務省警保局審出有
「反戰」思想，禁止發行，而且要求文部省加以處罰。矢內原忠雄憤
而辭去東京帝國大學的教職。

1937 年 10 月 1 日　星期五

△東京：日本內閣四相會議制訂了《處理中國事變綱要》，進一步明確地指出，日方對華「軍事行動之目的，在於使中國迅速喪失戰鬥意志，應採取適當手段使用兵力佔據要地。」

△東京：日首相近衛文麿發表聲明，拒絕國聯調解中日衝突。

△上海：日本新派之援軍第 13 師團開始在上海登陸，至 10 月 3 日登陸完畢。

△上海：日「上海派遣軍」司令官松井石根大將在司令部會見日本駐上海的外交官，希望他們要操縱好駐上海的外國新聞記者。

△上海：由日「上海派遣軍」報導部與特務機關直接創辦與控制的大型中文日報《新申報》創刊。

△上海：日「上海派遣軍」司令部下令將原由日僑在上海看辦發行的《上海日報》、《上海日日新聞》和《上海每日新聞》三家日文報紙強行合併，改出日文《上海合同新聞》，以便指揮與統一口徑。

1937 年 10 月 4 日　星期一

△日本新派之援軍第 9 師團、第 13 師團、第 101 師團，協同原在上海之第 3 師團、第 11 師團等，猛攻上海北郊大場一線。

1937 年 10 月 8 日

△上海：松井石根發表聲明，對不肯屈服、正浴血抗戰的中國軍民與中國政府發出殺氣騰騰的威脅：「降魔的利劍現在已經出鞘，正將發揮它的神威。」

1937 年 10 月 9 日

△上海：松井石根在其司令部第一次召見十幾名日本報社的記者，就戰況與通訊報導進行談話。

1937 年 10 月 12 日　星期二

△南京：日海軍航空隊飛機又強化了對南京的空襲，直至 10 月 25 日有所減弱。

1937 年 10 月 15 日

△日本大阪：英文《大阪每日新聞》刊文，報導日軍戰機自 8 月 15 日首次轟炸南京，迄今兩個月內，共空襲中國六十處以上具有「軍事價值」的城市。

1937 年 10 月 16 日

△東京：《朝日新聞》晚報（15 日出版發行）刊登 15 日發自上海的報導：〈激戰歷時八小時，反攻的（中國）大軍被擊退，閘北一帶的的肉搏戰〉。

1937 年 10 月 20 日

△東京：日陸軍參謀本部秘密下令編組第 10 軍，向上海前線增援，與原「上海派遣軍」協同作戰。第 10 軍司令官柳川平助中將；下轄：第 6 師團、第 18 師團、第 114 師團、國崎支隊。

1937 年 10 月 21 日

△東京：從 10 月 21 日開始，日本策劃了一場讓納粹德國出面「調停」、從外交上誘迫南京國民政府向日本求和乞降的陰謀。該日，日外相廣田弘毅約見德國駐日大使狄克遜，第一次正式邀請納粹德國出面「調解」中日戰爭。

1937 年 10 月 22 日

△南京：德國外交部電令德國駐華大使陶德曼調停中日戰爭。陶德曼在上海會見日本駐華大使川樾茂，試探日本與中國的談和條件。

△東京：日首相近衛文麿召集外相廣田弘毅、陸相杉山元、海相米內光
　政、內相末次舉行五相會議，再次確認了以戰爭與外交相結合、對中
　國政府「以戰迫和」、「以戰迫降」的侵華政策：「在軍事行動大體達
　到目的時，接受公正的第三國之斡旋的方針。」

1937 年 10 月 23 日

△上海：松井石根根據上海戰場的形勢，再次向日本陸軍省提出進攻南
　京的要求；同時，「特別需要配屬一個強有力的特務機構。除了對於
　作戰需要進行策劃宣傳外，佔領地的維持治安工作、人民的撫慰和指
　導工作都需要特務機構進行策劃。這是戰爭狀態下極為需要做的緊急
　事務。」
△南京：宋美齡與澳大利亞籍顧問端納從南京乘汽車赴上海前線視察，
　於下午 4 時 30 分車過蘇州後，遭到日機的襲擊，宋美齡負傷。
△東京：《朝日新聞》早報刊登 22 日發自上海的報導：〈三千敵兵猛烈
　襲擊，拂曉激烈的肉搏戰，激戰三時將敵殲滅〉。

1937 年 10 月 25 日

△上海：日「上海派遣軍」攻佔上海北郊軍事重鎮大場。中國守軍被迫
　後撤至蘇州河南。上海戰役進入第三階段——最後的艱難階段。

1937 年 10 月 27 日

△東京：《朝日新聞》早報刊登報導〈今日揮旗大遊行——八十萬人高
　歌慶勝利〉，報導日本東京慶祝日軍於 10 月 25 日攻克上海北郊軍事
　重鎮大場，舉行大遊行。
△東京：10 月 27 日出版發行的《朝日新聞》28 日晚報（當時的日本晚
　報以次日的日期發行）刊登報導〈喜慶佳日，萬歲！萬萬歲！〉

1937 年 10 月 28 日

△東京：日外務省次官堀內謙介再次約見德駐日大使狄克遜，表示歡迎由德國政府出面勸導、促使中國政府主動提議與日本和平談判。

△東京：《朝日新聞》刊登報導〈聖上頗為滿意捷報——以行動回應燈籠遊行隊伍〉。

1937 年 10 月 29 日

△東京：《朝日新聞》刊登報導〈透過感動之淚眼，觀看燈海之盛況〉，繼續報導日本各界慶祝日軍佔領上海大場的勝利。

1937 年 10 月 30 日

△東京：日外務省發言人公開發表談話，稱：假如中國直接提出和平建議，日本將不拒絕舉行談判。——即要中國政府主動向日本求和乞降，就像甲午中日戰爭時一樣。

1937 年 10 月 31 日

△東京：《朝日新聞》晚報刊登報導〈盛況空前——六萬人的燈籠大遊行！〉

1937 年 11 月 2 日

△東京：日外相廣田弘毅接見德國駐日大使狄克遜，提出與中國談和的八項條件，包括承認偽「滿洲國」等，請德國轉交中國政府。日方威脅中國政府說，「如戰爭延長則將來條件必較此苛刻數倍。」

1937 年 11 月 3 日

△東京：日本海軍省發言人今日宣稱，自 10 月 25 日到 27 日，日海軍戰機共 850 架，參加轟炸上海戰場中國軍隊陣地及後方，共擲炸彈

2,526 枚，計重 164 噸，故華方損失奇重……。日本官方同盟社 11 月 3 日東京電報導。

△布魯塞爾：《九國公約》參加國會議開幕，討論日本侵華問題。日、德拒絕參加。會議歷時 22 天，於 11 月 24 日結束。

1937 年 11 月 5 日

△上海：日軍第 10 軍（包括第 6 師團、第 18 師團、第 114 師團及國崎支隊）在杭州灣金山衛登陸成功，並立即向滬杭線進擊。

△南京：德國大使陶德曼向蔣介石轉達了日本政府於 11 月 2 日提出的關於中日停戰談和、中國必須接受的日方條件。蔣介石當即「嚴詞拒絕之」。──陶德曼第一次調停失敗。

1937 年 11 月 6 日

△東京：日本陸軍省、海軍省發佈日陸軍一部於 11 月 5 日在杭州灣登陸成功的消息。

△上海：日本「上海派遣軍報導部」發佈日陸軍一部在杭州灣登陸成功的消息。

△上海：中午，在蘇州河北岸，忽然有巨大的氣球升上高空，上面寫著「百萬日軍杭州北岸登陸」。與此同時，日軍在整個戰線上爆發出歡呼聲。

△義大利參加日、德於 1936 年 11 月 25 日簽訂的《反共產國際協定》。法西斯軸心正式形成。

△東京：6 日發行的日本《東京朝日新聞》7 日晚報（當時日本的晚報以次日日期發行）刊登日本陸軍省、海軍省、「上海派遣軍報導部」發佈的關於日陸軍一部在杭州灣登陸成功的消息。

△東京：《東京日日新聞》刊登報導，大字標題是：〈陸軍杭州灣北岸敵前登陸〉、〈昨曉濃霧下的冒險勇敢行動，快速向黃浦江推進，海軍掩護下奇襲大成功〉

1937 年 11 月 7 日

△東京：日參謀本部按預先計畫，在第 10 軍在杭州灣登陸成功後，發佈「臨參命第 138 號」，命令成立「華中方面軍」，轄「上海派遣軍」與第 10 軍，共約 9 個師團及國崎支隊、重藤支隊與「滿洲國」軍兩旅，約 40 餘萬人。「華中方面軍」司令官松井石根大將。

△日參謀本部下達「臨命 600 號」，規定「華中方面軍」攻佔上海後的「制令線」：「華中方面軍作戰地區大概定為聯結蘇州、嘉興一線以東」。「這只是掃蕩上海附近之敵，決不是攻佔首都南京那樣積極的任務」。

△東京：7 日發行的《讀賣新聞》8 日晚報繼續刊登關於日軍杭州灣登陸的報導，大標題是：〈突現如潮水般的大兵團，我陸海軍的威力發揮，上海戰史即將記結束〉。

△東京：7 日發行的《讀賣新聞》8 日晚報刊登記者 7 日發自上海的消息，報導上海日軍在蘇州河北岸升起巨大氣球，懸掛標語是：〈百萬日軍杭州北岸登陸，敵陣忽陷大混亂〉。

1937 年 11 月 9 日

△日第 10 軍佔領松江，形成包圍上海態勢。

△南京：蔣介石下令上海中國軍隊全線撤退。

△上海：日本駐上海總領事岡本季正致信上海公共租界總董樊克令（C·S·Franklin），要求租界當局採取措施嚴厲取締一切反日宣傳活動。

1937 年 11 月 11 日

△上海：松井石根會見西方各國駐上海的新聞媒記者，以戰勝之威，大談日本的侵華有理和日軍的戰爭意圖，並對美、英等國政府未積極支持日本的侵華政策進行指責，最後威脅西方記者在報導這場日中戰爭

時，要「公正」，也就是要站到日本的立場上，否則就是「誤導」世界輿論。

1937 年 11 月 12 日

△上海：日軍佔領上海、嘉定。日軍在三個月的上海戰役中傷亡 6 萬多人。上海英、法租界成為日軍包圍中的「孤島」。

△上海：日本「華中方面軍」司令官松井石根與日本駐華大使川樾茂、日本駐中國第三艦隊司令官長谷川清會談。松井石根主張立即令日軍開進英、法租界，佔領中國政府的海關、銀行、電信局等，甚至要改變英軍的某些守備區域，讓日軍接替。後因川樾茂與長谷川清的反對，為避免國際糾紛，松井石根的主張未能實施。松井石根宣稱，日軍已經成為上海的主人，必要時可對租界採取任何行動。其中，最使松井石根憎惡的，就是租界裏的那些中國報刊，必欲除之而後安。

△上海租界孤島：公共租界工部局總裁費信惇在接受英文《上海泰晤士報》採訪時表示：「對過激之團體，尤其關於散發張貼反日傳單等活動，當盡力使之納於正軌。」但他同時又表示對各報社的新聞檢查，「目前尚未實行，惟或將被迫出此，最好各報能表現更廣大的自製態度。」

1937 年 11 月 13 日

△南京：從該日至 12 月 12 日這一個月中，日海軍航空隊與陸軍航空隊為配合日陸軍對南京的進攻，加強對南京的空襲。

△常熟：日由華北地區調來的第 16 師團及重藤支隊在常熟白茆口長江沿岸登陸成功，向常熟、支塘進攻。該部日軍被編入「上海派遣軍」序列。

△東京：《東京朝日新聞》早報刊登 12 日上海特電：〈南市、南翔全部佔領──北起羅店，南起嘉善，蜿蜒五十英里已在皇軍控制之下〉。

△上海租界孤島：公共租界總董樊克令在回復日本駐上海總領事岡本季正 11 月 9 日的來函時，答允將同日本人「合作」，以解決租界內抗日新聞宣傳活動，並向日方保證：「只要目前的騷亂狀態還存在，工部局警務處絕不鬆懈已經採取的必要措施。」但同時他又表示：「中國人的情緒是不可能完全抑制住的，過於極端的措施的採用，可能會引起動亂。」因此，上海兩租界同日方的「合作」是有保留的。

1937 年 11 月 14 日

△上海：日「華中方面軍」司令官松井石根下令所轄各部日軍向蘇州——嘉興「統制線」追擊，「上海派遣軍」佔領福山、常熟、蘇州一線，第十軍佔領平望鎮、嘉興、海鹽一線，即到「制令線」為止。

△東京：《東京朝日新聞》早報刊登報導，標題是：〈嘉定城終於陷落，飯塚、津田、穀川、福井部隊突入，上海戰局驚奇的進展〉、〈英國：戰局進展應重視〉。

1937 年 11 月 15 日

△夜，日第 10 軍司令官柳川平助中將召開幕僚會議，以「湖東戰役未達預期目的」為由，決定「以軍的主力獨自果斷地向南京追擊」。「據判斷有二十天的時間可以佔領南京」。——這是日現地軍方面第一次提出攻佔南京的要求與計畫。

1937 年 11 月 17 日

△東京：日當局決定設立最高軍事統帥機構——大本營。

△嘉興：日第 10 軍制訂了《從嘉興向南京追擊的作戰指導要領》。

△上海：松井石根聲稱：「今後別說是公共租界了，就是在法國租界內，我們也要取締支那政府和支那人及其他人的排日行為。支那政府早就在利用上海列國的權益了。」

1937 年 11 月 18 日

△日第 10 軍密令所轄各部，準備執行「向南京追擊，一舉殲滅敵軍」的計畫。

△日第 10 軍第 6 師團從昆山折返，向松江進發。

1937 年 11 月 19 日

△嘉興：日第 10 軍第 18 師團攻佔嘉興。

△南潯：日第 10 軍第 6 師團佔領南潯。

△日第 10 軍下令實施「向南京追擊，一舉殲滅敵軍」的計畫。

△蘇州：上午，日「上海派遣軍」第 9 師團佔領蘇州。

△常熟：日「上海派遣軍」第 16 師團、重藤支隊佔領常熟。

1937 年 11 月 20 日

△東京：日本軍事當局在天皇禦殿上正式宣告成立大本營，以便統一指揮對中國的戰爭。

△南京：國民政府發佈〈移駐重慶宣言〉。

△南京：唐生智就任南京衛戍司令長官。

△上海：日本駐華大使館武官原田熊吉少將根據松井石根的指令，前往會晤公共租界工部局總裁費信惇（S.Fessenden），要求禁止租界內一切反日宣傳活動，並威脅說，若租界當局措施不力，日軍當局有權採取行動。

△上海：日本駐上海總領事岡本季正照會兩租界當局，提出五項要求：（一）禁止反日活動以及其他顛覆性活動；取締一切反日機關；禁止張貼反日標語和散發反日印刷品；禁演反日戲劇電影等。（二）驅逐一切中國政府機關及其代表。（三）禁止中國政府檢查郵電、交通。（四）禁止中國政府檢查報社和新聞通訊社。（五）禁止中國人從事非法的

無線電通訊等。並威脅說，如兩租界當局新取步驟使日本人不滿，則日軍當單獨採取必要步驟。

△東京：《朝日新聞》早報刊登特派記者今井、兒玉 19 日從金山發出的電訊：〈一舉囊括常熟、嘉興〉。

△東京：《東京日日新聞》早報刊登日本同盟社嘉興 19 日電訊：〈猛追嘉興敗敵〉。

1937 年 11 月 21 日

△上海：松井石根召見原田熊吉，就上海租界的事宜提出幾點要求：「一、方面軍要求租界當局徹底取締租界內的排日分子和共產主義分子的各種活動。二、如果當局的處理方法不能滿足我軍的要求，我軍將根據作戰需要採取必要措施。」

△東京：《朝日新聞》晚報（20 日發行）刊登同盟社蘇州 20 日電，〈蘇州城終於陷落〉。

△東京：《朝日新聞》早報刊登日本天皇向上海陸海軍將士頒發「敕書」。

△東京：《東京日日新聞》刊登報導：〈皇軍佔領蘇州，富士井部隊榮獲攻城先鋒〉。

1937 年 11 月 22 日

△日「華中方面軍」正式向東京剛成立的大本營與陸軍參謀本部發出要求攻佔南京的報告。報告稱：「為了使事變迅速解決，乘現在敵人的劣勢，必須攻佔南京」。「攻佔中國首都南京具有最大的價值。」

△無錫：日本「上海派遣軍」第 11 師團天穀支隊等部攻佔無錫。

△江陰：日海軍艦隊猛攻江陰長江封鎖線。

△南京：空襲警報解除後，蔣介石與夫人宋美齡同乘汽車巡視南京全城，安定人心。

△南京：下午 5 時，由杭立武聯絡的留在南京的部分外籍人士，在平倉
　巷 3 號金陵大學校董會議廳舉行會議，成立「南京安全區國際委員
　會」，並通過了「安全區」計畫。

△東京：《讀賣新聞》早報刊登本社上海特電，〈無錫即將陷落〉。

△無錫：《讀賣新聞》記者渡邊峰雄在無錫陣亡。

1937 年 11 月 23 日

△東京：《東京日日新聞》晚報（11 月 22 日發行）刊登日本同盟社的
　電訊報導，大字標題是：〈皇軍佔領無錫〉、〈南京防禦第一線崩潰〉、
　〈進攻南京的戰機成熟〉。

1937 年 11 月 24 日

△東京：日本裕仁天皇親自召集與主持第一次大本營御前會議，討論對
　華戰爭的軍事戰略。

△上海：日「華中方面軍」司令部制訂了《第二期作戰計畫大綱》，命
　令所轄的「上海派遣軍」與第 10 軍在攻佔「無錫──湖州」一線後，
　應於 12 月上旬完成一舉攻佔南京的準備。

△湖州：日軍第 10 軍國崎支隊攻佔湖州。

△布魯塞爾：《九國公約》參加國會議閉幕，以無結果而終，對日本侵
　華未作實質性的決議。

△南京：國民政府發佈公告：任命唐生智兼任南京衛戍司令長官；並公
　佈南京衛戍部隊最初的戰鬥序列。

△南京：唐生智防守南京的計畫是設兩道防守線：第一道是在南京週邊
　的弧形防禦線，東北起自長江邊的龍潭，向東、南沿伸至湯山、句容、
　湖熟、秣陵關，再向西至長江邊的江寧鎮；第二道是南京內廓的弧形
　防禦線，以南京城垣為依託，東北起自長江邊的烏龍山、楊坊山，向
　東延伸至紫金山、河定橋，再向西經雨花臺、牛首山至長江邊的板橋

鎮。長江防線則依靠江陰、鎮江、江寧三個要塞的重炮，協同海軍漁雷部隊，封鎖長江江面，阻日海軍艦艇西上。

△上海租界：國民政府的中央通訊社上海分社停止公開活動，轉入地下秘密發稿。

△上海租界：在兩租界出版的《時事新報》、《立報》、《中華日報》、《神州日報》、《民報》等發表聯合宣言，宣佈自第二天，即 1937 年 11 月 25 日起，停止在上海發行，遷往內地或香港等地出版。

1937 年 11 月 25 日

△無錫：日軍突破錫澄線，向常州追擊。

△東京：《朝日新聞》晨報刊登同盟社電訊〈殺進湖州城〉。

△東京：25 日出版發行的《朝日新聞》26 日晚報刊登上海 24 日特電：〈上海（租界）陷入饑餓與恐怖〉、〈每日餓死二百人〉，報導在日軍包圍下的上海租界的民眾，陷入了缺糧、嚴寒、惡疾的危機中。

1937 年 11 月 26 日

△長興：南路日軍第十軍第 114 師團拂曉攻佔浙江省的長興城。

△東京：《讀賣新聞》晨刊刊登本社 25 日發的上海特電〈我軍在常州肉搏〉；同時報導該社記者渡邊峰雄在無錫陣亡的消息。

1937 年 11 月 27 日

△南京：衛戍司令官唐生智對駐南京中外記者發表談話，表明了誓死守衛南京的決心：

△東京：《朝日新聞》刊登同盟社湖州 26 日電訊〈今日拂曉攻佔長興〉。

△南京：《新民報》（1929 年 9 月 9 日在南京創刊）出版在南京的最後一期報紙（第 2916 號），第二日停刊，遷往重慶，於 1938 年 1 月 15 日復刊。

△延安：《解放》週刊刊登一組關於南京國民政府遷都的文章；（1）〈國民政府遷都宣言〉，（2）〈國民政府遷都感言〉，（3）凱豐作詞，呂驥作曲〈保衛南京〉：「我們的首都，正在危急中，同胞們！快快動員起來，武裝起來，保衛南京！實現全面的抗戰，全民族的抗戰，這是神聖的民族革命戰爭。驅逐日寇出中國，把我們的首都，搬回南京！把我們的首都，搬回南京！」

1937 年 11 月 28 日

△上海：日本大本營與參謀本部對發動進攻南京之役取得一致意見。日參謀本部由次長多田駿電告「華中方面軍」松井石根，下令「向南京追擊」。

△日軍第 114 師團佔領宜興；後沿宜興──溧陽──溧水一線，向南京進攻。

△日軍第 6 師團沿長興──廣德──洪藍道一線，向南京進攻。

△上海：上海日軍當局宣佈：「原中國當局行使的報刊監督與檢查權由日本軍事當局接管。」當日，日軍當局派員接管了設在上海英租界南京路哈同大樓的中國政府新聞檢查所，同時接管了中國政府的海關、電報局等。

△武漢：德國大使陶德曼奉柏林訓令，拜會行政院副院長孔祥熙與外交部部長王寵惠，轉達日本方面希望重開中日談判的意向，德國願意再次出面調停中日戰爭。──陶德曼第二次調停。

△東京：《東京朝日新聞》早報刊登同盟社上海 27 日特電，題為〈向太湖南北的敗敵急追猛烈攻擊直指南京　南部日軍突入安徽〉，報導日軍從太湖的南北兩路向南京夾攻過來。

1937 年 11 月 29 日

△常州：日軍第 9 師團、第 16 師團佔領常州。然後，第 9 師團自常州──金壇──天王寺，向南京進攻；第 16 師團自常州──丹陽──句容──湯水鎮，向南京進攻。

△上海：松井石根特地召來同盟通訊社上海分社社長松本重治，「指示他從側面做西洋人與支那人的工作」。這就是要松本重治利用他的記者身份，對西方新聞傳媒與中國新聞傳媒的同行進行收買拉攏工作。

△上海：晨，日軍當局通知公共租界內各報社，將實行新聞檢查；同時指責法租界當局取締抗日分子不力，再次威脅如不變更方針，將派遣日偽警員入界，採取適當手段。

1937 年 11 月 30 日

△廣德：凌晨，日軍第 18 師團佔領南京之南的廣德；中國守軍 145 師師長饒國華中將自殺殉國。

△寧國：日軍第 18 師團經南京之西南的小丹陽──寧國，向蕪湖進攻。

△上海：松井石根再次會見了英國《泰晤士報》（The Times）記者弗萊扎和美國《紐約時報》（The New York Times）記者阿本德，其目的，仍然是力圖以他對這場日中戰爭的立場與看法，影響這兩位記者對這場日中戰爭的立場與看法。

△東京：《東京日日新聞》刊登記者淺海、光本、安田三特派員 29 日發自常州的新聞，首次報導了日軍第 16 師團第 19 旅團第 9 聯隊富山營中向井明敏少尉與野田毅少尉進行殺人比賽的瘋狂行徑──開展「刀劈百人競賽」，標題是〈百人斬競賽，兩少尉已殺敵八十人〉，報導此兩人「自無錫出發後，其中一位很快就劈死了五十多，另一位也砍掉了二十五人。」

△東京：《東京朝日新聞》晚報（29 日發行）刊登同盟社電訊〈太陽旗懸在常州城頭〉。

△東京：《讀賣新聞》第二晚報刊登電訊〈常州宜興完全佔領〉。

1937 年 12 月 1 日

△東京：由裕仁天皇親自批准，加蓋日本國璽，日本大本營正式下達了
　　攻佔南京的書面命令——「大陸命第 8 號」的敕令。其主要內容是：
　　「華中方面軍司令官須與海軍協同，攻佔敵國首都南京。」

△上海：日本陸軍參謀本部次長多田駿中將親自攜帶裕仁天皇「攻擊敵
　　國首都南京」的「敕令」，從東京飛抵上海，向「華中方面軍」司令
　　官松井石根大將下達。同時指示：為了完成攻佔南京的任務，「華中
　　方面軍」可以一部兵力在揚子江左岸要地作戰。

△上海：日本陸軍參謀本部次長多田駿中將同時向「華中方面軍」司令
　　官松井石根大將下達日本大本營的「大陸命第七號」——「華中方面
　　軍」的戰鬥序列。

△北路日軍第 13 師團攻佔江陰要塞；第 13 師團昭田支隊從江陰渡江佔
　　領靖江，西攻揚州；第 13 師團山田支隊與第 11 師團天穀支隊沿長江
　　南岸向鎮江進攻。

△南京：自日軍佔領上海以後，日方當局進一步加大對南京的空襲，除
　　日本海軍航空隊外，又投入日陸軍航空隊第三飛行團，以上海的龍
　　華、王濱等機場為基地，在陸續佔領的常州、廣德、長興建立前進飛
　　機場，對南京進行近距離的襲擊。日機已完全取得了制空權，將對南
　　京的空襲推向頂峰。

△東京：日大本營下令：「宣傳謀略及一般諜報由方面軍司令部所屬少
　　將負責。但報導以『報導部發表』的形式，謀略將另做指示。」稍後，
　　在「對外宣傳」的「具體宣傳綱要」中又規定：「應宣傳帝國軍隊有
　　紀律的行動、武士道的態度以及在佔領地的仁慈行為。」

△在日軍進攻南京戰役發起前，在日本當局的指示與組織下，日本各大報
　　刊、通訊社與《中央公論》、《文藝春秋》等重要雜誌社，組織、派遣了
　　100 多位日本的記者、作家、評論家，到南京前線進行採訪與報導。他
　　們在日「華中方面軍」報導部的統一指揮下，隨各師團部隊行動。

△東京：《東京朝日新聞》早報刊登上海 30 日特電：〈皇軍勢如破竹佔
　　領廣德〉。

1937 年 12 月 2 日

△上海：日「華中方面軍」根據大本營命令，下達攻佔南京的作戰命令，
　　採用迂迴包圍戰術，所轄上海派遣軍於 12 月 5 日開始行動，第 10
　　軍於 12 月 3 日開始行動，部署如下：
　　　　北路：以第 13 師團與第 11 師團天穀支隊沿滬寧路線攻佔鎮江，
　　然後以主力渡長江，佔領揚州、六合，再西攻浦口，截斷津浦線，斷
　　南京北路；以第 13 師團的山田支隊從鎮江沿長江南岸繞攻南京城
　　北；中路：以第 16 團、第 9 師團、第 3 師團沿滬寧線與太湖北岸，
　　從丹陽經金壇一線，直撲南京城的東郊與東南郊；以第 3 師團作為全
　　軍的總預備隊。南路：由第 10 軍的各師團沿太湖南岸攻佔湖州、廣
　　德後，以第 114 師團經溧陽、溧水直撲南京城南郊陣地；以第 6 師團
　　與第 18 師團向蕪湖進攻，後改為以第 18 師團進攻蕪湖，以第 6 師團
　　回攻南京；以國琦支隊在太平渡江，回攻江浦與浦口；另以海軍第 3
　　艦隊從上海、江陰溯長江西上，控制南京江面，斷中國軍隊渡長江北
　　撤之退路。
△東京：《讀賣新聞》晚報（12 月 1 日出版發行）刊登該報隨軍記者捏
　　造的虛假報導，稱：南京城內中國政府每天都在「搜捕漢奸」，發現
　　後立即被槍決。南京到處可以見到被槍決著的頭顱被塗抹上鮮血掛在
　　牆角、電線桿子上，蒼蠅黑壓壓一片叮在吊在樹枝上的腦袋上。南京
　　「如今完全變成了一個鬼魂哭叫的死亡街道」。

1937 年 12 月 3 日

△南京：日軍第 9 師團攻佔距南京約 50 公里的天王寺。
△南京：日機空襲南京機場，並與中、蘇聯戰機展開空戰。

1937 年 12 月 4 日

△上海：日「華中方面軍」下達進攻南京週邊陣地的命令。日第 10 軍
因中國軍隊從蕪湖撤退，命第 6 師團轉為協同第 114 師團向南京攻
擊，只以第 18 師團繼續向蕪湖進攻。

△日第 10 軍的第 114 師團佔領溧水。

△南京：日本當局通過美國駐華大使館，給「南京安全區國際委員會」
正式回復，再次表示否決其「建立安全區的申請」。

△東京：《東京日日新聞》刊登淺海、光本兩特派員 3 日丹陽電，第二
次報導向井與野田開展「刀劈百人」競賽的消息，標題是：〈全速躍
進，百人斬競賽的經過〉，報導稱讚這兩個劊子手「勇壯絕倫，一如
『阿羅修』的奮戰狀態，殊非一言語所能形容」，「揮舞寶刀，砍個不
停中」。

1937 年 12 月 5 日

△句容：日第 16 師團完全佔領句容。

△南京：日機炸沉了從南京駛抵蕪湖江面的英商怡和洋行的「德和號」
（Tuckwo）商船；該船上有從南京等地逃亡的難民 6000 多人，喪生
者有 1000 多人。

△南京：傍晚，日軍開始向南京週邊一線陣地進攻。——南京戰役開始。

△東京：以《東京朝日新聞》、《讀賣新聞》、《東京日日新聞》三大報
為首的日本各報從 12 月 5 日前後就開始傳播「南京敗陷已成定局的
消息」。

△東京：《東京朝日新聞》早刊的標題為：〈完成包圍南京的態勢，皇軍
鬥志高昂，決心一舉攻克〉。

△東京：《讀賣新聞》早刊的標題為：〈何時攻陷南京？〉

△東京：《東京日日新聞》早刊的標題為：〈取消承認國民政府，同時聲
明攻克南京〉。

1937 年 12 月 6 日

△南京：各路日軍進至南京週邊秣陵關、淳化鎮、湯山等一線，距南京僅 30-40 公里。

△上海：日新任「上海派遣軍」司令官朝香宮鳩彥王中將乘「潮汐號」軍艦到達上海。

△東京：《東京朝日新聞》晚報（5 日發行）在頭版頭條刊登大篇報導，題為：〈拔下句容，迅猛挺進〉。

△東京：《讀賣新聞》晚報（5 日發行）在刊登報導，題為：〈強攻佔領句容，距南京僅幾十里，將士奮勇攻勢愈猛〉。

△東京：《東京日日新聞》第三次報導向井與野田兩名法西斯軍人殺人比賽激烈進行的消息，標題是：〈「百人斬」的大接戰，勇壯！向井、野田兩少尉〉。

△東京：《東京朝日新聞》披露日本軍方 12 月 4 日拒絕承認「南京安全區」的觀點：「完成南京中立地帶的設想存在困難，對『國際委員會』的實力抱有懷疑。」

1937 年 12 月 7 日

△南京：日軍陸軍航空隊與海軍航空隊的戰機空襲南京軍事設施與軍隊陣地。

△南京：日軍各部向南京東南部之秣陵關、淳化鎮、湯山鎮等一線的週邊陣地發起猛攻。

△南京：日軍 114 師團攻佔秣陵關。這裏是南京的遠郊，離南京近郊的紫金山還有約 20 多公里遠。

△南京：奉命從進攻蕪湖回攻南京的日軍第 6 師團追上第 114 師團。

△南京：東路日軍山田支隊由鎮江、龍潭沿長江南岸，進抵南京東北之棲霞山。

△宣城：南路日軍第 18 師團佔領安徽宣城，向蕪湖逼近。

△蘇州：上海──蘇州間通車。松井石根將其「華中方面軍」司令部從上海移往蘇州。

△蘇州：日「華中方面軍」司令部向各部發佈〈攻佔南京要領〉。

△東京：《東京朝日新聞》刊登〈帝都笑迎攻陷〉，報導日本「已經為準備迎接攻陷南京忙開了」。文中小標題是〈快吧！即將衝刺了──人們歡呼雀躍的前奏，街頭早已「萬歲」聲如潮〉、〈百萬大軍祝賀南京淪陷之日〉。

△南京：晚，日本隨軍記者在湯山搶先發出了不實的電訊報導──「日軍已佔領紫金山」，虛報未成事實的勝利消息：

△東京：7 日出版發行的《讀賣新聞》8 日晚報（當時日本晚報以次日日期發行）刊登該報特派隨軍記者在湯山、紫金山搶先發出的不實的電訊報導──「日軍已佔領紫金山」，虛報未成事實的勝利消息，標題為：〈各路皇軍雲集南京〉、〈攻陷時刻已在旦夕之間〉。

1937 年 12 月 8 日

△南京：從拂曉起，日軍三路同時發起對南京週邊的正面進攻。至當日晚，日軍進至南京近郊。

△鎮江：上午 9 時，日軍第 11 師團天谷支隊攻佔鎮江。

△南京：朝香宮親王抵達南京週邊前線「上海派遣軍」司令部，就任司令官，親自指揮該部日軍對南京的進攻，並下達「機密」命令：「殺掉全部俘虜。」

△東京：《東京朝日新聞》刊登報導〈「南京淪陷」的大橫幅下沸騰的帝都之夜〉。

△東京：《東京朝日新聞》晚報刊登〈瞧！南京即將淪陷──祝捷旗飄揚在銀座上空〉。

△東京：《讀賣新聞》刊登上海本社特急電報：〈一旦攻下（南京），松井最高指揮官即舉行盛大入城式〉。

△東京：《東京日日新聞》出版特刊，刊登日本記者從上海發出的電訊報導，標題為〈反日的大國支那建設之夢遂成畫餅，蔣介石獨裁的野心全被粉碎〉、〈沒落急轉的蔣介石〉等，報導南京的情況，造謠說：「南京軍事當局 8 日早晨正式發佈了避難命令，此前正在籌備中的國際安全委員會公佈安全地帶的標誌後，早已等候的難民立即蜂擁而入……南京衛戍司令唐生智惟恐市民乘機發生暴亂，從 7 日早晨，就在市內佈置了森嚴的警戒，對於行為稍出怪異者隨即處決，據支那報紙報導說，數日來，（被處決者）已經達到百人。」

△東京：《東京朝日新聞》刊登報導，造謠說：「城內危險區域的難民也一窩蜂似地逃入了避難區，秩序極度混亂。市內早就出現暴徒掠奪、破壞居民財產的事件。官員對暴徒施以嚴懲，已對六名執行了槍決，但局面似乎仍然難以控制。」

△大阪：《大阪每日新聞》刊登日軍第 16 師團第 19 旅團向井明敏少尉與野田毅少尉進行殺人比賽的第三次報導。

1937 年 12 月 9 日

△南京：各路日軍推進至南京第二道防線──複廓陣地之前。

△南京：日「華中方面軍」司令官松井石根大將令各路日軍暫停對南京的攻擊，於正午派遣飛機向南京城內空投致唐生智的〈和平開城勸告文〉數千份。

△東京：《東京朝日新聞》、《東京日日新聞》晚報（12 月 8 日出版發行）刊登同盟社常州 8 日電訊：〈佔領鎮江縣城〉。

△東京：《東京朝日新聞》刊登上海電訊：〈陷落前的南京，展現宛如地獄的圖景，各機關、大宅門成為灰燼〉；同時刊登報導〈中島（今朝吾）中將戰傷南京最前線在激戰中〉。

△大阪：《大阪朝日新聞》刊登報導，稱中國軍隊將「燒毀南京全城」。

△大阪：《大阪每日新聞》出版第一期號外《總攻擊第一報》，大標題為〈皇軍迫近南京〉，下刊 3 張大幅照片，第一張照片拍攝的是 12 月 8

日日軍第 16 師團佔領湯水鎮炮兵學校的情景，第二張照片拍攝的是日軍第 16 師團大野部隊從句容沿水路向南京進攻的情景，第三張照片拍攝的是日軍從湯水鎮向南京中國守軍炮擊的情景。

1937 年 12 月 10 日　星期五

△南京：日「華中方面軍」司令部派遣副參謀長武藤章大佐為南京談判受降代表，於中午 11 時 40 分抵達日方指定談判地點——南京中山門外的日軍步哨，等了近一個小時，未見中國守軍派代表來此談判，只得失望而歸。

△南京：日「華中方面軍」司令官松井石根下令，「上海派遣軍」與第 10 軍於午後 1 時正，向南京複廓陣地各要點同時發動猛烈的總攻擊：

第 6 師團、第 114 師團：進攻雨花臺、中華門、水西門一線。

第 9 師團與第 3 師團一部：進攻光華門、通濟門一線。

第 16 師團：進攻紫金山及其兩側。

海軍艦艇從鎮江西上，開向南京江面。

△南京：下午 5 時，日軍第 9 師團第 18 旅團第 36 聯隊（脅阪部隊）的前鋒——伊藤義光大隊約 100 多人，乘中國守軍後撤，跟蹤突入光華門城門洞，企圖衝進城內。中國守軍拼死抵抗，以手榴彈幾乎全殲那支突入南京光華城門洞的小股日軍，打死了伊藤義光大隊長。

△南京：日陸軍航空隊與海軍航空隊的戰機猛烈空襲南京中國軍隊陣地。

△南京：第 16 師團進攻紫金山及其兩側遭中國守軍頑強抵抗，於晚放火燒山。

△東京：《讀賣新聞》早報刊登簡短消息：〈太陽旗飄揚在蕪湖城頭〉。

△東京：《東京朝日新聞》頭版頭條刊登「紐約 8 日專電」，題為〈留給日本之「廢墟南京」〉、〈瘋狂之舉——中國之焦土政策〉、〈毀掉數十億之財富（外國軍事專家之看法）〉，歪曲引用西方記者的報導，造謠攻擊南京中國守軍實施焦土政策的種種「暴行」。

△南京：下午 5 時，日本隨軍的同盟社記者見小股日軍突入南京光華門門洞內，與中國守軍激戰多時，誤以為日軍已攻入南京城內，更不知這支突入南京光華城門洞的小股日軍最終已被中國軍隊組織的敢死隊幾乎全殲，就以浮躁虛妄與求功心切的心情，再次搶先發出電訊報導，稱日軍已攻入南京城內。

△東京：《東京日日新聞》號外以大字標題〈（南京）東南城門悉數佔領，皇軍攻入南京城內〉，刊登日軍第 9 師團一部攻入南京城內的不實消息。

△南京：在南京城內採訪戰時新聞的西方記者，多隨留駐南京的最後幾個西方外交官，登上停泊於長江中的美國炮艦「帕奈號」上避難。只有五名西方新聞記者留駐南京。

1937 年 12 月 11 日　星期六

△南京：日軍各部在雨花臺、通濟門、光華門、紫金山等處與中國守軍激戰。

△南京：日軍國崎支隊從太平北面的慈湖鎮附近渡過長江，沿長江北岸進攻江浦與浦口，企圖截斷津浦鐵路。

△鎮江：日軍第 13 師團山田支隊沿長江南岸向南京東北部進攻。

△南京：日「華中方面軍」司令部下達《方面軍關於慰安設施的實施意見》。

△東京：由於得到報紙刊登的前線記者誤報日軍佔領南京的消息，東京各界的慶祝活動推向高潮。晚，東京各界舉行提燈遊行慶賀勝利。國會議事堂用燈飾點綴。

1937 年 12 月 12 日　星期日農曆十一月十日南京晴

△南京：正午，日軍炮擊中華門以西城牆。日軍第 6 師團數百人從城牆缺口突入城中，佔領中華門——最先攻入南京。

△南京：中午，日軍第 6 師團、第 114 師團佔領水西門。

△南京：下午，日軍第 16 師團攻佔紫金山頂南北一線主陣地。

△南京：下午，日軍預備隊第 3 師團一部參與攻城，佔領武定門、通濟門。日軍第 9 師團一部進攻光華門。

△南京：佔領了中華門的部分日軍與中國守軍展開巷戰，延至天黑。

△南京：下午 1 時 38 分，日機炸沉了正航行在南京長江上游約 45 公里處的和縣江面的美艦「帕奈號」。

△東京：《東京朝日新聞》刊登〈慶祝勝利的光芒照耀著首都〉、〈太陽旗萬歲之聲如怒濤，如狂瀾〉等，報導 12 月 11 日東京等日本各地慶祝攻陷南京的活動，繼續誤將 12 月 10 日當成為日軍佔領南京的日子，大肆歡慶。

△東京：12 月 12 日出版發行的《東京朝日新聞》12 月 13 日晚報，刊登報導：〈空中馬戲團在狂舞〉，兩段小標題分別為〈天地也為歡慶勝利而震撼　大街上行進著千人音樂隊〉、〈迴盪在五町上空的音波，振奮帝都的音樂大遊行（照片）〉。

△大阪：《大阪朝日新聞》號外，題為〈皇軍從中華門攻入南京〉，另配發文章〈佔領中山門迫在眉睫〉，報導「敵首都防衛司令部與我軍有肉搏」。

△大阪：《大阪每日新聞》連發兩個號外，報導稱：「在我軍的轟擊下，敵軍潰敗，沿中山路向下關方向大規模撤退。」

1937 年 12 月 13 日　星期一　農曆十一月十一日　南京晴

△南京：凌晨，日軍分數路攻入南京城中：

　　　第 16 師團：第 19 旅團的第 9 聯隊（片桐部隊）於深夜零時佔領中山陵；第 20 聯隊（大野部隊）於凌晨 3 時 20 分佔領中山門；然後這兩部自中山門攻入城中，進佔國民政府及軍事委員會、中央軍校等機關所在地；第 16 師團：第 30 旅團一部在城外沿玄武湖東岸繞向城北進攻；第 9 師團：一部在晨 6 時佔領光華門；一部自光華門與中山門間城牆炸開的缺口中攻入城中。攻入光華門的日軍誤將日本隨軍記者比山岡雄擊斃。

第 3 師團：一部自通濟門攻入城中。

第 6 師團：一部自中華門、水西門攻入城中；一部沿水西門、江東門外城牆向北推進。

第 114 師團：自中華門、水西門攻入城中。

△南京：攻入城中之各路日軍沿城內各馬路向城北追擊，屠殺馬路上逃跑的中國軍民。

△南京：上午 10 時，日軍第 6 師團一部兵力在城外西部，沿水西門、漢中門外城牆向北推進至下關長江邊，與從太平門外沿玄武湖東岸向北推進的日軍第 16 師團一部會合，完全包圍了正擁堵在長江邊、無法渡江的中國潰軍，截斷了中國守軍的退路。

△南京：午後 2 時，日海軍第 11 支隊的艦艇朔江而上抵達下關，封鎖江面，掃射屠殺正遊江北逃的中國潰軍。

△南京：下午 4 時，日第 5 師團的國琦支隊從江浦沿長江北岸進佔浦口，截斷津浦鐵路。

△南京：下午 4 時 30 分，日第 13 師團山田支隊第 65 聯隊（兩角部隊）攻佔南京東北部長江邊的烏龍山炮台。

△南京：日軍第 16 師團進佔國民政府，大肆搶劫。

△南京：午後 3 時 03 分，日第 114 師團第 127 旅團第 66 聯隊第 1 大隊從聯隊長接到如下命令：根據旅團部命令，俘虜全部殺掉。其方法可以十幾名為一組槍殺。

△南京：日本駐華大使館的外交官助理福田篤泰、總領事福井淳、公使岡崎勝男等隨日軍前鋒部隊進入南京城，回到鼓樓日本駐華大使館，升起日本國旗。

△南京：晚 10 時，日「上海派遣軍」發佈了第一份關於完全佔領南京的戰報，宣稱：「我進攻南京城的軍隊已於今天傍晚佔領了該城，江南的碧空中，夕陽映照著城頭的太陽旗，軍威大震紫金山」。

△東京：晚 11 時 20 分，日本大本營陸軍報導部發表公報：「13 日傍晚，敵人的首都南京被完全攻克。」日本軍國上下，如醉如狂，陷如一片法西斯的狂熱中。

△東京：日本同盟社以最快的速度報導了日軍各部隊「奮勇」攻入南京城的激戰場面：「[同盟社大校場十三日電]大野、片桐、伊佐、富士井各部隊，從以中山門為中心的左右城牆爆破口突入南京城內，急追敗敵，沿中山路向著明故宮方面的敵中心陣地猛進，轉入激烈的街市戰，震天動地的槍炮聲在南京城內東部響個不停。……」

△東京：日本銷量最大的報紙《讀賣新聞》在 12 月 13 日發行了「第二晚刊」，快速報導了日軍攻佔南京的消息，所用的醒目標題是：〈完全制南京於死地〉、〈城內各地展開大殲滅戰〉。

△東京：《東京朝日新聞》晚報頭版刊登了同盟社關於日軍各部隊「奮勇」攻入南京城的激戰場面的報導，以及其總社南京前線通訊本部發來的電訊，大標題為〈南京被完全佔領，兩三日後歷史性的入城式〉、〈宣揚了皇軍的精銳強大〉、〈戰局前途遠眺〉、〈在炮彈炸裂的硝煙中，一群群中國敗殘兵的慘狀〉。

△東京：《東京朝日新聞》晚報刊登〈空中馬戲團在狂舞〉，副題為〈天地也為歡慶勝利而震撼，大街上行進著千人音樂隊〉，報導東京民眾慶祝日軍佔領南京的盛況。

△東京：《東京朝日新聞》號外以照片的形式報導了日軍攻佔南京的戰況，如特派記者熊崎拍攝的照片〈從中山門進入南京城的日軍〉；文字報導有同盟社隨軍記者 12 月 13 日從南京中山東路發出的電訊，首次報導在南京俘獲大批中國戰俘。

△東京：13 日發行的《東京日日新聞》14 日晚報，在頭版通欄大標題「南京城完全佔領之日」之下，刊登本社特派記者若梅、志村發自南京的電訊〈皇軍大部隊奮勇突入南京的東西南各城門，展開包圍下的大殲滅戰〉，及報導〈猛攻下關　切斷退路〉、〈浦口被完全佔領〉等。

△東京：《東京日日新聞》刊登該報記者淺野從南京城外紫金山麓發回
　　的電訊，第 4 次報導日軍第 16 師團向井、野田兩軍官殺人比賽的消
　　息：〈百人斬超紀錄──向井 106 對野田 105，兩少尉進一步進行比
　　賽〉，還配發了這兩個「殺人英雄」的合影照片。

△大阪：《大阪每日新聞》號外刊登日軍佔領南京的報導，豎式標題〈片
　　桐、大野兩部隊佔領國民政府〉，下刊兩條短消息。第一條短消息為：
　　「[同盟社（南京）中山路路上十三日發]片桐、大野兩部隊從中山門
　　進攻，本日午前 9 時半佔領軍事委員會、中央軍官學校、蔣介石官邸。
　　11 時佔領國民政府。」第二條短消息為：「片桐、大野兩部隊佔領國
　　民政府，迫使國民黨部隊往下關方向撤退。」

△大阪：《大阪每日新聞》刊登日軍第 16 師團第 19 旅團向井明敏少尉
　　與野田毅少尉進行殺人比賽的第四次報導。

△上海：日軍當局在公共租界南京路哈同大樓原中國政府新聞檢查所所
　　在地，設立日方的新聞檢查所；並立即以該檢查所的名義，通過英、
　　法租界當局，通令設在兩租界的各華商報社，於文到的第三日，即
　　15 日起，必須在每天報紙出版前，將所有的新聞與廣告稿件小樣送
　　該所檢查，未經檢查通過的稿件一律不得刊登。

1937 年 12 月 14 日　星期二　農曆十一月十二日　南京晴

△南京：清晨，日軍裝甲部隊等大規模入城。

△南京：上午 11 時，日軍第 13 師團山田支隊第 65 聯隊（兩角部隊）
　　攻佔南京城北長江邊的幕府山炮台及其附近陣地，抓獲從城內外潰退
　　到江邊、無法渡江的戰俘 14000 多人。

△南京：下午，日軍從南京城北的挹江門衝殺出來，在下關江邊大規模
　　屠殺長江邊的中國軍民。

△南京：午後 4 時 50 分，第 16 師團第 30 旅團下達命令：「要消滅中國
　　兵！」「不許收容俘虜！」

△南京：日本《東京日日新聞》特派記者鈴木二郎親眼目睹了日軍在中山門殘酷地屠殺中國被俘官兵的恐怖情景：「在那裏，我第一次遇上毫無人性的大屠殺。在 25 米高的城牆上站著排成一列的俘虜。他們一個接著一個被刺刀捅落到城外。許多日本兵提起刺刀，吶喊一聲往城牆上的俘虜的胸、腰刺去，鮮血濺向空中。這情景陰森可怕，看著這情景，我久久茫然呆立在那裏。」

△南京：日本大使館某一館員通知「南京安全區國際委員會」，通報日軍將在南京實施暴行以對中國軍民報復：「陸軍決心給南京以沉痛的打擊，但大使館正試行緩和其行動」。

△南京：日軍在南京設立「南京特務班」，地址在南京新街口交通銀行大廈。機關長是原日駐南京使領館的武官佐方少佐。

△東京：日本天皇裕仁以及首相近衛文麿等致電松井石根，祝賀日華中方面軍攻佔南京的勝利。日本市民連日遊行歡慶「南京戰」的勝利。

△南京：日本各大報社和日本共同社等紛紛在南京恢復或重新開辦分社或支局。

△東京：日本廣播電臺前一晚因得到「完全佔領南京」消息時已錯過「臨時新聞」播送的時間，故在今早 6 時 30 分，在廣播體操的時間段裏插播了「臨時新聞」，播放了「完全佔領南京」這條引人注目的新聞。

△東京：《東京朝日新聞》刊登發自南京的虛假新聞：以〈婦女從公用防空洞裏爬出來〉為題，刊登了該社特派記者角野拍攝的大幅照片。——這是《東京朝日新聞》第一次刊登日軍佔領下的南京的專題照片。

△東京：《東京朝日新聞》刊登〈今天全市是歡樂的海洋——國旗、燈籠，晝夜大遊行〉。

△大阪：《大阪朝日新聞》刊登日本同盟社 12 月 12 日從上海發的電訊：〈從岸邊到江底我軍從兩岸猛射〉，報導日軍在南京包圍、屠殺中國軍民的情況。

△東京：本日出版發行的《東京朝日新聞》15 日晚報刊登報導〈沸騰的「完成交響樂」〉。

△東京：本日出版發行的《東京朝日新聞》15 日晚報刊登同盟社 14 日
　　發自南京的電訊報導：〈南京市內秩序早已井然有序〉，稱：「憲兵監
　　視著所有的地方，市內治安業已秩序井然。」
△南京：日本「東寶映畫株式會社」第二製作部（文化電影部）的攝影
　　師白井茂與錄音師藤井慎一、計畫人員米澤秋吉一道，帶著一部電子
　　管攝影機，一部轉頭型攝影機，一部 35 毫米攜帶型攝影機，以及大
　　量膠片，經上海，於 12 月 14 日到達南京，拍攝日軍佔領南京的新聞，
　　歷時約二十餘天。

1937 年 12 月 15 日　星期三　十一月十三日　南京晴

△南京：日本第 16 師團中島今朝吾部舉行南京入城式。第 16 師團司令
　　部設於原國民政府所在地。第 16 師團舉行入城式違背了日華中方面
　　軍「禁止各師團單獨入城」的警告。
△南京：松井石根通過方面軍參謀長塚田攻發出指令：「兩軍在各自警
　　備區內，應掃蕩敗殘兵。」──即在南京全城搜捕與屠殺潰敗隱匿的
　　中國軍隊官兵。
△南京：上午，「南京安全區國際委員會」主席拉貝與史密斯、史波林，
　　到南京新街口交通銀行大樓日軍特務機關，與特務機關長及原田少將
　　交涉，要求日軍停止屠殺。原田聲稱；「必須搜查整座城市，看還有
　　沒有中國士兵。」原田對拉貝等人的要求作了一些虛假的「表態」。
△南京：下午開始，日軍在南京城內外，對中國戰俘進行大規模的屠殺。
△南京：下午 1 時，松井石根從蘇州機場乘飛機飛往南京遠郊的句容機
　　場，然後乘汽車，於下午 3 時抵達湯水鎮軍司令部。
△上海：日本[同盟社上海 15 日電]「我們軍攻佔南京後，在城內外，
　　僅從大野、野田、助川、片桐等由右翼北面進攻的各部隊來看，被俘
　　或被殲的中國軍隊也不下一萬名，總人數估計至少有六、七萬名，另
　　外，還繳獲了無數戰利品。」《東京朝日新聞》及日本其他各報都刊
　　登了這則消息。

△東京：《東京朝日新聞》刊登報導〈帝都沉醉在熱烈的「乾杯」中，杉山出面答謝──對著大臣狂舞　海軍開心得受不了了〉。

△東京：本日出版發行的《東京朝日新聞》16 日晚刊刊登報導：〈南京一帶掃蕩的戰果，捕獲敵軍六萬俘虜　皇軍繼續清查掃蕩〉。

△東京：本日出版發行的《東京朝日新聞》16 日晚刊刊登本社特派記者橋本、山本 15 日從南京發出的電訊報導，大字標題是：〈「死亡之都」巡禮──四個月後飄揚的社旗〉。

△東京：《讀賣新聞》刊登派駐上海特派員岩村 12 月 14 日發的電訊，題為：〈盛大入城式日漸臨近，官兵激動歡騰雀躍空中俯瞰太陽旗下的南京城〉。

△南京：美《紐約時報》記者 F・台兒曼・德丁（F.Tillman . Durdin）、美《芝加哥每日新聞報》記者阿奇波爾德・T・司迪爾、英國路透社記者史密斯、美國派拉門公司的攝影記者門肯等四名西方記者，在得到日方允許後，乘美國「瓦胡」號炮艦離開南京，前往上海。在他們離開南京時，看到日軍在長江邊殘酷地屠殺中國戰俘與平民。

△南京：金陵大學歷史系美籍教授貝德士（Bates，亦譯貝茨）專門起草了一份報告《南京一瞥》，報導日軍進入南京兩天來實施大屠殺的駭人暴行。此報告是為當時尚留在南京的西方新聞記者準備的，未署名；此日被西方記者帶到上海，為多家西方報紙刊載。

△南京：在美國「瓦胡」號炮艦上，《芝加哥每日新聞報》記者司迪爾（Archibald T .Seele）利用「瓦胡」號炮艦的電訊設備，拍發出日軍南京大屠殺的報導，題為：〈日軍殺人盈萬〉，由於時差的原因，刊登在《芝加哥每日新聞報》12 月 15 日第 1 版──這是第一篇向世界揭露日軍南京大屠殺的報導。

1937 年 12 月 16 日　星期四　農曆十一月十四日　南京晴

△南京：日軍在南京全城大規模搜捕屠殺中國軍人。──為松井石根與朝香宮親王的「入城式」而加強治安戒備，將大屠殺推向高潮。

△南京：夜間，日軍第 13 師團山田支隊在南京城北草鞋峽大規模屠殺中國戰俘，用機槍掃射、縱火焚燒中國軍民 57400 多人──規模最大的一次屠殺。

△東京：《東京朝日新聞》刊登報導：〈民眾歡慶遊行　聖上甚是滿意〉。

△東京：《東京朝日新聞》刊登本社特派記者平松、藤本 15 日從南京發出的電訊報導，大字標題是：〈仍有二萬五千人潛伏，繼續追捕敗殘兵，特別保護外國權益〉。報導寫道：「殘兵敗卒換成便服，潛伏在（南京）市內，其數目據推斷有二萬五千人。我軍正努力清剿。並對有殘兵敗卒之嫌的人進行審查，對老幼婦女予以保護。」另刊登報導：〈在江岸捕獲軍官學校、教導總隊一萬五千俘虜〉。

△東京：《東京朝日新聞》號外刊登報導，大字標題是：〈兩角部隊巨大功勳，捕獲一萬五千敵軍俘虜〉，首次報導日軍第 13 師團第 103 旅團（山田支隊）第 65 聯隊（白虎部隊，聯隊長兩角業作大佐）在長江邊捕獲 14777 名中國戰俘的消息。

△東京：《東京朝日新聞》刊登報導，大標題為〈世界戰爭史上燦爛一頁〉、〈皇軍明日南京入城儀式〉、〈前線部隊昨日已入城〉，重點報導松井石根即將於明日舉行的入城式；對昨日第 16 師團中島今朝吾在南京舉行的入城式，因為第 16 師團舉行入城式違背了日華中方面軍「禁止各師團單獨入城」的警告，僅作點綴報導。而第十六師團中島今朝吾師團長的照片則被蓋上「不許可」的印章，禁止刊登。

△大阪：《大阪朝日新聞》刊登關於中國軍隊在南京失陷後，在安徽、江西、浙江的山丘地帶構築第二線防禦陣地的報導：「在南京攻防戰鬥中一敗塗地的敵軍主力部隊，打開了一條血路。陸路沿東面津浦線，水路沿楊子江，從兩路陸續集結到了安徽的蚌埠以及安慶。南京陷落後，敵人一方面收容殘兵敗將，一方面以安慶為中心，依託安徽、江西、浙江的山丘地勢構築起大的防禦陣地，形成了第二防線，顯露出企圖再度交戰的氣勢。」

△大阪：《大阪每日新聞》刊登該報京都分社的記者光本於 15 日從南京
　發出的關於第 16 師團於當日在南京舉行的入城式的完整報導，標題
　為〈第一線功勳部隊，昨日先驅入城儀式〉。光本跟隨第十六師團採
　訪，從華北到華中，直到佔領南京，是第 16 師團的吹鼓手。

△東京：《東京日日新聞》刊登記者光本於 15 日從南京發出的關於第
　16 師團於當日在南京舉行的入城式的完整報導，標題為〈第一線功
　勳部隊，昨日先驅入城儀式〉，內容同於《大阪每日新聞》的報導。

△東京：《東京日日新聞》頭版頭條刊登該社特派記者若梅、村上於 15
　日在南京對金陵大學美籍教授貝德士的採訪記。採訪記的橫欄大標題
　十分醒目，佔了 6 欄版面：〈空襲下的南京生活，走訪金陵大學美籍
　教授，高物價和高稅率夾擊，缺少交通工具的市民，風傳宋美齡巡視
　前線〉。此報導斷章取義、甚至憑空捏造地「報導」貝德士的談話，
　稱貝德士一開口就說：「秩序井然的日軍一進城，南京很快就恢復了
　和平，這比什麼都好。」貝德士「懇切而詳細地向兩位（日本）特派
　記者若梅、村上談了南京陷落前那令人窒息的生活，還叫苦連天地
　談到物價飛漲、交通情況很差、苛捐雜稅等情況」；貝德士還說，「他
　的妻子在東京，她同孩子生活很好，很放心。他十分歡迎日軍佔領
　南京。」

1937 年 12 月 17 日　星期五　農曆十一月十五日　南京晴

△南京：日本大本營與日「華中方面軍」在攻佔南京後僅四天，策劃舉
　行了一場規模盛大的「入城式」。

△南京：駐南京的日「上海派遣軍」司令官朝香宮鳩彥親王中將提議，
　在其所部各師團中，廣泛徵集「上海派遣軍軍歌」，謳歌「上海派遣
　軍」出征中國、攻克上海與南京的武功與軍威，讓全軍傳唱。

△東京：《東京朝日新聞》早報刊登特派記者橫田 12 月 16 日發自南京
　的電訊報導，大字標題是：〈大批俘虜令人棘手，二十二棟房舍擁擠
　不堪，糧荒可能招來麻煩〉，報導日軍第 13 師團第 103 旅團（山田支

隊）第 65 聯隊（白虎部隊，聯隊長兩角業作大佐）在長江邊捕獲 14777 名中國戰俘後，感到棘手與厭煩。

△東京：《東京朝日新聞》刊登反映日軍佔領下的南京狀況的專題照片，有〈日軍保護下的難民群〉、〈忙於農活的郊區農民〉。──這是《東京朝日新聞》第二次刊登日軍佔領下的南京的專題照片。

△東京：17 日晚出版的《東京朝日新聞》18 日晚刊等報都用特大號標題、華麗的詞語報導與描述昨日南京日軍舉行的入城式的盛況。列舉標題如下：

「光耀青史　南京入城儀式」；「功勳部隊　肅然排列」；「松井大將　堂堂閱兵」；「展開於空、陸的壯麗畫卷」；「英姿颯爽　朝香宮殿下」；「功勳海軍亦列席參加」。

△東京：17 日晚出版的《東京朝日新聞》18 日晚刊刊登該報特派記者今井正剛 17 日從南京發出的關於日軍南京入城式的電訊。

△東京：《東京朝日新聞》晚刊刊登報導：〈德國元首希特勒盛讚日本皇軍，果敢！以寡敵眾，擊敗敵人　應鄭重研究日軍的戰術〉，同時配發刊登了希特勒的照片。

△東京：《東京日日新聞》刊登報導：寫道：「南京一片慘狀，到處是斷壁殘垣，只有外國人的房屋完好無損。據司令部通訊員村上大馬壯報導：只有外國大使館、公使館和公共建築物沒有遭到日本軍隊的轟炸。這個事實表明，當日本人向昔日的中國首都發起攻擊時，他們轟炸得多麼準確，他們是多麼慎重。」

△大阪：《大阪朝日新聞》刊登日軍攻佔南京的報導：〈慘澹！殘敵狼狽光景，突破長江，浦口在望──下關一帶艦旗飄揚〉，報導參與進攻南京的日本海軍所作的「貢獻」。

△大阪：《大阪朝日新聞》出版號外，報導當日日軍在南京舉行的入城式，題為〈皇軍壯觀的南京入城式──鐵蹄輕鬆踏入南京城〉，並配發松井石根等日軍指揮官騎高大的東洋馬自南京中山門軍行入城式的照片。

△福島：《東京朝日新聞福島縣版》刊登報導，標題是〈捕獲一萬五千中國戰俘，何等壯觀的武勳，福島縣同鄉喜不自禁〉，在報導日軍山田支隊第 65 聯隊（兩角部隊）的戰果在其家鄉福島縣引起的巨大喜慶時，竟有這樣的話：「……（對這些中國戰俘）乾脆一個不剩地斬盡殺絕算了，還……」。

△福島：《福島民友新聞》刊登報導，標題是〈兩角部隊巨大功勳，捕獲一萬五千敵軍戰俘，壯觀，佔領幕府山炮台〉，報導日軍第 13 師團第 103 旅團第 65 聯隊（兩角部隊）在長江邊捕獲 14777 名中國戰俘的消息；還配發刊登了 1 張中國戰俘的照片。

△上海租界孤島：德丁、司迪爾、門肯、史密斯等四名西方記者乘美國「瓦胡」號炮艦到達上海。他們立即向各自的新聞機構拍發出他們親見親歷的日軍南京大屠殺的新聞報導。

△上海租界孤島：美聯社記者麥克丹尼爾乘日軍驅逐艦「津賀號」到達上海；他立即從上海發出專電：〈戰地記者在南京的日記，描繪恐怖的南京〉。

△美國芝加哥：《芝加哥每日論壇報》（The Chicago Tribune Daily）第 4 版刊登美國派拉蒙新聞電影社的攝影記者亞瑟‧B‧門肯（Arthur B. Mencken）12 月 16 日從「瓦胡」號炮艦上發往美聯社的無線電訊稿：〈目擊者描述中國軍隊潰退時南京的恐怖景象〉。

△美國華盛頓：《華盛頓郵報》（The Washington Post）刊登美聯社 12 月 17 日發自上海的電訊：〈日本舉行南京入城儀式〉，副題為〈大量中國男子被處死　蔣介石呼籲繼續抗戰〉，內容主要是門肯關於南京大屠殺的電訊報導。

△英國曼徹斯特：《曼徹斯特衛報》（The Manchester Guardian Weekly）刊登田伯烈寫的評論：〈其後的南京〉，對南京失守後的日中戰爭進行評論，對中國的抗日戰爭充滿信心。

1937 年 12 月 18 日　星期六　農曆十一月十六日　南京陰

△南京：下午 2 時，日軍在明故宮機場舉行「忠靈祭」——追悼在南
　京攻擊戰中陣亡的日軍官兵。松井石根與長穀川清為主祭，宣讀祭
　文等。

△南京：「忠靈祭」儀式結束後，松井石根迫於國際輿論壓力，向各部
　隊長官談及軍紀風紀問題，訓誡其部下將領要約束官兵軍紀。在場的
　日軍將領們竟「笑了起來，某師團長甚至說那是理所當然的。」這位
　「某師團長」就是數日後被松井石根任命為日軍南京地區警備司令官
　的第 16 師團長中島今朝吾中將。他多次宣稱，日軍官兵強姦婦女「在
　戰爭中是不得已的」。

△南京：下午 4 時，松井石根在「忠靈祭」儀式結束後特地召見了「華
　中方面軍」掌管對外宣傳的報導部部長深堀中佐，講述了他指揮所部
　攻佔南京的「觀感」，並要求將他的這番講話「作為司令官之談話予
　以發表」。松井石根在講話中首先炫耀日軍攻佔南京的巨大勝利，說：
　「現在太陽旗在南京上空飄揚，皇道在揚子江南閃耀著光輝。復興的
　曙光即將來臨。」接著，他一方面繼續對中國人民與中國政府進行威
　脅，宣稱今後皇軍的行動將永遠不會後退；另一方面又說：「本人對
　於遭受戰禍的數百萬江浙地方無辜民眾的損失，實不勝其同情之念。
　在這樣的時候，特別期望中國四萬萬人民加以反省。」——他是要中
　國人民與中國政府從南京保衛戰的慘痛失敗與這可怕的南京大屠殺
　事件中認識到：中國是無法抵抗與戰勝強大的日本軍的進攻的，中國
　只有求和乞降，才能求得一線生機。這就是松井石根講話的「真諦」，
　這就是日本最高當局的用心與目的。

△南京：日本同盟社上海分社社長松本重治到南京採訪日軍戰事，對日
　軍大屠殺的暴行感到震驚。他在參加「忠靈祭」儀式，聽到了松井石
　根約束官兵軍紀的講話後，遂與「華中方面軍」報導部部長深堀中佐
　協商，要求對此事發表一條新聞，「可以幫助日軍挽回一些聲譽」。

△東京：《東京朝日新聞》刊登反映日軍佔領下的南京狀況的專題照片，
有〈接受治療的中國傷兵〉、〈領取食物的俘虜〉。——這是《東京朝
日新聞》第三次刊登日軍佔領下的南京的專題照片。

1937 年 12 月 19 日　星期日　農曆十一月十七日　南京晴

△東京：《讀賣新聞》刊登南京本社特急電報：〈在此準備新戰役　期望
四億中國人反省——松井司令官重大聲明〉，報導松井石根 12 月 18
日在南京召見「華中方面軍」報導部部長時發表的「司令官之談話」。

△上海：日本同盟社上海分社社長松本重治從南京回到上海，寫成一條
很短的新聞，報導松井石根 12 月 18 日在南京訓誡其部下將領要約束
官兵軍紀的講話。他將這條短新聞發給東京本社，還譯成英文發給路
透社與個家英文報紙。——掩飾日軍南京大屠殺的暴行。

△東京：《朝日新聞》社宣佈：為慶祝攻陷南京徵集頌歌歌詞，歌名為
《皇軍大捷之歌》，截止日期為十天（一說到 2 月 10 日截止）。結果，
10 天內共收到應徵歌詞作品 35991 首。評委們從中選出了 1 首當選
歌詞作品和 5 首歌詞佳作。當選歌詞作品的作者是住在大阪的福田米
三郎，他得到了 1500 日元獎金和 1 枚紀念獎章（當時日本公務員最
初的薪金為每月 75 日元）。當選歌詞作品的歌詞如下：「首都南京終
攻陷，灼槍熱炮手中卸。隊長莞爾露笑意，登上城牆一豪傑。」

1937 年 12 月 20 日　星期一　農曆十一月十八日　南京陰

△南京：日本廣播電臺播報，稱南京的局勢已經完全穩定了，電廠、水
廠和電話設施都已經全面正常運轉。

△東京：《東京朝日新聞》的晨報，以半頁的篇幅，刊登該社特派記者
河村 17 日在南京拍攝的 4 幅照片，總題為〈回復和平的南京，熱烈
歡迎皇軍〉。

△東京：《東京日日新聞》晨報在頭版頭條位置，以六欄標題，刊登特
派記者志村 12 月 18 日從南京發出的電訊專題報導，題為〈令人窒息

的南京城，痛苦顫慄的一個月———一個外國人的日記〉，捏造一位「第三國人士」從 11 月 15 日到 12 月 13 日在南京的日記，反映南京陷落前夕的痛苦混亂狀況，以及日軍攻入南京後迅速恢復正常、安寧秩序的情況，顯示日軍給南京人民帶來的「祥和」與「幸福」。

△東京：日本外相廣田弘毅致電日本駐北平參事官森島，通報了英國各新聞傳媒「12 月 18 日前後報導主要內容」，指出「該國各報對日中事變的報導，自發生對英美艦船射擊事件以來，愈加憎惡、尖刻，特別是對『帕奈』號事件和香港防衛問題，非常關注。」其中，有許多關於日軍在南京暴行的內容。

1937 年 12 月 21 日　星期二　農曆十一月十九日　南京陰

△南京：日「華中方面軍」下令從南京撤出各攻城部隊，重新部署各部隊駐地：以第 10 軍的各師團駐防杭州一線地區；以「上海派遣軍」駐防南京及蘇南一線地區。其中以第 16 師團擔任南京城區及郊區警備任務；其他「各師團退至城外」。

△南京：日「上海派遣軍」參謀長飯沼守在日記中記錄了日軍山田支隊「用刺刀分批處置一萬數千名俘虜時，因為是在幾日內將相當多的人押送到聽一地點，因此俘虜發生騷亂，最後我軍用機關槍掃射，致使我軍若干官兵也一同被打死。相當多數量的俘虜還趁機逃走了。」

△東京：《東京朝日新聞》在第三版頭條，以五欄篇幅，並穿插照片，刊登了特派記者守山 19 日從南京發出的報導，標題是〈忘記抗日口號的南京市民，日見親密〉，副題為〈使人想起「奈良之鹿」的配給情景，敵國首都呈現具有諷刺意味的明朗氣氛〉，報導說：「戰後，南京市區很快恢復了和平。」還說，南京市民過去一見到日本人就扭過頭去藏起來，而現在完全變了，同日本兵交上了朋友，笑嘻嘻地接近他們……。

△東京：《東京日日新聞》刊登該社攝製記者佐藤振壽 12 月 10 日在南京城外戰場上拍攝的的一張日軍士兵射擊姿勢的照片，冠以大字標題：〈壯烈！南京城進攻戰第一報〉。

△東京：日本內閣會議（12 月 10 日-12 月 21 日）結束，通過了由外務省制訂的新的對華和談條件〈為日華和平談判事項給德國駐日大使的覆文——日本和談之基本條件〉，並於當日上奏裕仁天皇，得到同意。

1937 年 12 月 22 日

△南京：日「上海派遣軍」任命佐佐木到一少將為「南京城內肅清委員長」，不久又任命其兼任「南京宣撫工作委員長」。

△南京：日軍駐南京憲兵司令部發佈對南京市民進行「良民登記」的佈告，宣佈自 12 月 24 日起開始登記工作。

△南京：由漢奸創設的第一家慰安所正式掛牌開張。

△東京：日陸軍省召開局長會議，人事局長阿南惟幾少將在當天日記裏寫道：「中島師團的婦人方面、殺人、違反軍紀的行為，從國民道德心的頹廢、戰況的悲慘上說，已到了無法用言語來形容的程度。」

△東京：《東京朝日新聞》用了半個版面，刊登反映日軍佔領下的南京狀況的專題照片，標題為〈對昨日之溫情——南京城內的親善情景〉。照片共 5 幅，是該社特派記者河村於 12 月 20 日在南京拍攝的。

△東京：日本外相廣田向德國駐日大使狄克遜遞交〈為日華和平談判事項給德國駐日大使的覆文——日本和談之基本條件〉，請其轉交中國政府，提出了關於日中和平談判的四項基本條件以及九項條件細目。內容較 11 月 2 日提出的八項議和條件更為苛刻。

△東京：日本外相廣田弘毅兩次致電日本駐北平參事官森島，通報了西方記者報導日軍在南京暴行的內容。

1937 年 12 月 23 日

△南京：日「上海派遣軍」司令部移駐南京城內中山北路之首都飯店。

△南京：上午，在日軍特務機關指揮下，偽政權「南京市自治委員會」宣告成立，發表宣言，公佈自治委員會的組成人員名單，會長陶錫三。

1937 年 12 月 24 日　星期五

△南京：日軍擔任警備南京的第 16 師團開始在南京市內進行「良民登
　　記」與「兵民分離工作」──進一步抓捕與殺害潛藏在難民中的中國
　　軍隊官兵。至次年 1 月 5 日結束。

△東京：《東京朝日新聞》晨刊以「南京成立自治委員會」為標題，作
　　了報導，為日軍佔領下的南京新體制而歡呼。

△東京：《東京朝日新聞》晨刊刊登了一張以〈和平又來到南京〉為題
　　的照片，照片的說明是：「皇軍士兵在給難民分發點心」。

△東京：《讀賣新聞》在晨刊第一版以五欄篇幅大肆報導了偽「南京市
　　自治委員會籌備委員會」成立的消息，並謊稱這漢奸機構是南京難民
　　自願成立的。

1937 年 12 月 25 日　星期六　耶誕節

△東京：《東京朝日新聞》，以〈南京在微笑──城內特寫〉為題，用了
　　半個版面，第六次刊登日軍佔領下的南京的專題照片。照片共 4 張，
　　是該社特派記者林於 12 月 23 日在南京拍攝的。特派記者林還在 4
　　張照片的最後附加了一篇報導，題為〈士兵與孩子玩耍──南京街頭
　　的日中友好之情〉。

△東京：《東京朝日新聞》晨報刊登 24 日發自上海的電訊〈蔣介石的豪
　　語〉，報導「蔣介石在接見德國記者團時誇口：『要以游擊戰獲取最後
　　勝利。』」

△上海：由日方特務機關直接控制與主持的中文《新申報》刊登一張照
　　片，內容是南京「安全區」的入口處的景象。最醒目的是在「安全區」
　　的入口處的上方，掛有「安全區」標誌的一面旗子。照片旁有說明文
　　字，稱南京「安全區國際委員會」請求日軍當局為「安全區」的難民
　　發放睡床和床上用品。──後來南京「安全區國際委員會」主席、德
　　國商人拉貝在 1937 年 12 月 28 日的日記中指出，這是日方造謠。

△南京：日軍當局每日從上海運來《新申報》，然後交由偽政府在南京各處張貼。「每日有上海⋯⋯的《新申報》送達此間，由漢奸張貼各要道」。——這張充滿謊言的日本報紙成為南京市民獲得新聞消息的唯一來源。

1937 年 12 月 26 日　星期日

△南京：日「上海派遣軍」司令部任命日軍第 16 師團第 30 旅團的旅團長佐佐木到一少將為「南京宣撫工作委員長」。

△武漢：德駐華大使陶德曼向中國政府行政院副院長兼財政部長孔祥熙與蔣介石夫人宋美齡轉達日本政府在 12 月 22 日提交的關於中日和談的新條件。孔祥熙與宋美齡感到震驚。蔣介石也從中更加看清日本的野心與目的，更加堅定了抗戰的決心，表示「今日除投降外無和平，舍抗戰外無生存」；「與其屈服而亡，不如戰敗而亡」。

1937 年 12 月 27 日　星期一

△南京：日「東京防護團」至南京參觀。

△南京：一艘滿載日本觀光客的日本商船從上海抵達南京。日本政府批准為日本遊客精心準備南京之旅。關於這次遊覽，喬治・菲奇寫道：「他們被用心良苦地領去逛了幾條現已清除了死屍的街道」，「他們穿過馬路走向中國兒童，親切地拍拍他們受了驚嚇的腦袋」。一些婦女陪伴日本商務代表遊覽該市，而菲奇觀察到，他們看來「非常自鳴得意，也為日本的了不起的勝利感到得意，不過，他們當然聽不到真正的事實——我猜，世界的其他地方也不知道」。日本同盟通訊社在一星期後發表了關於這次日本觀光客抵達南京訪問的報導。

△東京：《東京朝日新聞》晨刊刊登報導，稱原南京中國守軍「衛戍司令長官」唐生智被中國政府追究放棄首都的責任，在軍事法庭上被判槍決。

△上海：日方中文《新申報》發表文章，公佈日軍攻佔南京的戰績，將
　　此戰役同世界大戰相比，以顯示日本能戰勝世界上任何對手，吹噓日
　　本人為攻佔南京而感到自豪。

△上海：日方中文《新申報》編造了一則日軍在南京救護中國傷病軍人
　　的消息，還無中生有地造謠說，這些被救治的中國軍人為表達感激之
　　情，竟願意為日本而戰。

△上海：日方中文《新申報》刊登消息：（1）日本艦隊司令官宣佈青島
　　海岸為封鎖區。（2）日軍在 12 月 26 日下午 6 時發佈公告，日軍佔領
　　南京以北約 50 公里的天長。（3）日軍於 12 月 24 日下午 6 時佔領杭州。

△南京：日本散文家杉山平助作為《朝日新聞》的特派作家，於本日傍
　　晚來到位與南京大方巷的《朝日新聞》社南京分社。他在南京採訪了
　　4 天，逗留到 12 月 31 日，然後返回上海。他將在南京的見聞與感想
　　寫成隨筆《南京》（後刊登在日本《改造》雜誌 1938 年 3 月號上）。

1937 年 12 月 28 日　星期二

△東京：日陸軍參謀總長閑院宮載仁親王、日內閣陸軍大臣衫山元連
　　署，給日「華中方面軍」發出《通牒》，要求「振作軍紀，維持軍規」。
　　日內閣陸軍省次官也就日軍在南京的暴行，致電日「華中方面軍」參
　　謀長及特務部長。

△上海：下午 2 時，松井石根舉行日軍佔領南京後的第一次各國新聞記
　　者招待會，就此後日軍第二輪作戰指導精神，發表意見。

1937 年 12 月 29 日　星期三

△東京：《讀賣新聞》刊登上海本社特急電報，題為：〈期待成立華中親
　　日政權打破列強美夢　松井司令官表決心〉，報導 12 月 28 日松井石
　　根在上海舉行佔領南京後的第一次記者招待會，就此後日軍第二輪作
　　戰指導精神，發表的意見。報紙還在這篇報導旁，配發了一張松井石
　　根在記者招待會上講話的照片。

△東京：《朝日畫報》刊登照片〈從中山門開進南京城內的日軍〉、〈奔向中山陵的日本士兵〉。

1937 年 12 月 30 日　星期四

△日本大阪：《大阪朝日新聞》刊登上海 29 日發的特電：〈敵人棄屍八萬四──我方死傷四千八精密籌畫的南京進攻戰〉，報導上海日本「華中方面軍」司令部公佈的日軍進攻南京戰役的戰果。

△日本東京：《東京朝日新聞》晨報，第七次刊登關於日軍佔領下的南京的專題照片，內容是在日軍統治下的南京迎接新年的情景，總題為：〈共祝新年──南京與日俱增的日中親善〉。照片共有 4 張，都是該社特派記者林的攝影作品，佔了報紙的半個版面。

1938 年 1 月 1 日　星期六

△南京：下午 2 時，在日方操縱下，偽「南京自治委員會」在鼓樓廣場召開成立大會。日「上海派遣軍」參謀長飯沼守、南京警備司令官佐佐木到一少將、日總領事代理福井淳、日海軍武官中原三郎海軍大佐分別發表講話。松井石根發來賀電。

△南京：位於中山北路的蘇聯駐華大使館館舍被火焚毀。

△上海：日本同盟通訊社「上海分社」奉命升級為「同盟通訊社中南總分局」，除上海外，還分管南京、廣東、香港等地的同盟分社，成為日本控制華中、華南新聞報導的中樞機關。

△上海：日文《上海日報》復刊。

1938 年 1 月 2 日　星期日

△南京：日陸軍省人事局局長阿南惟幾少將到南京視察駐南京日軍的軍紀風紀，並調查日軍各部隊的戰功。

△東京：《東京朝日新聞》刊登關於蘇聯駐南京大使館於 1938 年 1 月 1-2 日發生焚毀事件的報導，推斷這場火災的原因，說成「是蘇中達

成秘密協定以來國民政府的抗日容共政策和特殊機關陰謀策劃所
致，是為了銷毀證據而放的火。」

1938 年 1 月 4 日

△東京：日陸軍參謀總長閑院宮載仁親王給日「華中方面軍」發出《關於
軍紀風紀之件的通牒》，將日軍的暴行提高到「傷害全軍聖業」的高度。

1938 年 1 月 5 日

△南京：日軍當局為鼓勵日僑入駐南京，將南京城區中心一片最繁華的街
區劃作日本僑民的生活居住區與營業區，即所謂「日人街」，「此區域北
起國府路（按：今長江路），南到白下路，西起中正路（今中山南路），
東達鐵道線路（今長白街）。這一帶包括太平路及中山東路的繁華地區。」

△南京：偽「南京市自治委員會」發佈佈告，將南京全部城區劃分為四
個行政區：以新街口為中心；第一區：城之東南片；第二區：城之西
南片；第三區：城之東北片；第四片：城之西北片。市中心新街口至
大行宮一帶地區為「日人區」──日本僑民居住區與日軍駐紮地區。
不久，又增設下關區。

△東京：《朝日畫報：日華事變畫報》1938 年 1 月 5 日第 11 輯上，刊
登日本記者在南京拍攝的照片〈從中山門舉行的南京入城式〉、〈日軍
押送大批被俘的中國員警〉以及特派記者上野 12 月 16 日在長江邊幕
府山下一家戰俘營拍攝的照片〈日軍在一所大型兵營裏看押著大批中
國戰俘〉，說明是：「被兩角部隊拘押在南京城外一村落的部分俘虜[上
野特派記者 12 月 16 日攝]」。

1938 年 1 月 6 日

△東京：日本外務省東亞局局長石射豬太郎在日記中寫道：「上海方面
來信，詳細報告了我軍在南京的暴行。搶奪、強姦等觸目驚心。嗚呼
哀哉，吾之皇軍。」

△上海：由日方特務機關直接創辦與控制的中文《新申報》在一篇報導中，將蘇聯駐南京大使館於 1938 年 1 月 1-2 日發生的焚毀事件，憑空捏造說成是「共產黨人的秘密計畫」。

△南京：金陵女子文理學院難民所的負責人魏特琳教授在日記中記載了幾名日本記者到難民所拍制、製造假新聞的事情：「幾個日本記者來拍照，他們要求婦女們面帶笑容，顯出高興的樣子，她們盡力而為了。」

1938 年 1 月 8 日　星期六

△南京：日偽開始進行解散「安全區」各難民區的工作。

△上海：由日方特務機關創辦的中文《新申報》刊登一則從南京發出的新聞通訊，題曰：〈日本軍親切關懷難民，南京充滿和睦氣氛〉，乃是編造與欺騙的典範之作。

△南京：日本著名作家石川達三，以《中央公論》特派記者的身份，於 1938 年 1 月 8 日到 15 日在南京第 16 師團採訪。他說：「我去南京時決心不見軍官和軍隊首腦。我和下士官、士兵在一起生活，傾聽他們的談話，詳細瞭解他們的日常生活。軍官對外人總是說謊話，裝飾門面。我想看到戰爭的真實情況，便深入到士兵中去。」石川達三身臨其境，耳聞目睹了日軍攻佔南京前後的實況與大屠殺的暴行，深為震動。

1938 年 1 月 9 日　星期日

△大阪：《大阪朝日新聞》刊登報導：〈「內衣外套夏裝」的男子——「等等！敗兵！」〉，副題為〈設法躲進南京警備部的士兵們的紅毛毯座談會〉，報導該報記者在南京召開的一場日軍士兵座談會以及採訪日軍士兵的情況，吹噓是日軍士兵的辛苦警備，保護了南京的和平與建設。

1938 年 1 月 10 日　星期一

△東京：《讀賣新聞》報導南京日軍進行的居民登記告一段落：「從年末開始的居民調查，經過七天已告一段落。1600 名殘兵已被安派進了難民區。如今可以在南京昂首闊步了。」

1938 年 1 月 11 日

△南京：日軍包圍、查抄「南京安全區國際委員會」總部。

△南京：日「華中方面軍」司令官松井石根第二次到南京，「視察」日軍在南京的警備情況；晚，邀第 6 師團師團長谷壽夫共進晚餐，以示慰勞。

△東京：本日出版的《支那事變畫報》上刊登多張日軍攻佔南京以及給南京人民帶來恩德與安祥生活的照片，如〈朝香宮鳩彥親王中將視察光華門〉、〈獲得我軍分發的點心、香煙而欣喜高呼日軍萬歲的南京難民〉、〈為南京難民區患者進行治療的日軍醫療班〉等。

△南京：基督教南京青年會的美籍牧師喬治・費奇（Fitch）在日記中記述與評價了日方新聞傳媒關於南京情況的無恥編造：「我們曾經看到上海一家的日文報紙的幾篇文章和《東京日日新聞》的兩篇文章，它們告訴我們，甚至早在 12 月 28 日，商店迅速開張，貿易恢復正常，日本人與我們合作，為可憐的難民提供食物，市區已經根除中國搶劫者，和平與秩序籠罩全城。」費奇接著辛辣地指出：「如果在南京發生的這些事不是如此悲慘，我們會被這謊言逗得大笑。」

△南京：喬治・費奇在 1937 年 12 月 10 日到 1938 年 1 月 11 日在日軍南京大屠殺期間的日記（縮編稿），被秘密帶往上海，立即廣為流傳，引起中外輿論界與新聞界的震動與關注。

△東京：日本裕仁天皇主持召開御前會議，幾乎所有日本軍政上層人物都到場。這是自 1905 年日俄戰爭結束 30 多年以來日本首次召開的最高國策會議。這次會議制訂《處理中國事變的根本方針》，宣稱：「如

中國現中央政府不來求和，則今後帝國政府不以此政府為解決事變的對手，將扶助建立新的中國政權。對於中國現中央政府，帝國採取的政策是設法使其崩潰，或使它歸併於新的中央政權。」充分表現了日軍攻佔南京後，日本最高當局對華極端強硬、狂妄的態度與對華武力征服、屠殺威懾的殖民侵略政策。御前會議後，外相廣田就要德國大使狄克遜向中國政府轉告：「到十五日沒有答覆，帝國將自由行動。」

1938 年 1 月 12 日

△南京：滬寧鐵路的客、貨運輸基本恢復，完全為日軍把持。

1938 年 1 月 13 日

△武漢：國民政府外交部長王寵惠召見德國駐華大使陶德曼，請其將中國政府對日本政府 12 月 22 日提出的和談條件的答覆，轉交給日本政府，其內容是：「經過適當考慮之後，我們覺得：改變了的條件太廣泛了。因此，中國政府希望知道這些新提出的條件的性質和內容，以便仔細研究，再作確切的決定。」意在拖延。

1938 年 1 月 14 日

△東京：《東京日日新聞》晨報在第三版刊登該報記者井上 1 月 13 日發自南京的電訊消息，題為〈南京陷落一個月〉，報導日軍佔領南京 1 個月後「恢復和平」的情況；還報導了有關生活在南京的外國人的情況，力圖顯示南京作為國際都市已恢復正常。

1938 年 1 月 15 日

△南京：日大本營下令，日駐南京警備部隊──「上海派遣軍」所轄第 16 師團中島今朝吾所部調離南京，改屬日「華北方面軍」。

△南京：日本著名作家石川達三結束在第 16 師團的採訪，於 1938 年 1 月 15 日離南京回國。

△東京：日內閣與大本營召開聯席會議，從上午 8 時到下午 8 時，討論日中和談問題。會上，以近衛內閣為代表的強硬派，如廣田外相、杉山陸相、米內海相以及近衛首相，同主張慎重與儘快媾和的多田駿參謀次長發生激烈爭論。最後，以近衛內閣為代表的強硬派得到天皇的支持，取得勝利，決定終止日中議和，不再承認國民政府；通過了政府聲明。

1938 年 1 月 16 日

△東京：下午，日本近衛文麿內閣發表第一次對華聲明，稱：「攻陷南京後，帝國政府為給予中國國民政府最後反省機會已及於今日。然而，國民政府不解帝國之真意，竟策動抗戰……因此，帝國政府今後不以國民政府為對手，而期望真能與日本提攜之新政府成立與發展」，與日本調整兩國關係。這意味著日本通過陶德曼調停中日戰爭、以戰迫降的陰謀失敗。

△南京：金陵女子文理學院美籍教授魏特琳在 1938 年 1 月 16 日的日記中寫道：「新的統治者在安全區外面張貼了大幅招貼畫，敦促人們返回自己的家。這幅畫上畫了兩個日本兵、一個農民、一個母親和幾個孩子，日本兵顯得非常友好和善，畫中的人對他們的恩惠感激不盡。畫上的文字暗示人們應該回家，一切都會好起來的。城裏的緊張氣氛肯定有所好轉。」

1938 年 1 月 17 日　星期一

△東京：日本外務省發表聲明，稱日與國民政府斷絕外交關係，但並未對華宣戰。

△東京：日外相廣田弘毅致電日本駐外各使領館，將在前一日被上海日方新聞檢查辦公室扣壓下的英國記者田伯烈關於日軍在南京等長江下游各地戰爭暴行的報導，其中有屠殺中國軍民三十萬人，作為「特別消息」，親自簽發給他們參考，以謀對策。此電報被美國破譯。

△上海租界孤島：在日軍當局於上海舉行的記者招待會上，田伯烈特就
　日方當局阻撓他拍發電訊稿及被命令前往日軍軍部一事，提出責問。
　日方官員進行詭辯，竟稱「並非如此」，並建議與田伯烈「直接商談
　此事」，遭到田伯烈的斷然拒絕。

1938 年 1 月 18 日　星期二

△東京：日本近衛文麿發表補充聲明，強調「所謂今後不以國民政府為
　對手，較之否認該政權更為強硬。」並表示「今後仍必須採取一切手
　段進行軍事行動，促使國民政府崩潰。」「將以現在的華北（偽）政
　權為中心，逐漸把各地政權合併發展為統一的政府。」

△東京：日外務省下令召回日駐華大使川樾茂，斷絕對華外交關係。

△武漢：中國國民政府發表《維護領土主權及行政完整的宣言》，針鋒
　相對地駁斥日本近衛內閣 1 月 16 日的對華政策聲明，並宣告由日本
　扶植的任何偽政權「絕對無效」。

△東京：日本《東京日日新聞》晨報在第三版頭條位置，以五欄篇幅，
　穿插著照片，刊登該社特派記者金子義男發自南京的電訊，報導日軍
　佔領南京一個月後的情況，黑字橫標題是〈「新生南京」曙光燦爛〉，
　下附三個小標題：〈中國少女也闊步於街頭〉、〈「日元」流通，發揮威
　力〉、〈僅一個月便生機盎然〉。照片有兩幅：一幅是中國人在中山陵
　散步的情景；另一幅是未攜帶武器的日軍士兵們正拿著球板打羽毛毽
　子的情景。

1938 年 1 月 19 日　星期三

△東京：《朝日畫報》1 月 19 日號刊登照片〈親臨大本營的大元帥陛下〉，
　報導日本裕仁天皇親臨大本營主持會議的情況。

△東京：日本外相廣田弘毅就英國記者田伯烈拍發關於日軍在南京等地
　大屠殺暴行的報導，向日本駐歐、美所有使館發出電報指示，誣衊田
　伯烈是「有意以此事製造事端」，還造謠說田伯烈「最近全往漢口時，

是由其友人端納出資，讓他去接管蔣介石政權的宣傳工作。」其目的
是欲破壞田伯烈作為一個中立國家記者的形象，詆毀他的新聞報導的
客觀性與公正性。廣田弘毅要求日本駐歐、美所有使館提高警覺，共
謀對策，加以防範。

1938 年 1 月 20 日　星期四

△東京：日本陸軍參謀本部擬定《戰爭指導計畫大綱草案》。其中對佔
　領區的「政略批導」，關於在中國各佔領區分別扶植各地方性偽政權，
　「中國新興政權以帝國軍隊勘定之地區為其領域，應以善政進行自
　治，在此首先實現睦鄰共榮之理想，軍隊在該政權背後支持其恢復治
　安及培養實力」。
△東京：日陸軍大臣杉山元對全軍發出準備對華持久作戰的訓示。
△東京：中國駐日大使許世英從橫濱乘船離日回國。

1938 年 1 月 21 日　星期五

△南京：日軍總部下令調換南京警備部隊：第 16 師團從南京調離，該師
　團擔負的南京警備任務轉交給日軍第 11 師團第 10 旅團──天穀支隊。
△南京：日駐南京的「上海派遣軍」司令部接到日參謀次長的電報，被
　告知南京美國駐華使館受到侵犯，美國政府向日本政府提出交涉。
　「上海派遣軍」司令部向南京美國駐華使館提出抗議，稱美方違反
　當初約定。
△南京：日本政府任命日高來南京使領館任職，代替原大使川樾茂。
△南京：日軍「南京特務班」在給「南滿鐵道株式會社」的一份秘密報
　告中，表示了他們對「南京安全區國際委員會」的強烈不滿。
△上海：日本官方發言人舉行外國記者招待會，斥責上海租界英文《字
　林西報》當日發表的社評批評日軍在南京的暴行，是「惡意的誇大內
　容，無從證實，兼且污蔑日軍名譽。」在場的英國《曼徹斯特衛報》
　駐上海特派員田伯烈當即與日本官方發言人辯論。外國記者請日本官

方發言人對南京形勢作詳談報告，被其拒絕。外國記者又要求日本官方招待外國記者赴南京觀察採訪亦被拒絕。

△東京：《支那事變畫報》（1938 年 1 月 21 日出版）刊多張偽「南京市自治委員會」成立的照片，如〈參加自治委員會的委員，右端是會長陶錫山〉、〈元旦，慶祝自治委員會成立的遊行隊伍行進在南京街頭〉等。

△上海租界孤島：英國《曼徹斯特衛報》駐上海特派記者田伯烈寫成一篇新聞電訊，援引英文《字林西報》當日發表的社評，參照他本人從南京所得到的消息，證明《字林西報》社評所述不誤，再次記述了日軍在南京的種種暴行，準備拍發給英國報社。上海外文電報局的日本檢查員見到田伯烈的新聞電訊稿後，先以電話要求田伯烈將新聞電訊稿撤回，遭田伯烈拒絕，日本檢查員遂扣壓了這份新聞電訊稿。田伯烈將新聞電訊稿原件抄呈英國駐上海領事館，請求對日本當局進行嚴正交涉，無結果。

△上海租界孤島：洋旗報《每日譯報》創刊，社址在愛多亞路 117 號。該報實際上是《譯報》（1937 年 12 月 9 日創辦，12 月 20 日被迫停刊）的改版。（1939 年 5 月 16 日停刊）

1938 年 1 月 22 日　星期六

△南京：日軍原南京警備司令官、日軍第 16 師團師團長中島今朝吾離開南京。

△南京：日軍第 11 師團第 10 旅團旅團長天谷真次郎少將就任日軍南京警備司令官。

△南京：西方僑民們自南京淪陷後第一次收到外地的資訊：從開抵南京的英、美炮艇上收到了「12 月 13 日以來發出信件的第一批回信」。魏特琳說：「我們給大家讀了所有的信。聽到外界的消息是多麼高興啊。」

△武漢：蔣介石在日記中寫道：「倭寇在京之殘殺與姦淫未已，似此獸類暴行。彼固自速其滅亡，而我同胞之痛苦極矣！」

1938 年 1 月 23 日　星期日

△南京：日軍第 16 師團將南京警備任務轉交給日軍第 11 師團第 10 旅團──天谷支隊。

△南京：天谷支隊進駐南京後，展開新一輪的殺燒淫掠的暴行狂潮。

△南京：晨 6 時，德僑克勒格爾在得到日方當局允許後，乘日本軍用列車敞蓬車廂離開南京去上海。魏特琳在日記中寫道：「除了 12 月 13 日之後不久離開的四名外國記者外，他是南京陷落後第一個離開南京的外國居民。想想看，我們被關在南京 37 天，沒有外界的消息，也沒有機會送出資訊。」

△上海租界：克勒格爾到上海後，就日軍在南京的暴行作了幾場詳細報告，並同意中外新聞界公開發表。

1938 年 1 月 24 日　星期一

△上海：晚，日軍當局在上海舉行新聞發佈會，由日本陸軍發言人永井大佐在會上發佈一份報告──由派駐南京的日軍憲兵隊與日本陸軍「華中方面軍」司令部派往南京的調查委員會在 1937 年 12 月 28 日共同提出的報告。這份報告稱，據他們調查，中國軍隊的官兵在南京失守後，都逃進了「國際安全區」的難民收容所「尋求保護」，並「煽動反日情緒製造動亂」，「擄掠姦淫，威嚇百姓」。日軍當局將日軍在南京的暴行嫁禍於中國軍民。

1938 年 1 月 25 日

△上海：日偽各報都刊登了 1 月 24 日晚日方發佈的由派駐南京的日軍憲兵隊與日本陸軍「華中方面軍」司令部派往南京的調查委員會在 1937 年 12 月 28 日共同提出的報告書。

1938 年 1 月 26 日　星期三

△南京：日軍毆打美國駐南京使館的三等秘書、領事阿利森事件。

1938 年 1 月 29 日

△南京：上午 9 時，「南京安全區國際委員會」總幹事、南京基督教青年會負責人費奇在獲得日方當局批准後，秘密帶著拉貝的日記，與英國領事布龍乘「蜜蜂號」離南京前往上海。魏特琳稱他「是第二個獲准離開南京的外國人。」費奇於 2 月 12 日從上海回到南京。

△倫敦：日本駐英國大使吉田茂在接受《每日雜談》記者採訪時，聲稱：「關於日本人暴行的報導不準確，並因此持懷疑態度」。他說：「簡直難以想像，我們的部隊竟然會如此放縱自己，會這樣違背悠久的傳統。……無論你到哪裡去進行調查，你都提供不出我們的軍隊曾經有過這類行為的證據。我們的軍隊有良好的紀律。我再重複一下，這支軍隊會以這樣的方式違反傳統，是不能想像的。我作為我國大使，對於出現這樣的報導，只能表示極為遺憾。」

1938 年 1 月 31 日　星期一　農曆春節初一

△上海：「南京安全區國際委員會」總幹事喬治‧費奇帶著拉貝的日記，乘「蜜蜂號」到達上海。

1938 年 1 月

△東京：日本《文藝春秋》1938 年 1 月號刊登新聞匿名月評：〈向南京進軍！進軍！！〉

1938 年 2 月 1 日　農曆春節初二

△南京：日陸軍參謀本部第二部（情報部）部長本間雅晴少將奉命到達南京「上海派遣軍」司令部，傳達日陸軍參謀總長的《關於整飭軍紀

的訓示》，並處理「阿裏森事件」。駐南京日軍的暴行有所減少，但沒有停止。

△南京：日本駐南京大使館參贊日高與到南京視察的日本陸軍參謀本部情報部部長本間雅晴陸軍少將宴請了英、美、德等各國所有駐南京的外交人員。日本「華中方面軍」副參謀長武藤章大佐及日本陸軍參謀本部的許多軍官出席作陪。

△東京：日本國際情報社出版《世界畫報，日支大事變號》第六輯（1938年1月20日付印），逐日地、詳盡地報導「南京戰（南京攻略）」──日軍進攻、佔領南京的全過程及其「輝煌」戰果。

△東京：《支那事變畫報》（1938年2月1日出版）刊登關於日軍佔領下的南京的照片〈南京街頭出現了賣東西給日本人的小商販〉等。

△東京：日本作家石川達三以日本《中央公論》特派記者的身份從南京採訪回國後，從1938年2月1日至10日，用約10天時間，以在南京採訪到的材料，寫作反映南京戰事的紀實小說《活著的士兵》。

△東京：2月初，日本同盟社駐英國記者發回了英國《每日電訊報》1月28日刊登的有關日軍南京大屠殺暴行的報導的介紹，日本內閣情報部立即下令：「不發表」。

1938年2月2日　農曆春節初三

△上海：1938年2月2日，日方上海新聞檢查所致函公共租界工部局警務處長傑德拉，要求租界當局對掛著洋旗招牌的中國抗日報紙採取制裁措施。

1938年2月3日　農曆春節初四

△南京：日本駐南京大使館參贊日高又一次舉行宴會招待各國駐南京使節。

△上海：松井石根終於物色到並確立了組建華中偽政權的核心人選。

△上海：松井石根召集「華中方面軍」特務部從事策劃的人員，詢問情況，「提醒他們，現在要進一步努力做的工作是，清除妨礙運動的障

礙，即取締上海恐怖組織和報社等。為了讓從事建立（偽）政權的活動分子更容易開展工作，一定要控制住整個局面。」

1938 年 2 月 5 日

△南京：新任日軍南京警備司令官、第 11 師團第 10 旅團旅團長天谷真次郎少將在南京日本使領館中，向各國駐南京的外交機構發表聲明，猛烈斥責當時留駐南京並勇敢地向世界揭露日軍暴行的西方各界人士，是「煽動中國人的反日感情」，對日本向中國實行「膺懲」戰具有敵意。

1938 年 2 月 6 日

△南京：晨 8 時，日「華中方面軍」司令官松井石根大將乘火車離上海，第三次赴南京「視察」。晚 6 時抵達南京，出席「上海派遣軍」司令官朝香宮舉辦之招待宴會。

△上海：《社會晚報》主編蔡釣徒被日偽特務綁架殺害，其人頭還被示眾於通衢。這是上海「孤島」時期被日偽殺害的第一個中國新聞記者。

1938 年 2 月 7 日　星期一

△南京：晨，松井石根視察位於首都飯店的日「上海派遣軍」司令部。午後，松井石根參加日軍「五十日祭」。松井石根召集日軍宣撫委員，詢問南京居民情況與偽南京自治委員會的情況。松井石根在日大使館內召見偽「南京市自治委員會」各委員、顧問、秘書長、秘書及各課課長、各區區長以上人員，開談話會，向偽南京市自治委員會贈送米、面、油、鹽等物。偽「南京市自治委員會」宣讀了「致歡迎松井大將答謝詞」。松井石根「視察」南京難民區。晚，松井石根參加日「上海派遣軍」司令部會議，「就宣撫工作提出希望」，要求對中國居民采懷柔政策。

△南京：魏特琳日記記載，獸性大發的日軍官兵在尋找不到足夠數量的中國婦女時，就找中國男孩，作為「男妓」以發洩獸慾：「好像在西華門附近的一戶人家，日本兵找不到年輕姑娘，就找十來歲的男孩。」

△上海租界：公共租界工部局警務處長傑拉德復函日方上海新聞檢查所，拒絕了日方2月7日來函關於對租界中掛著洋旗招牌的中國抗日報紙採取制裁措施的要求。

1938年2月8日

△南京：晨，松井石根在南京慰問日軍醫院。中午，松井石根同日駐華大使館人員會餐，指示其對宣撫工作之意圖。午後2時，松井石根乘飛機離南京，經揚州、江陰，5時回抵上海。

△南京：日「上海派遣軍」司令官朝香宮鳩彥指示，「要讓派遣軍軍歌更雄壯些」。

△南京：午後4時，日本駐南京大使館邀請在南京的所有外國人，包括外交使節與外僑，參加一場日方精心準備的「軍樂會」，用於拍攝一部精心準備的新聞紀錄片。

1938年2月9日

△南京：日本駐南京的代理大使向新聞界發佈消息，稱日軍駐南京部隊中有10名以上的軍人因為擾亂軍紀而受到軍法會議的重罰。這是因為1938年1月26日阿裏森事件後，面對美國政府的嚴厲抗議與國際輿論的日益強烈的譴責，日本當局再次以整飭軍紀來掩人耳目。

△東京：日本各新聞傳媒報導昨日日本駐南京總領事館邀請在南京的外交使節與外僑參加日方的「軍樂會」。

△大阪：《大阪每日新聞》刊登報導，標題〈這次千人斬比賽，創造了斬殺二百五十三人的最高紀錄，劍俠野田少尉的痛快手記〉，報導向井明敏與野田毅將殺人比賽從「百人斬」上升為「千人斬」。

1938 年 2 月 10 日

△南京：日本駐南京使領館的外交官福井，對申請離開南京經上海回國的拉貝說：「如果你在上海對報社記者說我們的壞話，你就是與日本軍隊為敵。」「如果你說日本人的壞話，就要激怒日本軍方，這樣，你就回不了南京。」

△東京：日本作家石川達三用約 10 天時間，以在南京採訪到的材料，寫成了反映南京戰事的著名的紀實小說《活著的士兵》。儘管該作品有「戰場環境決定論」與「人的本能論」等為日軍暴行開脫辯解的錯誤傾向，但卻真實地展現了日軍在南京殘忍野蠻的暴行。

1938 年 2 月 11 日

△南京：日方當局因偽「南京市自治委員會」的會長陶錫三再次提出辭呈，遂讓原副會長孫叔榮代理會長。

1938 年 2 月 12 日

△南京：下午，「南京安全區國際委員會」總幹事、南京基督教青年會負責人費奇從上海返回南京。

△南京：馬吉請回南京視察的瑞記祥泰木行的美籍經理比舍普立克返回上海時，將其秘密拍攝的紀錄電影片《南京暴行紀實》拷貝一份。

1938 年 2 月 14 日　農曆正月十五　星期一

△東京：日本大本營正式發佈重組華中日軍的命令（2 月 18 日生效）：解除華中方面軍、上海派遣軍、第 10 軍等戰鬥序列，召回松井石根、朝香宮、柳川平助；組建「華中派遣軍」，司令官畑俊六大將。

△東京：《東京朝日新聞》刊登守山特派記者於 2 月 12 日從南京發出的電訊報導：〈卸下鍋灰偽裝南京美人亮相──和平之一景〉。

1938 年 2 月 16 日

△上海：田伯烈來到「中華全國基督教總會（NCC）」幹事鮑引登的辦公室，仔細閱讀了收藏在這裏的「南京安全區國際委員會」的檔，並作了複製。

△上海：田伯烈在給豪恩貝克博士的信中，談了他對馬吉拍攝的記錄日軍南京大屠殺的影片進行剪輯加工，以及他委託居安・阿若德（Julean Arnold）將一份膠片帶到美國去的情況。

1938 年 2 月 18 日

△上海：日「華中派遣軍」司令部正式成立。日新任「華中派遣軍」司令官畑俊六大將抵達上海。松井石根與其交接工作，至 19 日結束。

△南京：「南京安全區國際委員會」結束工作，宣佈自此日起，改名為「南京國際救濟委員會」——作為一個純粹的非官方救濟組織，依靠捐款堅持進行人道主義工作。

△南京：原「南京安全區國際委員會」總幹事、南京基督教青年會負責人喬治・費奇乘日本軍用列車的三等車廂，第二次離開南京，於第二天早上 6 時 40 分到達上海。他隨身秘密帶去馬吉牧師在日軍大屠殺期間在安全區與鼓樓醫院冒險偷偷拍攝下的日軍暴行的電影紀錄片膠片，即送往柯達公司沖印，複製了四套拷貝，成為有關日軍南京大屠殺的唯一的影像文獻資料。他將其中的一套轉交給德國駐南京使館政務秘書羅森；一套交給英國調查委員會的莫瑞爾萊斯特，讓其帶到日本東京放映；一套派人送往武漢；還有一套由他帶回美國放映。他將經上海、香港回美國。田伯烈從該電影紀錄片中翻印了一套照片，並得到了馬吉撰寫的影片說明詞。

1938 年 2 月 20 日

△東京：日本「東寶映畫株式會社」第二製作部（文化電影部）的攝影師白井茂等人拍攝日軍佔領南京的新聞，於 1938 年 1 月中旬回到日

本，與同事一道製作了一部電影時事紀錄片《南京》，由秋元憲編輯，江文也配樂，藤井慎一錄音，德川夢聲解說，於 1938 年 2 月 20 日完成，裏面充斥的都是日軍解放了南京，給中國百姓帶去了和平、友好與幸福的鏡頭，是日軍救助中國難民、與中國難民親密無間的鏡頭，是南京民眾生活無憂、感激皇軍恩澤的鏡頭。

1938 年 2 月 21 日

△上海：松井石根、塚田攻等離上海回日本。

1938 年 2 月 23 日

△南京：原「南京安全區國際委員會」主席、德人約翰·拉貝奉西門子公司命，於上午 9 時，乘英國炮艇「蜜蜂」號離開南京，前往上海。美國長老會傳教士米爾士接任「南京國際救濟委員會」主席。

1938 年 2 月 28 日

△南京：日軍當局在南京挹江門裏西山腳下，為陣亡的中國官兵舉行「慰靈祭」。

△東京：松井石根在東京向陸軍參謀總長閑院宮載仁親王、陸軍大臣杉山元等彙報出征以來之情況，並就今後戰事提出自己的建議；後赴明治神宮、靖國神社參拜，並特地「向靖國神社奉獻入南京城當日插於國民政府門上之大國旗」——再次炫耀其攻佔中國首都南京的武功與軍威。

1938 年 2 月

△東京：《改造》雜誌 2 月號上，發表大宅壯一的報告文學《從香港到南京入城》，其中「第二章」，專門描寫日軍攻陷南京的情況；同時發表日本同盟社上海分社社長松本重治題為《進入事變第二階段》的文章，指出日軍佔領南京後，「中國事變」已經進入第二階段，以蔣介石為首的中國國民政府不會因南京失守而向日本屈服投降，中國共產

黨已乘機擴大力量，美國、英國、蘇聯正在採取不利於日本的政策，因而，日本當局必須採取各項對策，其中在中國淪陷區要儘快建立穩定的社會秩序，「實施善政」，籠絡人心。

△東京：《國際知識及評論》1938 年 2 月號發表偽「南京市自治委員會」會長陶錫三在 1937 年 12 月 23 日在接見日本記者時，就該會今後的「工作打算」發表的談話。陶錫三當然只能按照日方當局的工作打算談了他的「工作打算」，首先表示：「日軍進入南京城後，不到十天的時間，已經恢復了治安秩序。」他認為今後的首要問題是「儘早實現南京的復興」；其次，因為當時南京剩下的「多數」人是良民，要努力使他們重操舊業。「對於混入良民中的個別不良分子，如果採取較為溫和的方法加以取締，將有助於恢復治安。」

1938 年 3 月 1 日

△東京：日本各新聞傳媒大量報導 1938 年 2 月 28 日，南京日「華中派遣軍」當局在南京挹江門裏的西山腳下，為陣亡的中國官兵舉行「慰靈祭」的消息，又是文章，又是照片。

△南京：偽「南京市自治委員會」創辦發行機關報《南京公報》，不定期出版，簡要報導該會的工作與南京的社會情況。這是一張兩面印刷的小報，但印得相當工整，由中國編輯編排，採用日本人的消息來源。每份賣 2 分錢。後該報改稱《南京民報》。

1938 年 3 月 5 日

△東京：松井石根被日本政府任命為內閣參議

1938 年 3 月 6 日

△南京：偽「南京市自治委員會」機關報《南京公報》刊登會長陶錫三致偽「市自治委員會」函，關於他的住宅在 1938 年 1 月 29 日遭到日軍搶劫，要求日軍特務機關查詢此事，追回財物。

△南京：晚，日本駐南京總領事館新任總領事花輪義敬從上海乘汽車到達南京，接替代理總領事福井淳。

1938 年 3 月 8 日

△東京：《東京朝日新聞》刊登〈南京總領館近期開張——花輪新總領事到任強化陣容〉，附照片：花輪新總領事。

1938 年 3 月 15 日

△南京：偽「南京市自治委員會」機關報《南京公報》刊登偽「南京市自治委員會」會長陶錫三 3 月 10 日寫的辭職申請書。

1938 年 3 月 20 日

△上海：日軍當局設立「上海廣播無線電臺監督處」，宣佈自 4 月 1 日起取代原中國國民政府的「中央廣播事業指導委員會」。

1938 年 3 月 21 日

△東京：《支那事變畫報》（1938 年 3 月 21 日出版）刊登關於日軍佔領下的南京的照片〈在南京漢中路露天商店雲集的熱鬧景象〉、〈城內的田地——光華門內農民復活了，背景是紫金山〉等。

1938 年 3 月 28 日

△南京：日本《靜岡民友新聞》社的隨軍記者片山兵二在南京採訪，在當日的日記中寫道：「視察了中華門附近的中國街道。商店稀落地開著，只要看到（日本）軍人或者我們這些日本人，就逃得無影無蹤，尤其是年輕的姑娘，早早就逃走了。」可見，直到這時，南京居民仍對日軍充滿了恐懼。

1938 年 3 月 31 日

△南京：日本駐南京總領事館的田中約見美國僑民貝德士與福斯特，就他們所提出的去上海然後返回南京的申請，轉告日軍當局的答覆。日軍方同意他們在 4 月 3 日離南京去上海，但「提醒」他們「在上海必須謹言慎行」，因為南京已有些西方人士去過上海，「但他們的行為不能令人滿意」，如果貝德士等的行為令南京日軍當局不滿，「那就將難以回到南京」。田中非常明確地告誡貝德士，「不應該再談」「南京發生過某些案件」──即日軍的南京大屠殺。

△上海：日軍當局「上海廣播無線電臺監督處」發出指令，要求上海所有的廣播無線電臺於 4 月 15 日前，前往該監督處登記。

1938 年 3 月

△東京：日本官方在東京銀座開辦「南京─上海新聞照片展」。

△東京：日本著名作家石川達三寫出的反映南京戰事的紀實小說《活著的士兵》在《中央公論》3 月號發表。由於該作品真實地展現了日軍在南京殘忍野蠻的暴行，儘管已被編輯部刪除了不少內容，帶有很多「空鉛」，但是在雜誌送審時，仍因「有反軍的內容，不利於時局穩定」而被當局查禁。接著，作者石川達三與《中央公論》的編輯、發行人都以「將虛構作為事實，紊亂安寧秩序」的罪名，於 1938 年 8 月 4 日受到日本當局「違反新聞法」的起訴，並被判有罪。9 月 5 日，石川被判監禁 4 個月、緩刑 3 年執行。判決書稱他的作品「記述皇軍士兵對非戰鬥人員的殺戮、掠奪以及軍規廢弛的狀況，紊亂安寧秩序。」

△東京：日本官方的廣播電臺向全世界播發這樣一條消息：「造成南京許多人死亡和財產損壞的暴徒已被捕獲，並處以極刑。發現他們是蔣介石軍隊中一些具有不滿情緒的軍人，現在一切都很平靜，日本正為 30 萬難民提供糧食，一直到他們在協助之下能返回自己的家園為止。」（轉引自美國《視野 The Ken》1938 年 6 月 2 日發表的報導〈南

京的浩劫 講述給約翰・馬勒尼的故事〉；刊《南京大屠殺史料集》第 6 冊第 195 頁。）

△東京：日本《改造》雜誌 1938 年 3 月號上刊登杉山平助作為《朝日新聞》的特派作家採訪日軍佔領南京的隨筆《南京》。

1938 年 4 月 1 日

△東京：國際畫報社發行的《世界畫報》刊登題為〈南京春景〉的彩色照片，內容是在南京的一個日軍士兵雙手牽著兩個中國小孩，另有兩個中國小孩在旁注視著他們。

1938 年 4 月 2 日

△上海：日方郵件檢查員扣發洋商報《大美晚報》寄往外埠的報紙。——這是日方首次扣發洋商報。

　　此後，日方郵件檢查員連續扣發上海數家洋商報因「違反」了日方當局的規定，寄往外地的報紙，不准郵寄。

1938 年 4 月 6 日

△上海租界：因各「洋旗報」刊登關於台兒莊大捷的報導，日偽特務、打手上街攔路搶劫與撕毀剛剛出版的各「洋旗報」達千餘份。

△上海：日方郵件檢查員再次扣發英文洋商報《大美晚報》寄往外埠的報紙，因該報當日登載了 4 月 2 日被日方扣發的消息與日偽在上海設卡課稅導致糧價高漲的消息。

1938 年 4 月 8 日

△東京：《東京朝日新聞》晨刊刊登同盟社南京 4 月 7 日電訊，報導南京偽「維新政府」成立後，「種種復興情況，令人振奮。」

△上海：日方新聞檢查所禁止英文洋商報《大美晚報》發行當日報紙，因該報當日登載了日本人搶劫英人房產事。

1938 年 4 月 9 日

△上海：日方當局對洋商報《大美晚報》、《密勒士評論週報》發出警告，
　若再刊登不利日方的報導，將禁止郵寄。

1938 年 4 月 10 日

△上海：日方《新申報》刊登報導〈南京將建立一條日人街〉。

1938 年 4 月 16 日

△北平：《大阪朝日新聞》（華北版）刊登特派記者林田寫的報導：《南京
　通訊　第五章　衛生之卷》，報導南京掩埋屍體的情況。內稱：「南京
　消息，戰後的南京首先必須清理的是敵人的棄屍。數以萬計的屍體有
　的填滿，餓壕溝，有的在小河裏堆積如山，如果撒手不管的話，無論
　從衛生方面來講，還是從穩定人新來講，均百害而無一利益。為此，
　紅卍字會和自治委員會及日本山妙法寺的僧侶們聯合進行清理工作。
　他們把腐爛的屍體裝上卡車，運往固定的場所埋掉。他們忍著令人作
　嘔的惡臭，日以繼夜地工作，到目前為止，在城內清理屍體 1793 具，
　在城外清理屍體 30311 具。此舉頗費人力、物力，共花費金額約 11000
　元，勞工 56000 人。儘管如此，城外山后的背陰處目前仍留有相當數
　量的屍體，因此，要在盛夏之前清理完畢，還需提供資金 8000 元。」

1938 年 4 月 18 日

△上海：《上海日本人》刊登關於南京近況的報導，題為〈南京迅速復
　蘇〉，副題為〈超過 40 萬人口，公共事業正常運轉〉。

1938 年 5 月 5 日

△上海：日軍特務機關控制的《新申報》刊登報導，列表公佈了南京市
　1938 年第一季度的居戶與人口統計數字，說明日軍佔領南京後，南

京人口的不斷增長，以此證明日軍給南京帶來的興旺發達，掩飾日軍大屠殺的暴行及其帶來的南京人口銳減。統計結果，南京在 1938 年 3 月底的人口總數字為 235,056 人，只有戰前南京的不足四分之一。

附錄二

主要參考文獻、資料與論著

一、主要參考期刊資料：

（一）日本報刊

（1）　[東京]《讀賣新聞》，1937 年 7 月-1938 年 7 月；
（2）　[東京]《東京日日新聞》，1937 年 7 月-1938 年 7 月；
（3）　[東京]《東京朝日新聞》，1937 年 7 月-1938 年 7 月；
（4）　[大阪]《大阪每日新聞》，1937 年 12 月 25 日-1938 年 7 月；
（5）　[東京]《中央公論》月刊，1937 年 7 月-1938 年 7 月；
（6）　[東京]《改造》月刊，1937 年 7 月-1938 年 7 月；
（7）　[東京]《文藝春秋》月刊，1937 年 7 月-1938 年 7 月。
（8）　[東京]《朝日畫報》，1937 年 7 月-1938 年 7 月；
（9）　[東京]《世界畫報》，1937 年 7 月-1938 年 7 月；
（10）[上海]《新申報》（中文），1937 年 10 月 1 日-1938 年 7 月。

（二）中國報刊

（1）　[上海]《大公報》1937 年 7 月～1937 年 12 月 14 日；
（2）　[武漢]《大公報》1937 年 9 月 18 日～1938 年 7 月；
（3）　[上海]《申報》1937 年 7 月～1937 年 12 月 14 日；
（4）　[武漢]《申報》1938 年 1 月 15 日～1937 年 7 月 11 日；
（5）　[南京]《中央日報》1937 年 7 月～1937 年 11 月 28 日；
（6）　[長沙]《中央日報》1938 年 1 月 1 日～1938 年 7 月；
（7）　[上海]《國聞週報》1937 年 7 月～1937 年 12 月 27 日；
（8）　[南京]偽《南京新報》1938 年 8 月 1 日～1941 年 10 月 9 日；

（9） [南京]偽《民國日報》1941 年 10 月 10 日～1945 年 3 月 28 日；
（10）[南京]偽《中央日報》1945 年 3 月 30 日～1945 年 8 月 16 日；
（11）[南京]偽《京報》1940 年 3 月 30 日～1945 年 8 月 15 日；
（12）[南京]偽《中央導報》1940 年 8 月 4 日～1943 年 12 月 19 日；
（13）[南京]偽《南京晚報》1939 年 1 月 4 日～1945 年 8 月 15 日；
（14）[南京]偽《中日文化》月刊 1942 年 1 月～1945 年 1 月。

（三）英文報刊

(1) [上海]The North China Herald（《北華捷報》），1937 年 7 月-1938 年 7 月；

(2) [上海]The North China Daily News(《字林西報》)，1937 年 7 月-1938 年 7 月；

(3) [上海]The China Press（《大陸報》），1937 年 7 月-1938 年 7 月；

(4) [上海]Millard's Review of the Far East（《密勒氏評論報》），1937 年 7 月-1938 年 7 月；

(5) [上海]The Shanghai Evening Post And Mercury（《大美晚報》英文版），1937 年 7 月-1938 年 7 月；

(6) [上海] The Shanghai Times（《上海泰晤士報》，亦譯《上海時報》），1937 年 7 月-1938 年 7 月；

(7) [上海]Chinese Recorder(《中國紀事報》)，1937 年 7 月-1938 年 7 月；

(8) [美國紐約]The New York Times（《紐約時報》），1937 年 7 月-1938 年 7 月；

(9) [美國紐約]The Time（《時代》週刊），1937 年 7 月-1938 年 12 月；

(10) [美國芝加哥]The Life（《生活》畫報），1937 年 7 月-1938 年 12 月；

(11) [美國紐約]The Reader's Digest（《讀者文摘》），1937 年 7 月-1938 年 12 月；

(12) [美國芝加哥]The Chicago Daily News(《芝加哥每日新聞報》)，1937 年 7 月-1938 年 7 月；

(13) [英國倫敦]The Times（《泰晤士報》，亦譯《倫敦時報》），1937 年 7 月-1938 年 3 月。

(14) [英國曼徹斯特] The Manchester Guardian（《曼徹斯特衛報》）。1937 年 7 月-1938 年 3 月；

二、主要參考檔案、文獻、日記、回憶錄資料：

（1）南京市檔案館館藏日偽時期檔案；江蘇省檔案館館藏日偽時期檔案。

（2）[南京]中國第二歷史檔案館館藏日偽時期檔案。

（3）上海市檔案館館藏日偽時期檔案。

（4）[臺北]「國史館」館藏日偽時期檔案。

（5）[臺北]中央研究院近代史研究所藏日偽時期檔案。

（6）國都設計技術專員辦事處：《首都計畫》，1929 年版。

（7）葉楚傖、柳詒徵：《首都志》，[南京]正中書局 1935 年版。

（8）中國第二歷史檔案館、南京市檔案館合編：《侵華日軍南京大屠殺檔案》，[南京]江蘇古籍出版社 1997 年版。

（9）《侵華日軍南京大屠殺史料》編委會、南京圖書館合編：《侵華日軍南京大屠殺史料》，[南京]江蘇古籍出版社 1997 年版。

（10）中央檔案館、中國第二歷史檔案館、吉林省社科院合編：《日本帝國主義侵華檔案資料選編——南京大屠殺》，[北京]中華書局 1995 年 7 月版。

（11）中央檔案館，中國第二歷史檔案館、吉林省社科院合編：《南京大屠殺圖證》，[長春]吉林人民出版社 1995 年版。

（12）張憲文主編：《南京大屠殺史料集》，[南京]江蘇人民出版社 2005 年～2007 年版。

（13）張伯興主編：《南京大屠殺史研究與文獻系列叢書》，南京出版社 2007 年版。

（14）[澳]田伯烈著，楊明譯：《外人目睹中之日軍暴行》（原書名《戰爭意味著什麼？日軍在華暴行》），[漢口]國民出版社 1938 年 7 月版；[武漢]湖北人民出版社 2005 年以《1937：一名英國記者實錄的日軍暴行》書名再版。

（15）章開沅編譯：《南京大屠殺的歷史見證》，[武漢]湖北人民出版社 1995 年版。

（16）章開沅編譯：《天理難容——美國傳教士眼中的南京大屠殺（1937-1938）》，[南京]南京大學出版社 1999 年版。

（17）[德]約翰‧拉貝著，本書翻譯組譯：《拉貝日記》，[南京]江蘇人民出版社 1997 年版。

（18）[美]明妮‧魏特琳著，南京師範大學南京大屠殺研究中心譯：《魏特琳日記》，[南京]江蘇人民出版社 2000 年版。

（19）朱成山主編：《侵華日軍南京大屠殺外籍人士證言集》，[南京]江蘇人民出版社 1998 年版。

（20）陸束屏彙輯編譯：《南京大屠殺：英美人士的目擊報導》，[北京]紅旗出版社 1999 年版。

（21）[日]松岡環編著，新內如等譯：《南京戰‧尋找被封閉的記憶-侵華日軍原士兵 102 人的證言》，上海辭書出版社 2002 年版。

（22）張效林譯：《遠東國際軍事法庭判決書》，[北京]群眾出版社 1986 年版。

（23）復旦大學歷史系編：《中國近代對外關係史資料選輯》（1840-1949），下卷第二分冊，上海人民出版社 1977 年版。

（24）復旦大學歷史系編譯：《日本帝國主義對外侵略史料選編》，上海人民出版社 1975 年 3 月版。

（25）彭明主編：《中國現代史資料選輯》第五冊（下），中國人民大學出版社 1989 年版。

（26）秦孝儀主編：《中華民國重要史料初編──對日抗戰時期，作戰經過（四）》，[臺北]中國國民黨中央黨史會 1981 年版。

（27）秦孝儀主編：《中華民國重要史料初編──對日抗戰時期，第六編‧傀儡組織（三）》，[臺北]中國國民黨中央黨史會 1981 年出版。

（28）[日]古屋奎二：《蔣總統秘錄》，中譯本，[臺北]中央日報社 1977 年翻譯出版。

（29）[美]鮑威爾著，邢建榕、薛明揚、徐躍譯：《鮑威爾對華回憶錄》，[上海]知識出版社 1994 年版。

（30）延安時事問題研究會：《日本在淪陷區》，解放社 1939 年版。

（31）日本防衛廳防衛研究所戰史室編纂，天津市政協編譯委員會譯：《日本軍國主義侵華資料長編》（《大本營陸軍部》中譯本摘要）上、中、下冊，[成都]四川人民出版社 1987 年版。

（32）日本防衛廳防衛研究所戰史室編，田祺之、齊福霖譯：《中國事變陸軍作戰史》，[北京]中華書局 1979 年版。

（33）[日]南京戰史編委員會編纂：《南京戰史資料集》，[日本]偕行社1989年～1993年版。

（34）[日]今井武夫著，本書翻譯組譯：《今井武夫回憶錄》（原書名《支那事變的回想》），上海譯文出版社1978年版。

（35）[日]今井武夫著，天津市政協編輯委員會譯：《今井武夫回憶錄》（原書名《支那事變的回想》），[北京]中國文史出版社出版社1987年8月出版。

（36）[日]小俣行男著，周曉盟譯：《日本隨軍記者見聞錄》，[北京]世界知識出版社1985年出版；

（37）[日]岡村寧次著，稻葉正夫編：《岡村寧次回憶錄》，中譯本，[北京]中華書局1981年版。

（38）[日]重光葵著，齊福霖等譯：《日本侵華內幕》（原書名《昭和動亂》），[北京]解放軍出版社實1987年版。

（39）[日]重光葵口述，谷綱正記錄，天津市政協編輯委員會編譯：《重光葵外交回憶錄》，[北京]知識出版社1982年版。

（40）[日]木村英夫著，羅萃萃、周學蓮譯：《戰敗前夕》，[南京]江蘇古籍出版社2001年版。

（41）日本「中國派遣軍」總司令部報導部編：《出征華中》（日文），該部1940年10月南京版。

（42）日本「南京居留民團南京商工會議所」編：《南京》（日文），該所1942年南京版。

（43）[日]石川達三著，鍾安慶、歐希林譯：《活著的士兵》，昆侖出版社1987年版。

（44）[日]石川達三著，金中譯：《活著的士兵》，文化藝術出版社1994年版。

三、主要參考學術論著：

（1）　王芸生編著：《六十年來中國與日本》，[北京]三聯書店 1980～1982年版。

（2）　張篷舟主編：《近五十年中國與日本》，[成都]四川人民出版社1985年版。

（3） 中國抗日戰爭史學會、中國人民抗日戰爭紀念館編：《抗日戰爭時期重要資料統計集》，北京出版社 1997 年版。

（4） 劉庭華編：《中國抗日戰爭與第二次世界大戰繫年要錄，統計薈萃》，海潮出版社 1995 年版。

（5） [日]山本文雄編著，諸葛蔚東譯：《日本大眾傳媒史》，廣西師範大學出版社 2007 年版。

（6） 郭廷以主編：《中華民國史事日誌》，臺北中央研究院近代史所 1979～1985 年版。

（7） 韓信夫、姜克夫主編：《中華民國大事記》，多卷本，中國文史出版社 1997 年版。

（8） 劉紹唐主編：《民國大事日誌》，[臺北]傳記文學出版社 1989 年版。

（9） 袁旭、李興仁、雷德昌、吳美華編著：《第二次中日戰爭紀事（1931·9-1945·9）》，檔案出版社 1988 年版。

（10） 馬光仁主編；《上海新聞史》，復旦大學出版社 1996 年版。

（11） 經盛鴻著：《南京淪陷八年史》上、下冊，[北京]社科文獻出版社 2005 年版。

（12） 經盛鴻編著：《枷鎖下的金陵——南京淪陷八年史事日誌》，[北京]中國工人出版社 2006 年版。

（13） 經盛鴻主編：《屠殺與抗爭》，[海口]南方出版社 2000 年版。

（14） [日]洞富雄著，毛良鴻、朱阿根譯：《南京大屠殺》，上海譯文出版社 1987 年版。

（15） [日]笠原十九司著，李廣廉、王志君譯：《難民區百日》，南京師範大學出版社 2005 年版。

（16） [日]本多勝一著，劉春明、包容、吳德利等譯校：《南京大屠殺始末採訪錄》，北嶽文藝出版社 2001 年版。

（17） [日]田中正明著，軍事科學院外國軍事研究部譯：《「南京大屠殺」之虛構》，[北京]世界知識出版社 1985 年版。

（18） [日]東中野修道著，嚴欣群譯：《南京大屠殺的徹底檢證》，[北京]新華出版社 2000 年版。

（19） [日]松村俊夫著，趙博源等譯：《南京大屠殺大疑問》，[北京]新華出版社 2000 年版。

（20） 楊凡逸著：《美日「帕奈號」事件與中美關係（1937-1938）》，[臺北]政治大選歷史學系 2002 年版。

（21）陳安吉主編：《侵華日軍南京大屠殺史國際學術研討會論文集》，[合肥]安徽大學出版社 1998 年出版。

（22）天津編譯中心編：《日本軍國主義侵華人物》，[北京]中國文史出版社 1994 年出版。

（23）[美]大衛‧貝爾加米尼著，張震久、周鄭、何高濟、楊品泉、郝鎮華、王紹坊譯：《日本天皇的陰謀》，[北京]商務印書館 1984 年版。

（24）[美]約翰‧托蘭著，李偉亮譯：《日本帝國夢》，[成都]四川人民出版社 1997 年出版。

（25）[日]藤原彰著，伊文成等譯：《日本近現代史》，第三卷，[北京]商務印書館 1983 年版。

（26）[日]崛場一雄著，王培嵐等譯：《日本對華戰爭指導史》，[北京]軍事科學出版社 1988 年版。

（27）[美]德本康夫人、蔡路得著，楊天宏譯：《金陵女子大學》，珠海出版社 1999 年 8 月版。

（28）王向遠著：《日本對中國的文化侵略》，昆侖出版社 2005 年版。

（29）王向遠著：《「筆部隊」和侵華戰爭》，昆侖出版社 2005 年版。

（30）吳廣義編著：《侵華日軍南京大屠殺日誌》，社科文獻出版社 2005 年版。

（31）[日]森山康平著，天津市政協編譯委員會譯：《南京大屠殺與三光政策》，四川教育出版社 1984 年版。

四、本書插圖照片來源：

（1）　曹必宏等編：《南京大屠殺史料集（28）：歷史圖像》，江蘇人民出版社 2005 年版。

（2）　日本「中國派遣軍」報導部編纂：《出征中支那》，該部 1940 年 10 月出版。

（3）　朱成山主編：《南京大屠殺與國際大援救圖集》，江蘇古籍出版社 2002 年版。

（4）　中央檔案館、中國第二歷史檔案館、吉林省社會科學院合編：《南京大屠殺圖證》，吉林人民出版社 1995 年版。

國家圖書館出版品預行編目

遮蓋不了的罪惡：日本新聞傳媒與南京大屠殺
 / 經盛鴻作. -- 一版. -- 臺北市：秀威資訊
科技, 2009.07
　　冊；　公分. -- (史地傳記類　PC0089)
BOD 版
參考書目：面
　ISBN 978-986-221-245-5 (上冊：平裝). --
　ISBN 978-986-221-246-2 (下冊：平裝)

1.南京大屠殺　2.軍事新聞　3.新聞媒體　4.日本

628.525　　　　　　　　　　　　　98010005

史地傳記類　PC0089

遮蓋不了的罪惡
──日本新聞傳媒與南京大屠殺（下）

作　　者／經盛鴻
主　　編／蔡登山
發 行 人／宋政坤
執行編輯／賴敬暉
圖文排版／黃莉珊
封面設計／陳佩蓉
數位轉譯／徐真玉　沈裕閔
圖書銷售／林怡君
法律顧問／毛國樑　律師
出版印製／秀威資訊科技股份有限公司
　　　　　台北市內湖區瑞光路 583 巷 25 號 1 樓
　　　　　電話：02-2657-9211　　　傳真：02-2657-9106
　　　　　E-mail：service@showwe.com.tw
經 銷 商／紅螞蟻圖書有限公司
　　　　　台北市內湖區舊宗路二段 121 巷 28、32 號 4 樓
　　　　　電話：02-2795-3656　　　傳真：02-2795-4100
　　　　　http://www.e-redant.com

2009 年 7 月 BOD 一版
定價：400 元

讀 者 回 函 卡

感謝您購買本書，為提升服務品質，煩請填寫以下問卷，收到您的寶貴意見後，我們會仔細收藏記錄並回贈紀念品，謝謝！

1.您購買的書名：＿＿＿＿＿＿＿＿＿＿＿＿＿＿＿＿

2.您從何得知本書的消息？

　□網路書店　□部落格　□資料庫搜尋　□書訊　□電子報　□書店

　□平面媒體　□ 朋友推薦　□網站推薦 □其他＿＿＿＿＿

3.您對本書的評價：(請填代號　1.非常滿意 2.滿意 3.尚可 4.再改進)

　封面設計＿＿　版面編排＿＿　內容＿＿　文/譯筆＿＿　價格＿＿

4.讀完書後您覺得：

　□很有收獲　□有收獲　□收獲不多　□沒收獲

5.您會推薦本書給朋友嗎？

　□會　□不會，為什麼？＿＿＿＿＿＿＿＿＿＿＿＿＿＿＿

6.其他寶貴的意見：＿＿＿＿＿＿＿＿＿＿＿＿＿＿＿＿

＿＿＿＿＿＿＿＿＿＿＿＿＿＿＿＿＿＿＿＿＿＿＿＿＿＿

＿＿＿＿＿＿＿＿＿＿＿＿＿＿＿＿＿＿＿＿＿＿＿＿＿＿

＿＿＿＿＿＿＿＿＿＿＿＿＿＿＿＿＿＿＿＿＿＿＿＿＿＿

讀者基本資料

姓名：＿＿＿＿＿＿＿＿＿　年齡：＿＿＿　性別：□女 □男

聯絡電話：＿＿＿＿＿＿＿　E-mail：＿＿＿＿＿＿＿＿＿

地址：＿＿＿＿＿＿＿＿＿＿＿＿＿＿＿＿＿＿＿＿＿＿＿

學歷：□高中(含)以下　　□高中　　□專科學校　　□大學

　　　□研究所(含)以上 □其他＿＿＿＿＿＿＿

職業：□製造業 □金融業 □資訊業 □軍警 □傳播業 □自由業

　　　□服務業 □公務員 □教職　 □學生 □其他＿＿＿＿

To：114

台北市內湖區瑞光路 583 巷 25 號 1 樓

秀威資訊科技股份有限公司　　　收

寄件人姓名：

寄件人地址：□□□

（請沿線對摺寄回,謝謝!）

秀威與 BOD

BOD（Books On Demand）是數位出版的大趨勢，秀威資訊率先運用 POD 數位印刷設備來生產書籍，並提供作者全程數位出版服務，致使書籍產銷零庫存，知識傳承不絕版，目前已開闢以下書系：

一、BOD 學術著作—專業論述的閱讀延伸
二、BOD 個人著作—分享生命的心路歷程
三、BOD 旅遊著作—個人深度旅遊文學創作
四、BOD 大陸學者—大陸專業學者學術出版
五、POD 獨家經銷—數位產製的代發行書籍

BOD 秀威網路書店：www.showwe.com.tw
政府出版品網路書店：www.govbooks.com.tw

永不絕版的故事・自己寫・永不休止的音符・自己唱